2016年西安邮电大学学术专著出版基金资助

# 反家暴政策制定中社会组织参与模式研究

杨柯　著

中国社会科学出版社

**图书在版编目(CIP)数据**

反家暴政策制定中社会组织参与模式研究 / 杨柯著. —北京：中国社会科学出版社，2017.5

ISBN 978-7-5161-9137-8

Ⅰ.①反… Ⅱ.①杨… Ⅲ.①社会组织-参与管理-家庭问题-暴力-治理-研究-中国 Ⅳ.①D669.1

中国版本图书馆 CIP 数据核字(2016)第 252551 号

出 版 人 赵剑英
责任编辑 宫京蕾
责任校对 曹占江
责任印制 李寡寡

出 版 中国社会科学出版社
社 址 北京鼓楼西大街甲 158 号
邮 编 100720
网 址 http://www.csspw.cn
发 行 部 010-84083685
门 市 部 010-84029450
经 销 新华书店及其他书店

印刷装订 北京市兴怀印刷厂
版 次 2017 年 5 月第 1 版
印 次 2017 年 5 月第 1 次印刷

开 本 710×1000 1/16
印 张 16
插 页 2
字 数 256 千字
定 价 68.00 元

# 目　　录

# 导　论

## 一　问题的提出

### （一）研究背景

1. 我国公共政策模式的演变

改革开放以来，伴随着制度变迁——经济体制转轨的逐渐完成、利益集团的加速分化，公共问题呈现复杂化态势，迫使我国的公共政策模式由“封闭性”逐渐演进为“开放性”。回溯改革开放前的五六十年代，大多数研究中国政治的西方学者将中国归入集权国家的决策模式，指出高层政治精英在决策中的决定性作用。在精英决策模式中，决策者为个人或高度集权的集体，根据目标最大化的原则确定最优方案。国内有学者也认为，改革开放前“中国的决策者是共产党领导层的权力精英，而国家的重大决策权只局限于领袖及党的领导核心手中，社会力量对公共政策的影响力极弱，因而中国的决策模式是一种典型的精英决策”。[①] 改革开放后的 80 年代后期，公共政策模式体现为官僚组织决策模式，仍然具有高度的封闭性。利博梭和奥克森伯格（Liebetha and Oksenberg）指出，高层政治精英与官僚部门合力推动了公共政策出台。

上述传统的由高层精英或官僚部门垄断的“单一决策圈”模式由于其决策主体单一、决策机制集权化，构建和强化了政策制定过程的封闭性，使得公共政策的科学性与民主性被褫夺，这与日渐滋长的民主意识形成巨大冲突。同时，“单一决策圈”模式中“内输入”的决

---

① 胡伟：《政府过程》，浙江人民出版社 1998 年版，第 254 页。

策特点为各层次权力精英在分析、综合民众意愿利益的过程中，总是根据自己的利益要求进行有利于自己但并不一定利于民众的信息变形提供了便利条件。在更高一级决策者与民众之间制造了真空地带，阻塞了民众利益表达的渠道，往往造成了公共政策与社会实际需要之间的偏差。因此，传统的“单一决策圈”模式无论在理论上还是实践上都不具备正当性与合理性。

戴维·伊斯顿（David Easton）曾指出，公共政策是对全社会的价值的权威性的分配。利益分配如果缺乏社会大众的参与，把社会大众的利益保障完全寄托在精英或官僚身上，势必难以保证公众利益不受侵害。因此，社会力量的政策参与不可或缺。塞缪尔·P. 亨廷顿（Samuel P. Huntington）也提出：“公众参与是影响政治发展的重要渠道，公众参与的程度和规模是衡量一个社会政治现代化的一个重要尺度。”[①] 由此可见，一个实行民主政治的政府如欲使公共政策达成民意，社会力量的政策参与是达成这一目标的重要手段。

在我国政策生态环境发生重大变革的条件下，政府如果继续沿袭由精英或官僚垄断的“单一决策圈”这个封闭性的公共政策模式，势必无力应对新兴复杂多元的公共问题。对此，党和政府逐渐意识到封闭性公共政策模式的缺陷，开始尝试“借力”于体制外的社会力量，期望依靠社会力量提供的专业技术支持来提高政策制定的品质。党和国家领导人多次强调：“凡是涉及群众切身利益的决策都要充分听取群众意见”,[②] 保障人民享有知情权、参与权、表达权和监督权。由此，我国传统的封闭性公共政策模式开始逐渐呈现出开放性。公共政策模式的开放性意味着多元互动的政策主体共同承担着社会利益表达和综合的功能，其中，国家与社会的互动成为开放性公共政策模式的突出特点，借以保证公共政策社会公共性的价值属性并“充分发挥公

---

① ［美］塞缪尔·P. 亨廷顿：《变革社会中的政治秩序》，李盛平等译，华夏出版社1988年版，第67页。

② 胡锦涛：《坚定不移沿着中国特色社会主义道路前进　为全面建成小康社会而奋斗——在中国共产党第十八次全国代表大会上的报告》，人民出版社2012年版，第29页。

共政策规范、指导各种社会组织和个人行为的作用"。[①] 可以说，我国的公共政策模式逐渐由"封闭性"演进为"开放性"为社会力量参与和影响政策制定提供了条件和可能。

中共十八届三中全会首次提出了推进国家治理体系和治理能力现代化。现代国家治理体系面临的首要任务在于有效吸纳、聚合各种社会群体的利益和政治诉求，实现有效的治理。国家治理体系的开放性是有效吸纳社会精英、迅速回应社会需求、构建和谐的社会关系、保证执政有效性的前提条件。[②] 因此，作为构建现代国家治理体系的重要构件和提升国家治理能力的重要途径的公共政策活动，如欲体现其科学性、民主性和有效性，必然要求作为"决策核心圈"的政府，积极吸纳作为"决策参与圈"的社会力量，形成多元行动主体，结成多种政策分析网络与联盟，最终期冀实现平等基础上的竞争与合作。

2. 我国社会组织的发展与壮大

在我国公共政策模式演变的进程中，伴随着市场经济的纵深发展以及国家对社会领域的逐步放开，作为社会领域重要代表的社会组织获得了空前的发展。一方面，我国的市场化改革成为社会组织快速发展的前提和基础。在市场化改革中，非公经济获得了极大发展，合法的私人利益在制度上得到保障和鼓励。人们的私人生活领域开始逐步扩展，服务于不同领域的社会组织就在这种背景下得到了快速发展。

另一方面，改革开放以来，随着政治体制改革的推进，国家对社会领域的管制逐步放松。社会成员不仅拥有了更多的行动自由，而且可以实现有限的组织结社。政府又相继出台了一系列的法律法规，营造了能促型的制度环境以确保公民个人以组织的形式开展各种各样的社会服务活动。这其中包括 1988 年国务院出台的《基金会管理办法》，以规范各种组织以及个人的捐赠行为；1989 年国务院发布的《社会团体登记管理条例》规定协会、学会、联合会、研究会、基金会、联谊会、促进会、商会等社会团体都可以按照该条例进行登记注

① 窦正斌：《公共政策制定中的若干突出问题》，《中国行政管理》2001 年第 4 期。

② 唐皇凤：《中国国家治理体系现代化的路径选择》，《福建论坛》（人文社会科学版）2014 年第 2 期。

册，依法开展活动；1998年国务院发布新的《社会团体登记管理条例》规定中国公民可以根据自愿原则结社为非营利性社会组织，依法登记后开展各种活动；1998年国务院还出台了《民办非企业单位登记管理暂行条例》。该条例规定企业事业单位、社会团体和其他社会力量以及公民个人可以利用非国有资产开展各种非营利性社会服务活动。2004年国务院又进一步修订了原有的基金会管理办法，出台了新的《基金会管理条例》。

国家提供的制度环境有力促进了社会组织的大量出现和快速发展。根据民政部发布的《2014年社会服务发展统计公报》中显示，截至2014年底，全国共有社会组织60.6万个，其中社会团体31.0万个，民办非企业单位29.2万个，基金会4117个。[①] 社会组织呈现蓬勃发展的趋势。而且，政府关于社会组织的统计数字还只是官方统计的法定社会组织数字，而数量更为庞大的民间的社会组织和准社会组织（主要指经过登记注册但无法人资格的社会组织与不进行任何注册的社会组织等）并未包括在内。有关学者根据自己的调查和所掌握的数据推测认为，我国未登记的社会组织数量10倍于在册的社会组织数量。[②] 总之，我国市场经济的纵深发展以及国家对社会领域的逐步放开极大影响了社会结构的变革，社会组织获得了快速发展并日渐显现出其巨大的影响力。

3. 社会组织参与公共政策过程

随着社会组织的日益发展与壮大，作为社会力量的重要代表，越来越多的社会组织开始参与公共政策过程。社会组织的政策参与是指社会组织通过各种政策工具的积极介入，推动政治意图和公共政策的实施，并协助政府改进各种政治意愿和政策，以维护社会民众的公共利益。政府的公共政策问题首先涉及公共性问题。所谓政府政策的公共性，就是政府的政策要反映公众的利益。在现实的过程中，政策公

---

① 《2014年社会服务发展统计公报》，民政部门户网站，http：//cws. mca. gov. cn/article/tjbg/201506/20150600832439. shtml. 访问时间：2015年6月28日。

② 黄晓勇等：《中国民间组织报告（2008）》，社会科学文献出版社2008年版，第6页。

共性的保持往往取决于各种社会力量与政府之间的博弈。而在这种博弈中，目前正在生长中的各种社会团体将会起着越来越大的作用。①

社会组织独立于政府体系之外，它们在社会体系和结构中有着不同于企业和政府的诸多社会功能，能够弥补“市场失灵”和“政府失灵”。同时，社会组织作为社会力量的有效载体，在参与社会治理中生成一定程度的公权力，以此对公共政策过程施加影响。“民间组织从某种意义上说也是一种利益组织，它存在的基本价值之一是促进其成员的公共利益。参与党政机关的政策，尽可能地影响党政机关的政策，使之有利于自己的组织和成员，是达到这一价值的重要手段”。②概言之，社会组织介入公共政策过程是现代社会分工、人类理性发展和治理体制变革的需要。

作为沟通政府与公众之间的一种纽带或双向传送带，以社会组织为载体的参与是比公民个人直接参与更为合理有效的政策参与途径。“假如没有一种组织化的参与，可能形成的就是例如公意、公愤或者群体性事件等，这些很容易造成秩序的混乱”。③ 而社会组织这种载体为公民参与公共政策过程提供了最直接最有效的组织化的具体途径，它有利于聚集、凝练并有效整合分散无序的个体潜在影响力，避免公众无序参与和低效参与的情况，提高公众政策参与的能力，增强公众政策参与的实际效果。某种程度上说，我国的社会组织也是利益集团。国外学者曾指出，中国组织化的社会力量在转型期已经获得长足的发展，他们积极参与到政策过程之中，并极大地改变了政策体制的格局。④

从执政党和政府的层面而言，中共十六届四中全会指出，要建立健全党委领导、政府负责、社会协同、公众参与的社会管理格局，

① 李景鹏：《研究政治发展的一本有价值的著作——〈政治发展导论〉评介》，《政治学研究》2003 年第 3 期。

② 俞可平：《中国公民社会的兴起与治理的变迁》，社会科学文献出版社 2002 年版，第 212 页。

③ 王名：《中国民间组织 30 年——走向公民社会》，社会科学文献出版社 2008 年版，第 216 页。

④ Andrew Mertha. 2009. *Fragmented Authoritarianism 2.0*：*Political Pluralization in the Chinese Policy Process The China Quarterly*，Vol. 200：995 - 1012.

“发挥城乡基层自治组织协调利益、化解矛盾、排忧解难的作用，发挥社团、行业组织和社会中介组织提供服务、反映诉求、规范行为的作用”。① 中共十七大报告中就曾提出把公民参与纳入社会管理体系中来，作为构建和谐社会的重要组成部分，特别明确了公民参与需要一定的路径和载体。报告中指出要“发挥社会组织在扩大群众参与、反映群众诉求方面的积极作用，增强社会自治功能”。② 党的十八届三中全会通过的《中共中央关于全面深化改革若干重大问题的决定》则进一步指出：要更加注重健全民主制度、丰富民主形式，从各层次各领域扩大公民有序政治参与，充分发挥我国社会主义政治制度优越性；改进社会治理方式，支持社会各方面参与。

作为社会组织的登记管理机关，民政部的政策基调更为明确和积极。2007 年其主要负责人在全国社会组织建设与管理工作经验交流会上指出，发挥社会组织的积极作用是根本目的，就是要把社会组织发挥作用的状况作为衡量工作成效的基本标准。推进社会组织的政策参与是发挥社会组织积极作用的重要体现，“社会组织生长于公众，是不同群体实现自己意愿、维护自身权益的利益共同体，为人民群众理性表达利益诉求、合理维护自身权益、有序扩大政治参与，提供了重要的组织渠道”。③

基于上述分析，社会组织的政策参与推动了具有民意基础的公共政策过程良性运行，以前由官僚精英垄断的“决策核心圈”被打破，以社会组织为载体的“决策参与圈”开始介入公共政策过程。“决策核心圈”和“决策参与圈”之间的内外互动有助于保持决策体制的融合，从而促进政治输入、输出和反馈的畅通与和谐。社会组织在公共

---

① 中共中央文献研究室：《十六大以来重要文献选编》，中央文献出版社 2006 年版，第 287 页。

② 胡锦涛：《高举中国特色社会主义伟大旗帜 为夺取全面建设小康社会新胜利而奋斗——在中国共产党第十七次全国代表大会上的报告》，人民出版社 2007 年版，第 30 页。

③ 李学举：《用十七大精神统一思想 充分发挥社会组织在现代化建设中的重要作用》，大同社会组织网，http://www.dtmjzz.gov.cn/news.php?id=340，访问时间：2015 年 6 月 29 日。

政策过程中的介入不仅完善了公共政策系统的工具理性，更是反映特定社会发展时段中社会价值权威性分配的特点，反映了社会主体间的利益关系、价值取向、认知特点、行动方式以及互动程度等诸多内容。如果说公共政策是联结政府和社会的主要纽带，那么主要的联结点则是公共利益。而社会组织参与公共政策过程无疑能够充分体现出政策的公共利益价值取向。

事实上，不同类型社会组织已经以各种方式参与影响党和政府政策，日益成为公共政策过程中不可忽视的力量和参与者。例如，在著名的怒江建坝事件中，绿家园、云南大众流域、自然之友、绿岛、北京地球村等多个环保民间组织通过讲座、论坛、签名活动等形式，通过十几家媒体将专家们反对建坝的声音传向社会，积极向公众宣传怒江大坝的情况和自己对建坝的主张。环保民间组织的宣传和倡议引起了社会对建坝可行性的高度关注，并“推动着主管部门优化规划方案并使其能够体现当地民众的利益诉求”。① 2004 年 2 月，时任国务院总理温家宝对怒江水电项目作出批示：“对这类引起社会高度关注，且有环保方面不同意见的大型水电工程，应慎重研究、科学决策。”② 可见，社会组织通过宣传和倡议提出的意见，间接影响了政府政策制定的过程。

随着我国经济体制改革的深化，一些官办社会组织的职能也发生了变化，它们在政府政策过程中的作用日益凸显。以八大人民团体之一的工会为例，随着企业制度改革，劳资纠纷增多，工会在保护职工权益方面的重要性开始增强。1985 年中共中央批准全国总工会的请示，同意“中央、国务院及有关部委在研究、制定有关国家的经济和社会发展计划以及重大方针政策时，通知全国总工会参加必要的会议和工作”。③ 在 2007 年 6 月 29 日修订通过的《中华人民共和国劳动合同法》中，全国总工会在立法决策过程中代表工人利益表达了充分的利益诉求，最终使出台的劳动合同法较多地偏向了全国总工会的主张

① 贾西津：《中国公民参与案例与模式》，社会科学文献出版社 2008 年版，第 31—32 页。

② 同上书，第 26 页。

③ 俞可平：《中国公民社会的兴起与治理的变迁》，社会科学文献出版社 2002 年版，第 7 页。

和劳动者利益。

从近年来的典型公共政策案例中可发现，在我国社会转型过程中，“80年代后成长起来的民间组织已经成为影响政府决策的重要因素和推动政府改革的强大动力源”。[①] 然而，这些不同类型的社会组织是通过什么方式介入公共政策过程并建构一个民主、有效并具有公共精神的政策机制，则是政策体制改革中面临的关键问题。

（二）研究问题

本书的社会组织政策参与主题选择反家暴政策制定背景在于，95’世妇会以来，中国在推进性别平等纳入公共政策方面取得了长足进展，越来越多的公共政策过程纳入了性别平等意识。在此过程中，妇女组织（包括官办的社会组织——妇联组织以及民间妇女组织）积极有效地参与了反家暴政策的制定过程，逐渐积累了一些具有借鉴意义的成功案例，在一定程度上体现了国家与社会共同治理的新格局。在对家暴的干预体系中，制定反家暴政策对于预防和制止家庭暴力具有极为重要的意义。据统计，截至2014年11月，全国已有29个省区市出台了地方性法规或政策，90余个地市制定了相关政策文件，反家暴政策级别[②]呈现出一定差异。2015年12月27日，第十二届全国

① 俞可平：《中国公民社会的兴起与治理的变迁》，社会科学文献出版社2002年版，第212页。

② 根据《立法法》及其他相关法规（如《西安市规范性文件管理办法》等），中国现行的成文的政策法规可以主要分为四大类：法律、法规、规章以及其他规范性文件。法律：这里的法律是狭义上的法律，即由我国最高权力机关及其常设机关——全国人民代表大会及其常务委员会制定的规范中国公民行为的正式文件。法律是效力最高的文件，其他规范性文件都要以法律为准则，法律以主席令的形式颁布。法规：或称行政法规，是国务院为执行法律的规定和国务院行政管理职权，根据宪法和法律制定的规范性文件。行政法规的效力仅次于法律，由总理签署国务院令公布。规章：规章是指国务院各部、委员会、中国人民银行、审计署和具有行政管理职能的直属机构为执行相关国家法律法规，根据法律和国务院的行政法规在本部门的权限范围内，制定的规定。其他规范性文件：在法律、法规、规章某一方面的行政工作尚未作出明确规定的情况下，各地区各部门制定的属于本行政区域的具体行政管理事项而制定的规范性文件。规范性文件包括“条例”、“办法”、“规定”、“规则”、“通告”、“布告”、“通知”等各种形式，其中“条例”是最高级别的规范性文件。

人大常委会第十八次会议通过了《中华人民共和国反家庭暴力法》，并于2016年3月1日起实施。该法成为中国反对家庭暴力的一项全面综合法案。对这一社会政策制定过程中社会组织的参与模式进行考察和研究，不仅会丰富社会组织参与公共政策研究，并且有助于对社会组织纳入其他领域的公共政策过程提供借鉴与思考，这正是本研究的旨趣所在。

本研究聚焦于社会组织参与反家暴政策过程中透射出的几个关键问题，考察社会组织参与和公共政策制定这两个变量之间的关系。因此，本着问题导向的研究思路，本研究试图回答的核心问题是：在我国强国家—弱社会的非对称权力结构下，精英决策模式仍占据主导地位，那么社会组织是如何参与到反家暴政策制定中的？其参与模式呈现出哪些基本形态？围绕着这一核心问题，需要回答以下几个具体分支问题。

1. 社会组织参与反家暴政策制定的背景是什么？发挥了什么作用？

2. 在反家暴政策制定中，参与者之间所形成的网络联系和互动机制是什么？

3. 民间社会组织和官办社会组织凭何参与以及如何参与，即参与资源与参与策略是什么？社会组织参与的广度和深度有何不同？因何不同？

4. 社会组织参与公共政策制定对我国社会治理创新有何影响？

针对以上研究问题，本书分别以民间社会组织和官办社会组织参与反家暴政策制定作为研究案例，基于政策网络理论构建了一个从参与背景、参与者及角色、参与者间关系、参与资源和参与策略五个方面进行分析的整体框架，并重点从参与者及角色、参与者间关系、参与资源和参与策略等四个维度分析不同类型的社会组织参与反家暴政策制定中的行动过程及其特征对比，从而归纳和抽象出社会组织参与反家暴政策制定的模式，并探寻和揭示其中的内在行动逻辑，进而考察社会组织参与公共政策制定对我国社会治理创新的影响。

### （三）研究意义

在开放和参与的时代背景下，本研究以反家暴政策制定中社会组织参与模式构建研究作为本书选题，具有一定的理论意义和现实价值。

1. 理论意义

第一，拓展社会组织研究的视角。笔者在进行文献回顾时发现国内学者对于社会组织研究的主流是基于管理学、政治学和社会学视角，社会组织的功能探讨多聚焦在提供公共服务方面，公共政策学研究的视角薄弱。本研究立足社会组织参与反家暴政策制定过程的现实，以公共管理学为学科基础，以公民社会理论、政策网络理论为理论视角，拓展了社会组织的研究领域。

第二，丰富公民参与研究的相关理论。在政策研究成为显学的时代，学者在研究中普遍认为公民政治参与传统路径不畅，效果有限，公民参与制度供给不足与公民参与的热情高涨形成巨大反差。本研究以公民社会的重要载体——社会组织为突破口，对其在参与反家暴政策制定过程的参与模式进行深入分析，尝试挖掘和分析现阶段公民政策参与的新路径。

第三，深化公共政策过程的相关研究。目前相关研究的视域较窄，跨学科的互动性整合、本土化、实践性研究尚显不足。在既有的政策过程研究中，国内学界的研究在政策议程设置方面着力颇多，但对政策过程的其他环节涉猎不多。受社会学、经济学研究的影响，研究者对经济、科技政策的关注强度和力度远甚于对社会政策的关注。在有限的决策研究中，研究者对中央层级的政策制定过程的关注远甚于对各级地方的决策过程的关注。特别是对公共政策过程中社会力量参与的一些关键性难题的研究尚待深入。因此，从社会组织参与的视角探讨反家暴这一典型社会政策的制定过程并重点关注地方政府的相关决策过程，可深化对公共政策过程的相关研究。

2. 实践意义

第一，本研究对反家暴政策制定中社会组织参与模式的系统研究和相关结论，力求为当前我国社会组织扩展组织功能、达成组织使命提供了新的选择方向，为变革社会组织的管理制度提供参考。

第二，深入分析社会组织参与公共政策制定的过程与基本形态，有助于政府了解公民利益诉求，促进转变政府职能，提高政府公信力与回应性，促进政府与社会的良性互动，实现政府与社会组织的合作共治，创新社会治理，推动我国民主政治发展和善治实践。

第三，此课题的研究，汇入我国学界的众多研究成果，有助于提升中国公共政策的民主化、科学化水准。近年来，中国政府在制定公共政策过程中开始重视倾听公众意见，以提高政策水平。但同时也要防止公共政策沦为强势利益集团牟利的工具。通过对社会组织参与反家暴政策制定模式的探讨可提高民主参与的水平，制定科学的程序以提高公共政策质量，维护公共利益。

第四，针对反家暴政策制定的研究，有助于提高中国性别平等主流化程度，力图为国内推动性别平等纳入公共政策提供了有效的借鉴与思考。

## 二　核心概念

### （一）社会组织

学界对社会组织这个概念多年来有着许多不同的理解和卓见。2007 年中共十七大报告提出的社会组织的概念，将不同学者交叉使用的非营利组织、非政府组织、第三部门、民间组织、志愿组织、慈善组织等称谓进行统合，增加了概念的包容性。

国际学界从不同角度对非营利组织（即国内的社会组织）的定义做了不同的诠释。第一种是从法律上给出界定。世界上有些国家（主要是美国）在法律上有一些规定。如美国税法 501（c）（3）规定，非营利组织必须满足以下三个条件：（1）该组织的目标完全是为了从事慈善性，教育性和科学性的事业，或者是为达到税法明文规定的其他目的；（2）该组织的净收入不能用于使私人受惠；（3）该组织所从事的主要活动不是为了立法，也不干预选举。① 第二种是从收入来源上区分。如联合国的国民经济核算体系把经济活动分为五类：金融

① 参见王绍光《多元与统一——第三部门国际比较研究》，浙江人民出版社 1999 年版，第 66 页。

组织、非金融企业、政府、非营利组织和家庭。其中非营利组织的特征是大部分收入不是来自于产品或服务的销售，而是成员的会费和捐赠。如果一个组织的一半以上收入来自以市场价格销售的收入，则是营利性部门，而一个主要依靠政府资助的组织则是政府部门。但这种定义不考虑其他的特性，许多国家大量的非营利组织都不完全符合该定义。第三种是依据组织的“结构与运作”来定义。莱斯特·萨拉蒙（Lester M. Salamon）等指出：“我国将这个部门定义为一定程度上（1）有组织的（2）私人的（3）非利润分配的（4）自治的（5）自愿的一组实体。”① 从职能上定义非营利组织，即服务于公共目的的私立组织，一般统称公益组织。

国内学者也试图通过不同角度来理解和界定社会组织。有学者运用排除法来理解社会组织。康晓光对第三部门（社会组织）的界定是：“从范围上讲，第三部门是不属于第一部门（政府）和第二部门（企业）的其它所有组织的集合。从功能上讲，第三部门从事那些政府和企业不愿意做、做不了或者做起来没有效率的事情。”② 李培林等认为：“所谓非营利组织是指在政府部门和以营利为目的的企业（即市场部门）之外的，以非营利为目的、从事公益事业的一切志愿团体、社会组织或民间协会。”③ 张尚仁指出：“所谓‘社会组织’，指政府与企业外面向社会提供某个领域的公共服务的法人实体。”④

也有学者从组织属性或活动内容的角度来界定社会组织。清华大学NGO（非政府组织）研究所所长王名教授认为社会组织“泛指在一个社会中由各个不同社会阶层的公民自发成立的，在一定程度上具有非营利性、非政府性和社会性特征的各种组织形式及其网络形态”。⑤ 俞可

---

① 何增科：《公民社会与第三部门》，社会科学文献出版社 2000 年版，第 259 页。

② 康晓光等：《依附式发展的第三部门》，社会科学文献出版社 2011 年版，第 7—8 页。

③ 李培林、徐崇温、李林：《当代西方社会的非营利组织——美国、加拿大非营利组织考察报告》，《河北学刊》2006 年第 2 期。

④ 张尚仁：《“社会组织”的含义、功能与类型》，《云南民族大学学报》（哲学社会科学版）2004 年第 4 期。

⑤ 王名、刘求实：《我国社会组织管理体制的形成及其改革建议》，引自陈金罗、刘培峰：《转型社会中的非营利组织监管》，社会科学文献出版社 2010 年版，第 6 页。

平认为："作为公民社会主体的民间组织，指的是有着共同利益追求的公民自愿组成的非营利性社团。具有四个典型特征：非政府性、非营利性、相对独立性和自愿性。"① 邓国胜借鉴沃夫（Wolf）的分析思路来界定社会组织"是指那些有服务公众的宗旨，不以营利为目的，组织所得不为任何个人牟取私利，组织自身具有合法的免税资格和提供捐赠人减免税的合法地位的组织"。②

还有学者将排除法与组织属性、功能等特征结合在一起来理解社会组织。比如何增科认为："社会组织在我国是指政府和企业之外的民间组织，具有民间性、非营利性、独立性和组织性等特征，主要从事公益性、互助性和自律性活动。"③ 陈振明提出社会组织"是指介于政府部门与营利性部门之间，依靠会员缴纳的会费、民间捐款或政府财政拨款等非营利性收入，前两者无力、无法或无意作为的社会公益事业，从而实现服务社会公众、促进社会稳定与发展的宗旨的社会公共部门，其组织特征是组织性、民间性、非营利性、自治性和志愿性"。④

一般而言，学界普遍认为社会组织应当具有以下基本特征：第一，非政府性。社会组织不是政府组织，不受政府直接的行政管控，具有相对的独立性和自主管理权利，它不隶属于国家的政治和行政系统，其旨趣不在于国家的基本职能；第二，组织性。社会组织必须是具有一定制度化的正式组织，必须有常规的组织机构和管理体制，并开展经常性的活动。同时，社会组织必须具有正式注册的合法身份。具备法人资格才能使社会组织可以对外以法人的身份订立合同，管理者不会因执行组织的义务而承担财务责任；第三，非营利性。社会组织的活动或它们所提供的产品与服务，不是以营利为目的，其财产性

---

① 俞可平：《中国公民社会：概念、分类与制度环境》，《中国社会科学》2006年第1期。

② 邓国胜：《非营利组织评估》，社会科学文献出版社2011年版，第3—4页。

③ 何增科：《深化十大社会管理体制改革的具体构想》，《北京行政学院学报》2010年第2期。

④ 陈振明：《公共管理学》，中国人民大学出版社2003年版，第387页。

质是公益产权，其宗旨是公益或互益，其利润不得以任何形式转变为私人财产，① 即便有的组织有利益盈余，这些盈余也不能在组织内部成员之间进行分配，而只能用于符合该组织宗旨方面的事务；第四，志愿性。社会组织是公民自愿参与的、旨在实现公共利益最大化的组织，它没有强制公民参与的权力。

结合上述界定与理解，本书认为社会组织在我国是指既非政府也非企业，由公民依法自发建立的各类地方性、民间性、社会性的组织形式。社会组织的成员具有志愿参与性，并拥有一定的公民素养。作为社会力量的有效载体，社会组织积极倡导公共价值，关心和参与公共事务的治理，促进弱势群体的权益保护、化解社会纠纷。社会组织在参与社会治理中生成一定程度的公权力，对重要的社会公共议题进行政策倡导，主动运用多种策略通过多种途径与政府谋求对话，甚至是发起社会运动（social movement），以影响和参与决策者的公共政策议程，贯彻和监督政策执行，以此对公共政策过程施加影响。

为了进一步理解社会组织的内涵，有必要对其进行分类。目前依据不同的标准对社会组织的分类多种多样，本书只对国内外较为典型的分类方式作一梳理。

国外关于社会组织的分类比较典型的有两类。第一类，联合国按照国际标准产业分类体系（ISIC）将非营利组织（即社会组织）分为三个大类共 15 个小类，具体见表 0－1。

**表 0－1 联合国国际标准产业分类体系（ISIC）对非营利组织的分类**

| 类别 | 具体内容 |
| --- | --- |
| 第一，教育类 | 包括小学教育、中学教育、大学教育、成人教育等 |
| 第二，医疗和社会工作类 | 包括医疗保健、兽医、社会工作等 |
| 第三，其他社会社区和个人服务类 | 包括环境卫生、商业和行业协会、工会、娱乐组织、图书馆、新闻机构、博物馆及文化机构、运动与休闲等 |

资料来源：参见邓国胜《非营利组织评估》，社会科学文献出版社 2001 年版，第 5 页。

① 王名、刘培峰等：《民间组织通论》，时事出版社 2004 年版，第 13 页。

第二类，美国约翰·霍布金斯大学课题组在其非营利组织国际比较研究中将民间组织（即社会组织）分为12组共27个小类，具体见表0-2。

**表0-2　美国约翰·霍布金斯大学对民间组织的分类**

| 组别 | 小类 |
| --- | --- |
| 第一组：文化和娱乐 | 文化和艺术<br>体育<br>其他娱乐和社交俱乐部 |
| 第二组：教育和研究 | 初等教育和中等教育<br>高等教育<br>其他教育<br>研究 |
| 第三组：卫生保健 | 医院和康复中心<br>护理中心<br>心理健康和危机干预<br>其他卫生保健服务 |
| 第四组：社会服务 | 社会服务<br>应急和救济<br>收入支持和维持 |
| 第五组：环境 | 环境和动物保护 |
| 第六组：发展和住宅 | 经济、社会和社区发展<br>住宅<br>就业和培训 |
| 第七组：法律、倡导和政治 | 公民和倡导性组织<br>诉讼和法律服务<br>政治组织 |
| 第八组：慈善中介和志愿促进 | 慈善中介和志愿促进组织 |
| 第九组：国际 | 国际交流和援助组织 |
| 第十组：宗教 | 宗教团体 |
| 第十一组：商业和职业协会、工会 | 行业协会、学会 |
| 第十二组：其他组织 | 其他 |

资料来源：根据王名、刘培峰等《民间组织通论》，时事出版社2004年版，第18—19页和邓国胜《非营利组织评估》，社会科学文献出版社2001年版，第6页制作。

结合我国社会组织的实际情况，我们不难发现，以上这两种分类主要是针对西方发达国家的基本情况所进行的分类，诸如教育、科学研究等方面的单位在我国大多数属于事业单位，不能笼统称之社会组织，因此，国外有关非营利组织或民间组织的分类并不完全适合我国社会组织的分类。

我国政府管理部门将社会组织分为三大类。第一，社会团体，即

“中国公民自愿组成，为实现会员共同意愿，按照其章程开展活动的非营利性社会组织”。其主要的法律规范是《社会团体登记管理条例》（1988 年）。由于社会团体的数量较多，民政部将其分为学术型团体、行业性团体、专业性团体以及联合性团体四类；第二，民办非企业单位，即“企业事业单位、社会团体和其他社会力量以及公民个人利用非国有资产举办的，从事非营利性社会服务活动的社会组织”。其主要的法律规范是《民办非企业单位登记管理暂行条例》（1998 年）；第三，公益基金会，即“利用自然人、法人或者其他组织捐赠的财产，以从事公益事业为目的”而设立的“非营利性法人”。[①] 其主要的法律规范是《基金会管理条例》（2004 年）。

除了官方的分类外，国内众多学者也以不同的标准，从不同的角度对社会组织进行了分类。学者秦晖按照组织的宗旨是公益还是互益，将社会组织分为公益性组织和成员性利益维护组织（互益性组织）。他认为：“当今世界上第三部门运动基本上是两类组织的整合：一类是成员利益维护组织，例如各种行业组织，像工会、农会、行会、商会之类，以及各种社区组织、消费组织等等。这类组织的起源较早，早在人们不知第三部门为何物的历史时期就已经有了”。这类组织的宗旨是为了维护其成员的利益，所以它并非纯粹的公益性组织。但是“一般地说，这类民间结社是现代第三部门的历史渊源，如今也是广义第三部门的重要组成部分”。“另一类是纯粹公益性志愿者组织，有的学者称为非成员的志愿公益组织。所谓‘非成员’不是说没有成员，而是说它追求的目标，或者提供的公共物品并非全由成员内部享受，而是更广意义的公共利益。这方面的例子包括环保组织、人权组织、妇女权益保护组织、少数民族权益保护组织，以及形形色色的扶贫、慈善、公益基金、发展促进、文化交流组织，等等。这类组织可以说是现代所谓第三部门的核心，也可以说是狭义第三部门”。[②]

---

① 俞可平：《中国公民社会的制度环境》，北京大学出版社 2006 年版，第 23 页。

② 参见秦晖《变革之道》，郑州大学出版社 2007 年版，第 8 页。

学者王名对社会组织作广义的理解，把我国类政府的一些组织，如工会、国办事业单位，甚至人民团体以及未登记或转登记（进行工商注册等）的团体也归入社会组织。详见图0－1。

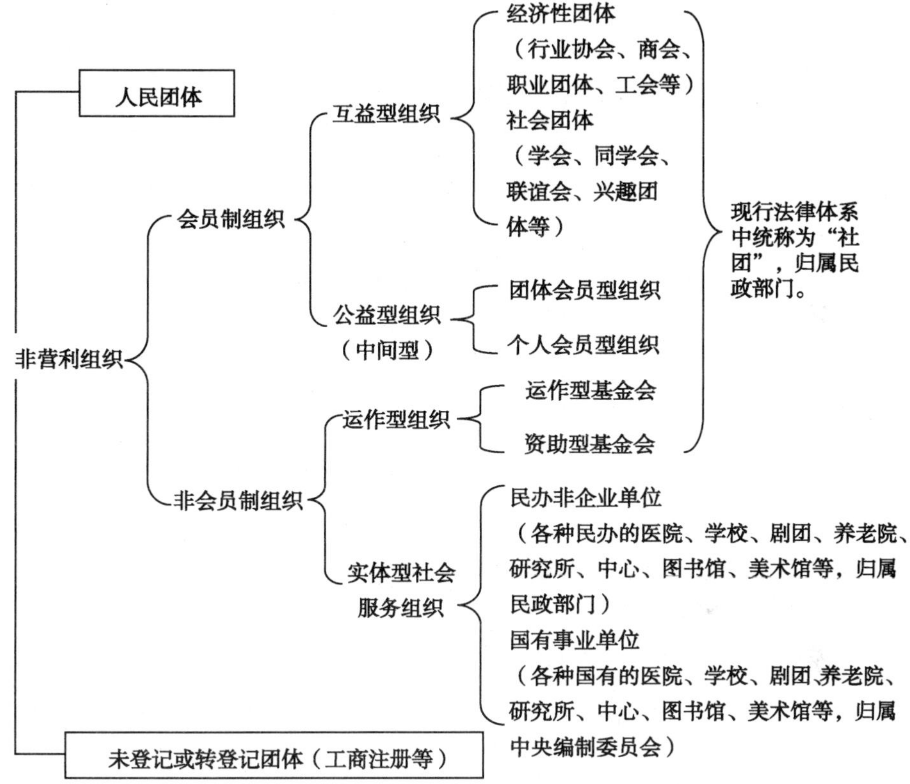


**图0－1　社会组织分类图**

资料来源：王名：《非营利组织管理概论》，中国人民大学出版社2002年版，第9页。

可以看出，随着社会转型和社会组织演化，一个从党政外围组织到纯粹公民自发成立的社会组织的连续光谱开始逐渐形成。[①] 在这个

① 王名：《中国民间组织30年——走向公民社会》，社会科学文献出版社2008年版，第202页。

光谱中，所涉及的组织包括：公共行政机构、官办社会组织、[①] 官方鼓励成立的社会组织、[②] 民间社会组织，[③] 它们的行政色彩依此递减，而社会色彩和民间色彩依次递增。在这个连续光谱中，体现出当前我国社会组织发展多样化和复杂性的特征。

本书所指的社会组织是一个广义的概念，既包括官办的社会组织，也包括民间的社会组织。

（二）公共政策与公共政策制定

1. 公共政策

公共政策是政府进行公共管理的有效工具和手段，是联结政府和社会的基本纽带。有关公共政策的概念，多年以来，国内外学者从以下几个角度加以界定。

有学者从政策制定和执行的角度界定公共政策突出了其政治行政二分法的特性。伍德罗·威尔逊（Woodrow Wilson）认为："公共政策是由政治家制定并由行政人员执行的法律和法规。"[④] 托马斯·戴伊（Thomas R. Dye）认为："公共政策就是政府选择做哪些事情而不做哪些事情。"[⑤]

有学者从价值分配的角度考察公共政策，强调了公共政策与公共利益的关系。戴维·伊斯顿（David Easton）对公共政策的经典定义为："公共政策是对全社会的价值作权威性的分配。"[⑥] 宁骚教授对公共政策给出的定义为："公共政策是公共权力机关经由政治过程所选

---

① 官办的社会组织包括：官办的社会团体，如八大人民团体：中华全国总工会、中国共产主义共青团、中国科学技术协会、中华全国工商联合会、中华全国妇女联合会、中华全国归国华侨联合会、中华全国台湾同胞联谊会、中华全国青年联合会。除此之外，还包括以及官方发起成立的基金会、协会、商会、学会等。

② 官方鼓励建立的社会组织是指各级人民政府根据上级指示或工作需要鼓励成立的各类民间组织，如农民经济合作组织。

③ 民间社会组织是指民间自发成立的公益性社会团体、基金会、业主委员会等。

④ 张金马：《政策科学导论》，中国人民大学出版社 1992 年版，第 17 页。

⑤ ［美］托马斯·戴伊：《理解公共政策》，谢明译，北京大学出版社 2011 年版，第 1 页。

⑥ D· Easton. *The Political System*, New York: Kropf, 1953, p. 129.

择和制定的为解决公共问题、达成公共目标、以实现公共利益的方案。"[①] 陈谭认为公共政策是："实现公共意志、满足社会需要的公共理性和公意选择，是规范、引导社会公众和社群的行为指南或行为准则，是由特定的机构指定并由社会实施的有计划的活动过程。"[②] 上述定义强调了公共政策是社会福利在社会成员之间的一种权威性分配，其中公共利益是公共政策的根本核心。

有学者从政策制定角度定义公共政策，强调了公共政策对社会成员行为的约束和引导作用。拉斯韦尔（Harold Lasswell）认为公共政策是"一个包含了目标、价值观和实践的，经过设计的计划"。[③] 国内学者陈振明认为"可以将公共政策界定为：国家（政府）执政党及其他政治团体在特定时期为实现一定的社会政治、经济和文化目标所采取的政治行动或所规定的行为准则，它是一系列谋略、法令、措施、办法、方法、条例等的总称"。[④] 张金马认为"公共政策是党和政府用以规范、引导有关机关团体和个人行动的准则或指南"。[⑤]

也有学者从政策过程角度进行界定，认为公共政策是一个动态连续的过程。詹姆斯·E. 安德森（J. E. Anderson）指出："公共政策被定义为一个或者一组行动者为解决一个问题或相关事务所采取的相对稳定的、有目的的一系列行动。"[⑥] 弗里德里希（Carl J. Friedrie）认为公共政策是："在某一特定环境下，个人、政府或团体有计划的活动过程。提出政策的用意就是利用时机、克服障碍，以实现某个既定的目标，或达到某一既定的目的。"[⑦]

---

① 宁骚：《公共政策》，高等教育出版社 2003 年版，第 109 页。

② 陈谭：《公共政策学》，湖南师范大学出版社 2003 年版，第 5 页。

③ ［美］小约瑟夫·斯图尔特：《公共政策导论》，韩红译，中国人民大学出版社 2011 年版。

④ 陈振明：《政策科学——公共政策分析导论》，中国人民大学出版社 2003 年版，第 50 页。

⑤ 张金马：《政策科学导论》，中国人民大学出版社 1992 年版，第 17 页。

⑥ ［美］詹姆斯·E. 安德森：《公共政策制定》，谢明译，中国人民大学出版社 2009 年版，第 3 页。

⑦ Carl J. Friedrie. *Man and His Government*, New York: Mc Geaw - Hill, 1990, pp. 4 - 5.

基于以上分析，本研究将建立在戴维·伊斯顿对公共政策的经典定义的基础上。即：公共政策是对全社会的价值作权威性的分配。

2. 公共政策制定

学界关于公共政策制定有广义和狭义两种理解。广义的公共政策制定是指整个政策周期。邓恩（William N. Dunn）认为“政策制定过程，从时间角度看，它们构成一系列独立的阶段：议程建立、政策形成、政策采纳、政策执行、政策评估”。① 狭义的公共政策制定是指政策形成或政策规划阶段。如陈振明教授则认为“政策方案规划阶段是对政策问题进行分析研究并提出相应的解决办法或方案的活动过程，包括问题界定、目标确立、方案设计、后果预测、方案抉择五个环节。政策合法化则是法定的政策主体为使政策方案获得合法地位而依照法定权限和程序所实施的一系列审查、通过、批准、签署和颁布政策的过程”。② 本书界定的公共政策制定也是按照狭义的理解进而展开思路。

关于公共政策制定的主体，广义上理解，包括一定政治体制中的执政党、立法机关、行政机关、社会组织等。结合我国的公共政策制定体制，我国实行中国共产党领导下的多党合作制度。作为执政党的共产党，它制定的政策属于公共政策。立法机关是制定公共政策的主要机构。我国立法机构是各级人民代表大会及其常务委员会。由于我国人大实行议行合一的原则，因此人大不仅拥有政策制定权，还有监督、检查行政机关和司法机关工作的权力。人大制定的公共政策具有最高效力。随着政策过程的逐步放开，以及社会组织政策参与意识与能力的提高，越来越多的社会组织开始介入到公共政策制定过程中来。当然，包括各级地方政府在内的各级政府也依据宪法和法律制定公共政策。本书重点探讨的即是反家暴政策制定中地方人大与社会组织的互动过程。

关于公共政策制定的若干环节，一般包括议程设置阶段、方案选

---

① ［美］威廉·邓恩：《公共政策分析导论》，谢明等译，中国人民大学出版社 2002 年版，第 13 页。

② 陈振明：《公共政策分析》，中国人民大学出版社 2003 年版，第 197 页。

择与规划阶段以及政策合法化阶段等主要环节。在议程设置阶段，哪些公共问题最终成为政策议程是这一阶段关注的核心问题。约翰·金登（John W. Kingdon）教授认为政策议程是指“对政府官员以及与其密切相关的政府外人员在任何给定时间认真关注的问题进行编目”。[①]金登用三种“溪流”的模型理解政策议程的设置，他认为一个问题能否进入政策议程取决于三方面力量的影响，即“问题流”、“政策流”和“政治流”。其中，“问题流”是指对于需要处理问题的界定；“政策流”涉及的是备选方案、解决问题的可行性、技术的可获取性等；“政治流”是指政策所涉及的政治问题。当这三种溪流汇聚一起，“政策之窗”便会打开，问题正式成为政策议程。国内学者王绍光将公共政策议程分为媒体议程、公众议程和政府议程，并依据政策议程提出者的身份与民众参与的程度区分出六种议程设置的模式：关门模式、内参模式、上书模式、动员模式、借力模式与外压模式等。[②]

在方案制定和选择阶段，核心问题是制定出有效的政策方案，政策方案是公共政策的关键，决定着政策实施的效果和政策目标能否实现。学者们运用理性决策模型、渐进主义模型、将理性模型与渐进模型相结合的混合扫描模型、制度主义模型以及强调政策是利益集团博弈和平衡的集团模型等模型来解释政策方案是如何制定出来的。

本书认为，上述观点主要是从政府的角度来理解公共政策制定，如果从社会组织参与的角度来考察公共政策制定，则在政策议题形成之前，应该还有一个公共议题的形成阶段。在该阶段，社会组织发现公共议题，并通过多种途径使公共议题进入政策议程并逐渐演变为政策议题，这恰恰体现出了公共政策制定中社会力量参与的特征。而且，从政策实践的角度来看，社会组织参与公共政策制定在公共议题的发现与形成阶段较为明显。这个阶段也是公共政策制定中最基础的环节。基于上述分析，本研究采用三阶段的公共政策制定框架：公共议题的形成、议程设置、方案制定和选择。

---

① ［美］约翰·金登：《议程、备选方案与公共政策》，丁煌、方兴译，人民大学出版社2004年版，第4页。

② 王绍光：《中国公共政策议程设置的模式》，《中国社会科学》2006年第5期。

### （三）家暴

#### 1. 家暴的概念界定

“家暴”的全称即“家庭暴力”。关于何谓家庭暴力（domestic violence，DV），目前的研究缺乏统一标准，学术界尚存在分歧。如 Walace 认为家庭暴力是指“由共同生活的人所为的，对家庭其他成员导致严重伤害的任何行为或懈怠”。严重伤害包括身体的、情感的、也包括侵犯其他家庭成员权力和选择自由的行为。而 Joseph. G. Weis 则从家庭暴力与其他形式的暴力的区别出发，认为“家庭与其他社会领域的区别并不明显，加害人与受害人之间的更新的性质可能是区分家庭暴力与其他形式的暴力的关键”。①

我国对家庭暴力的概念规定多见相关法律法规中。其中我国政府明确使用“家庭暴力”一词是在《中国妇女发展纲要》（1995—2000年）第 11 项“改善妇女发展的社会环境”中“依法保护妇女在家庭中的平等地位，坚决制止家庭暴力”。全国人大常委会在 2001 年 4 月 28 日通过的《关于修改〈中华人民共和国婚姻法〉的决定》中，不仅在《婚姻法》的总则部分明确规定“禁止家庭暴力”，而且将实施家庭暴力作为法院应准予离婚的法定情形之一，并专门规定了对家庭暴力受害人的救助措施和施暴人的法律责任。其后，最高人民法院基于实践的需要，在《关于适用〈中华人民共和国婚姻法〉若干问题的解释》中对家庭暴力做出了界定，即指“行为人以殴打、捆绑、残害、强行限制人身自由或其他手段，给家庭成员的身体、精神等方面造成一定伤害后果的行为。持续性、经常性的家庭暴力，构成虐待”。这是目前中国关于家庭暴力的最明确、最权威的定义。此后，相继修订的妇女权益保障法、未成年人保护法、老年人权益保障法、残疾人权益保障法对禁止家庭暴力均作出了原则性、宣誓性的规定，并进一步规定了对家庭暴力的保护机制。

我国各省、市、自治区颁布的反对家庭暴力的地方性法规大多沿

① Joseph. G. Weis，Family violence Research Methodology and Design，*Lloydoblinand Michael Tonry*，Chicago publisher，1989.

用了婚姻法司法解释的定义。但也有一些地方性法规对构成家庭暴力的概念做出了突破性的规定，有的明确了家庭成员的范围，有的将性暴力作为构成家庭暴力的行为之一。如《海南省预防和制止家庭暴力规定》（2005 年 9 月 28 日）中界定了家庭成员的范围："本规定所称的家庭成员是指夫妻、父母（养父母）、子女（养子女），以及有扶养关系或者共同生活的继父母、继子女、祖父母、外祖父母、孙子女、外孙子女和兄弟姐妹等。"《湖南省人民代表大会常务委员会关于预防和制止家庭暴力的决议》（2000 年 3 月 31 日）中规定："本决议所称家庭暴力，是指发生在家庭成员之间的，以殴打、捆绑、禁闭、残害或者其他手段对家庭成员从身体、精神、性等方面进行伤害和摧残的行为。"

2014 年 11 月 25 日，国务院法制办公布的《中华人民共和国反家庭暴力法（征求意见稿）》第二条规定了家庭暴力的概念："本法所称家庭暴力，是指家庭成员之间实施的身体、精神等方面的侵害。本法所称家庭成员，包括配偶、父母、子女以及其他共同生活的近亲属。具有家庭寄养关系的人员之间的暴力行为，视为家庭暴力。"这一条规定中对家庭暴力概念的界定，是在我国上述法律法规的基础上总结司法实践的经验，经过抽象概括发展而来。

综合上述对家庭暴力的定义概念，可以归纳出家庭暴力的四个要件：第一，家庭暴力的主体是家庭成员；第二，主要为身体权、健康权、生命权、自由权和性权利；第三，家庭暴力主管要件要求施暴者须具有主观的故意；第四，家庭暴力的客观方面通常表现在持续或经常的摧残或折磨家庭成员的身体、精神和实施性暴力，造成一定的伤害后果。可见，对于家庭暴力的界定要从施暴方与受害方的关系、主观动机、客观后果等诸多方面加以考虑。

2. 家暴的分类

由于不同的社会意识形态和个人价值观的影响，要更加准确地认识家庭暴力，还应当对其进行类型化区分，通过详细的分类来探求本书界定的家庭暴力应有之内涵。

按照家庭暴力的主体范围划分，可分为对妇女的暴力和对其他家庭成员的暴力。出于本研究中的社会组织是妇女组织考虑，因而本书中出现的“家暴”一词特指婚姻暴力中受害方为妇女的家庭暴力行为（也有学者称之为“虐妻型家庭暴力”,[①] 或“配偶暴力”[②]）。

按照家庭暴力的表现形式划分，又可分为生理暴力、心理暴力与性暴力。有学者指出家庭暴力是指：“针对妇女的生理暴力是指杀害、拳打脚踢、使用凶器等对妇女身体上各个部分的伤害甚至威胁生命的行为；心理暴力是指以威胁、恐吓、辱骂等方式造成妇女的心理恐惧；性暴力是指伤害妇女的性器官、强迫与妇女发生性行为、性接触等侵害行为。”[③]

《消除对妇女的暴力行为宣言》是联合国大会第四十八届会议通过的对《消除对妇女一切形式歧视公约》的补充，其中第 1 条指出，“对妇女的暴力行为”一词系指对妇女造成或可能造成身心方面或性方面的伤害或痛苦的任何基于性别的暴力行为，包括威胁进行这类行为，强迫或任意剥夺自由，而不论其发生在公共生活还是私人生活中。

（四）模式

“模式”这一概念如今广泛应用于社会科学领域中。对于这一概念的内涵与外延，不同的学者有不同的界定。Alexander 从自然科学研究出发，给出了模式的经典定义：模式就是描述问题及其解决方案的核心规律，并用这种规律性的解决方案，总结、归纳、应对未来出现的类似问题。国内学者如彭国甫认为，模式是由一些局部的形式在发展中按照一定的价值观和标准，对其内在规律性的系统的提示与整合。[④] 现代汉语词典关于“模式”的解释为：“某种事物的标准形式

① 杜文翾：《虐妻型家庭暴力刍议》，《江西社会科学》2004 年第 6 期。

② 王金玲：《配偶暴力：多种权力机制的一种运作》，《中共宁波市委党校学报》2002 年第 3 期。

③ 朱力：《社会问题概论》，社会科学文献出版社 2002 年版，第 364 页。

④ 彭国甫、颜佳华：《县级政府管理模式创新研究》，湖南人民出版社 2005 年版，第 6 页。

或使人可以照着做的标准样式。”① 模式意味着对前人经验的问题解决经验的抽象与升华，从而提炼出预判和解决重复出现的事务的有效方案。从国内文献资料来看，“模式”研究广泛应用于经济学、社会学、管理学、政治学等领域，试图探讨在这些领域中的社会问题及其解决方案的运行规律。结合以往学者的定义以及社会科学研究的特征，本书中的模式定义为：“为解决某一类问题的方法论，即把解决某一类别问题的方法提炼成理论，即形成模式。”②

## 三　与研究主题相关的文献综述及评价

虽然目前国内有关社会组织参与反家暴政策制定的相关文献相对较少，但是围绕着社会组织政策参与这一主题，已有学者从社会治理与社会管理活动等视角在不同层面上进行了可贵的探索与分析。这些研究成果为本书系统研究当前我国反家暴政策制定中的社会组织参与提供了学术积淀。

### （一）关于社会组织参与公共政策制定的研究

关于社会组织参与公共政策制定的研究，学界主要围绕社会组织参与公共政策制定的作用，社会组织参与公共政策制定的方式，以及社会组织参与公共政策制定中与政府的关系等展开研究。

#### 1. 社会组织参与公共政策制定的作用研究

关于社会组织参与公共政策制定的作用，学界普遍认为社会组织的政策参与对于推动中国政治民主化发展和提升公共政策民主化、科学化发挥了积极作用。邓正来（2002）认为，市民社会在我国的发展为民主政治奠定了坚实的社会基础。“市民社会是保障自由和防止权威倒退至极权体制的最后屏障。从积极意义上看，市民社会的发展培育了多元利益集团，这些在经济和其他领域中成长起来的利益集团发展到一定阶段，便会以各种不同方式要求在政治上表达它们的利益；

① 中国社会科学院语言研究所词典编辑室：《现代汉语词典》（第5版），商务印书馆2005年版。

② 郑方辉、段静：《省级“政府绩效评价”模式及比较》，《中国行政管理》2012年第3期。

这种欲望和活动乃是建立民主政治的强大动力。在这一意义上，市民社会为民主政治奠定了坚实的社会基础。另外，在民主政治尚未确立之前，市民社会可以通过各种非官方安排的渠道对国家的各种决策予以重大的影响，进而逼近民主决策的目标”。[①] 何增科（2007）指出：“公民社会组织积极影响政府决策，使政府决策有了更加坚实的民意基础，并促使了决策的民主化。公民社会成员活跃于其中的民间公共领域是协商民主的重要领域，公民们在这一领域对公共事务所进行的自由的、理性的讨论，为政府了解民意、集中民智提供了良好的素材，有助于提高决策的质量。”[②] 俞可平（2007）将善治与社会组织的政策参与结合起来论述其作用。他提出，参与是善治的基本要素，而参与首先指公民的政治参与。而理想的公民参与，不是公民自发的、松散的和零乱的参与，而是指有组织的参与。而“非政府的民间组织在公民政治参与的组织协调作用正在变得越来越重要。通过公民组织实现公民的有序参与，不仅可以减轻政府的政治成本，而且更能体现公民的主体性，更能表达民意，更能激发公民的参与热情，更符合民主的精神”。[③] 为此，俞可平（2002）认为：“上个世纪80年代后成长起来的众多的民间组织，已经成为影响政府决策的重要因素和推动政府改革的强大动力源。”[④] “尽管民间组织存在着这样那样的问题，但就其主体而言，它们对于民间组织都有着与党和政府合作的强烈愿望”。[⑤]

也有一些学者将关于社会组织政策参与的作用问题研究放置在某一理论视角中讨论。如叶劲松（2005）以市民社会为视角，探讨民间商会的政治参与。他提出：民间商会以非政治化和低度制度化的方式参与公共政策过程，促进了民营企业家群体与政府之间的良性互动。

---

① 邓正来：《市民社会理论的研究》，中国政法大学出版社2002年版，第15页。

② 何增科：《公民社会与民主治理》，中央编译出版社2007年版，第5页。

③ 俞可平：《中国公民社会研究的若干问题》，《中共中央党校学报》2007年第6期。

④ 俞可平：《中国公民社会的兴起与治理的变迁》，社会科学文献出版社2002年版，第212页。

⑤ 俞可平：《中国公民社会研究的若干问题》，《中共中央党校学报》2007年第6期。

但要进一步形成国家与市民社会在总体上的良性互动局面，还需要对更广泛的社会利益进行有效整合。[①] 张远和祁光华（2006）从公共政策创新的角度论述了社会组织政策参与的作用。他们提出，第三部门兴起不仅构建了政府与第三部门的新型关系，而且重塑了公共政策的价值基点，带来了公共政策主体创新和公共政策过程创新。[②] 马润凡（2011）提出中国公民社会为公民参与政策过程提供了最直接和最有效的组织化的和公共话语化的双重渠道："组织化渠道聚集、凝练整合了分散无序的个体潜在影响力，影响了公众参与政策过程的能力；公共话语渠道引导、培养了社会公众的理性意识和公共精神，并将分散的非理性的见解和判断整合为有序的、合理化的意见形式输入政策过程，扩大和增强了公众对政策过程的积极参与。这双重渠道的存在正改变着公民政策参与的不均衡状态，推动着具有民意基础的政策过程的良性运行。"[③] 孙发锋（2011）指出中国公民社会影响政策过程的价值在于：提高政策过程的民主化、增加政策过程的开放性、促进利益分配的公平性，以及促进公民社会的发展。[④]

学者们在认可社会组织参与公共政策制定带来积极作用的同时，也有一些学者对其可能产生的消极影响进行了客观的分析。比如俞可平（2007）指出社会组织政策参与的双刃剑效应。"必须看到，民间组织对于政府而言恰如一把双刃剑，政府的政策和行为得当，就容易使民间组织与政府合作，有利于社会的和谐与稳定；反之，民间组织与政府的合作就很困难，甚至会走到政府的对立面，成为反政府的力量，危害社会的团结与稳定"。[⑤]

王名（2008）认为，由于当前体制内的参与渠道不畅通，民间社

① 叶劲松：《市民社会视角下的民间商会及其政治参与》，《浙江社会科学》2005年第4期。

② 张远、祁光华：《第三部门兴起与我国公共政策创新》，《探索》2006年第1期。

③ 马润凡：《中国公民社会影响政策过程的特点》，《郑州大学学报》（哲学社会科学版）2011年第1期。

④ 孙发锋：《中国公民社会影响政策过程的价值》，《长江论坛》2011年第1期。

⑤ 俞可平：《中国公民社会研究的若干问题》，《中共中央党校学报》2007年第6期。

会组织常常以非制度化的方式影响政策过程，对人格化参与方式的依赖程度较高，这影响了制度转型与公民社会的形成和发挥作用。“民间组织把一部分精力用在建立关系方面，影响了自身能力的建设，也影响了参与水平。参与方面的人治主义特征，同样也影响到了正式参与渠道和程序的建立，于是形成一个‘没有渠道——找关系，依赖关系——轻视程序、规则和制度建设’的恶性循环，影响了制度转型和公民社会的形成与发挥作用”。① 郁建兴（2008）通过对温州商会参与政策过程的研究，也指出了商会通过非正式渠道参与政策过程具有双重影响，“其结果既可能符合公共利益，也可能损害公共利益”。② 除此之外，郁建兴提出商会出于行业利益需要，往往要求政府修正某些政策。有些商会通过非正式参与政策调整，其行为往往不合规范。“这意味着商会参与的政策调整并非都是合法的，也不一定都推动了经济社会发展。对于商会参与政策调整，政府同样需要予以管理和规范。”③

贾西津（2008）认为公民社会的功能层次可以分为公共服务、公共政策、公民权力。④ 基于目前中国社会组织的实践状况，社会组织的功能体现多集中在公共服务供给层次，在公共政策的倡导和影响中还处于兴起阶段。社会组织特别是民间社会组织由于当前政策参与的制度环境不完善，为了维护自身利益，必定会在参与过程中展开激烈的竞争与博弈。因此，这种背景下的政策参与既会产生积极的影响，也会带来消极的影响。那么，通过构建科学有序高效的参与模式，避免和防范社会组织政策参与的消极影响，以充分发挥其积极作用成为本书研究的重要目标。

---

① 王名：《中国民间组织30年——走向公民社会》，社会科学文献出版社2008年版，第289页。

② 郁建兴、江华、周俊：《在参与中成长的中国公民社会》，浙江大学出版社2008年版，第194页。

③ 同上书，第203页。

④ 王名：《中国民间组织30年——走向公民社会》，社会科学文献出版社2008年版，第203页。

2. 社会组织参与公共政策制定的方式研究

公共政策制定中社会组织以何种方式参与其中与国家政治民主化水平、经济发展水平、政府对社会的开放程度、社会公众的参与意识与社会组织自身的参与能力、政策问题的类型和内容等因素密切相关。

在关于社会组织参与公共政策制定的方式研究中，对其较为系统的分析出自郑准镐（2004）的研究成果。这位学者以主体性、制度性、合法性、是否同其他 NGO 联合作为分类标准，对 NGO 政策参与的方式进行了划分。根据 NGO 参与政策过程的主体性，NGO 对政策过程的参与方式可分为直接参与和间接参与。其中，直接参与是指 NGO 成为政策过程的参与主体，自愿参与政策方案的提出、政策的制定、执行、评估等政策过程的各阶段，并且为了满足社会需求提供公共物品；间接参与是指 NGO 虽然不是政策过程的参与主体，但通过其他手段影响政策过程的参与方式。间接参与方式包括合法性间接参与方式和非法性间接参与方式。合法性间接参与方式有参加听证会或研讨会、非暴力合法示威等。非法性间接参与方式包括非法示威、暴力活动、暴动等。根据 NGO 参与政策过程的制度化与否，NGO 对政策过程的参与方式可分为制度化参与和非制度化参与。制度化参与是指通过合法程序参与政策过程或影响政策的参与方式；非制度化参与方式是指 NGO 通过非正式的方式影响政策的参与方式。根据 NGO 对政策过程参与的主动性分为主动参与方式和委托参与方式。其中，主动参与方式是指 NGO 与政府意志无关的参与政策过程的方式；委托参与方式是指 NGO 接受政府的委托或接受政府的许可后，参与政策过程的方式。根据 NGO 在政策过程中的联合方式，NGO 对政策过程的参与方式可分为单独参与、联合参与以及与政府合作参与等。其中，单独参与方式是指一个 NGO 自己参与政策过程或为了影响政策单独展开活动的方式；联合参与方式是指为了参与或影响政策过程，NGO 与其他 NGO 或社会组织联手开展活动的方式；与政府合作参与方式是指 NGO 与政府的一个或多个部门合作而参与政策过程的方式。①

① 郑准镐：《非政府组织的政策参与及影响模式》，《中国行政管理》2004 年第 5 期。

除此之外，关于社会组织参与公共政策制定的方式研究，国内较为代表的观点还有：俞可平（2002）指出，目前社会组织政策参与的方式大致有三种：一是代表所在的组织或行业向决策部门反映问题，提出要求，促使权力机关制定相应的政策或措施；二是应决策机关的请求，对某些专门政策的制定和实施发表意见；三是当政府政策损害其成员的利益时，代表其成员向有关部门进行交涉。[①] 何增科（2007）认为，社会组织影响公共政策制定的具体方式包括：向决策当局提供决策信息、提供咨询建议，参加立法和行政决策听证会，反映民情民意，提供决策效果信息反馈。[②] 贾西津（2008）认为在新兴的结构性参与中，新兴的社会组织——民间思想库通过专家的独立研究和公开研讨，参与公共决策。[③] 王绍光（2006）从公共政策议程设置的角度出发，将中国的政策议程设置分为六种模式：关门模式、动员模式、内参模式、借力模式、上书模式和外压模式。其中，上书模式往往采取公开信或上书同时告知媒体的方式。借力模式、上书模式和外压模式都是改革开放以后新出现的政策议程设置模式，不同程度地体现出社会组织政策参与的具体方式。王绍光认为："专家、传媒、利益相关群体和人民大众发挥的影响力越来越大"，"上书模式和借力模式时有耳闻，外压模式频繁出现"。[④]

国外学者盖瑞蒂和皮卡德（Garrity & Picard，1991）将行业组织的政策参与分为三种方式：（1）政策倡导，指行业组织通过游说对政府施加压力以影响政策的制定与执行；（2）正式的政策决策过程参与，即以国家公开认可的方式就政策的制定与政府商讨和谈判；（3）私益政府，即行业组织承担原来由政府承担的准公共职能。这三种方式处于一个连续体上，一端是政策倡导，另一端是私益政府，二

① 俞可平：《中国公民社会的兴起与治理的变迁》，社会科学文献出版社 2002 年版，第 213 页。

② 何增科：《公民社会与民主治理》，中央编译出版社 2007 年版，第 5 页。

③ 贾西津：《中国公民参与案例与模式》，社会科学文献出版社 2008 年版，第 9—13 页。

④ 王绍光：《中国公共政策议程设置的模式》，《中国社会科学》2006 年第 5 期。

者之间是正式的政策决策过程参与。

相对于宏观视角的规范研究，国内一些中青年学者从微观视角的实证分析出发，对社会组织参与公共政策制定的个案进行研究。这一类型的参与探讨往往与具体的社会现象相连，通过某些方面或某些地区的案例或者调查数据，归纳出社会组织政策参与方式。其中较有影响力的是朱春奎等（2010）通过对怒江水电开发规划过程的政策网络分析，从静态面上探讨其中行动者的成员、资源与关系类型，动态面上分析了行动者的立场及策略，以及彼此间的互动关系。① 有学者也以怒江水电开发为例，归纳出社会组织对政府决策者施加影响的方式包括：通过合法的利益表达渠道直接游说、通过媒体影响政府官员的理念或施加舆论压力、利用专家在决策咨询中灌输自己的理念、发动公众形成舆论甚至政治压力、利用政府内外的政治力量（部门之间、政协、国际组织等）形成博弈。据此还总结了社会组织的八种参与方式：一是政府内部的合作伙伴，与政府建立良好的关系，由政府部门提供参与的机会；二是善用媒体的力量，通过媒体风暴引起公众关注，发动公众参与讨论，形成强大的舆论攻势；三是联盟整合力量；四是发挥专家作用；五是通过政协委员和人大代表等体制内的表达渠道；六是作为弱势群体的代言人；七是争取民众的参与支持；八是通过国际组织施加影响。②

徐家良（2003）通过对阶段性就业政策和《婚姻法》制定、修改两个案例的全面描述，试图证明改革开放后的全国妇联是一个具有表达和综合妇女权益功能的利益团体的假设命题，并探讨作为官办社会组织——全国妇联在参与公共政策制定中所发挥的影响力。徐家良指出：“全国妇联为了达到影响公共政策制定过程的效果，在方式的选择上会有所侧重。一般而言，一旦当全国妇联确定公共政策最后由哪个环节起关键作用的时候，它就会使用正式的或非正式的手段来施加

① 朱春奎、沈萍：《行动者、资源与行动策略：怒江水电开发的政策网络分析》，《公共行政评论》2010 年第 4 期。

② 贾西津：《中国公民参与案例与模式》，社会科学文献出版社 2008 年版，第 33—35 页。

其影响，达到公共政策最终结果全国妇联化，符合全国妇联的意愿和要求。正式的手段一般是按照法律规定的程序来进行，由全国人大常委会委员起决定性作用。非正式的手段指全国妇联对曾经担任过全国妇联职务的委员和现正担任着全国妇联职务的委员多加联络，呈送相关材料，使这些委员角色双重化。"①

郁建兴（2008）以温州商会参与公共政策为案例提出，温州商会参与公共政策的渠道主要有三种：一是商会中的人大代表、政协委员分别提出人大议案和政协提案；二是商会向政府部门提出建议；三是商会精英人物利用私人关系与政府官员沟通。对于第三种非正式参与方式，具体到政策制定阶段，郁建兴提出："商会的主要作用是向政府部门游说，通过不断地与政府部门沟通，以及向人大、政协提交议案和提案，使本行业引起政府重视，从而进入政府的政策过程。"②

除上述学者外，还有一些中青年学者也进行了可贵的探索。江华等（2012）根据我国的政策形成和执行过程，将我国行业协会的政策参与大体分为10种途径：通过人大、政协提交议案、提案；参加政府会议或邀请政府官员参加会议；行业协会领导层与政府官员的沟通；通过媒体影响政策；参加听证会、提起行政复议和诉讼、以"先上车，后买票"方式推进政策、受政府委托参与政策制定、受政府委托执行政策或协助政府执行政策、监督和评估政策执行等。③ 杨肖光（2011）以广西壮族自治区内的三个与妇女健康相关的社会组织参与公共政策过程为例，探讨不同层级、不同类别的社会组织参与政策过程并发挥积极作用的影响因素。④ 杜洁（2012）分析了妇女组织对村民自治政策话语的影响，展现了转型期中国公共政策制定中的多元视

---

① 徐家良：《制度、影响力与博弈——全国妇联与公共政策制定》，中国社会出版社2003年版，第207页。

② 郁建兴、江华、周俊：《在参与中成长的中国公民社会》，浙江大学出版社2008年版，第198页。

③ 江华：《行业协会政策参与的比较研究》，《中共浙江省委党校学报》2012年第1期。

④ 杨肖光：《社会组织参与卫生政策过程的思考》，《中国卫生政策研究》2011年第2期。

角和非政府组织的动态参与。①

可以看出，“在现代社会中，非政府组织对政策过程的参与呈现出多样化”。② 但是，社会组织参与公共政策制定还处于兴起阶段，社会组织参与的政策领域、社会组织的资源禀赋以及政府对其接受程度等差异性较大，因此这种参与方式的多样化特征还停留在对该问题认识的初始阶段。特别是随着国家政治经济发展，国家与社会关系的进一步调整，不同类型的社会组织参与公共政策制定所呈现出的方式将会更加多样化和复杂化，因而，以反家暴政策为切入点，对公共政策制定中社会组织的参与方式进行研究仍有探讨空间，这正是本书研究的着力点。

3. 社会组织参与公共政策制定中与政府的关系研究

必须承认，正是由于国家对社会领域的逐步放开以及政府对社会组织管制的放松，社会组织在公共政策制定中才有了一定的参与空间。可以说，社会组织参与公共政策制定中与政府的关系对于其参与具有重要的影响。“这即是说，在当前，中国公民社会只能在既有政治控制框架所允许的限度内发展，即在政府开放的有限公共事务管理的空间中，积极参与治理，以争得与政府对话的权利，从而推动政府转型并进而推进国家与公民社会边界的重构”。③ 因而，政府对社会组织的认知态度、政府与社会组织的互动关系等在很大程度上决定了社会组织政策参与的结果与效应。

关于社会组织参与公共政策制定中与政府的关系，郑准镐（2004）提出，在现代多元社会，影响NGO对政策过程的影响力的主要因素是NGO的能力和政府的接受程度。NGO的能力是指为了影响政策过程，NGO提出正确的政策方案、形成社会舆论、动员资源的能力。NGO的能力主要取决于NGO的活动能力和NGO的社会信任度。

---

① 杜洁：《妇女组织对村民自治政策话语的影响分析》，《山东女子学院学报》2012年第5期。

② 郑准镐：《非政府组织的政策参与及影响模式》，《中国行政管理》2004年第5期。

③ 郁建兴、江华、周俊：《在参与中成长的中国公民社会》，浙江大学出版社2008年版，第11页。

政府对NGO的接受程度主要取决于NGO的制度化参与程度和政府对NGO的友好程度。NGO的制度化参与程度是指在政策过程中政府保障NGO通过制度化方式参与政策过程的程度。政府对NGO的友好程度是指除了NGO的制度化参与以外，政府和NGO的交流或政府对NGO的好感程度。政府对NGO的友好程度越高，政府接受NGO的政策要求的可能性越高。[①] 基于上述分析，郑准镐提出了NGO影响政策过程的二维标准：NGO自身因素与政府对NGO组织的接受程度。

江华等（2011）认为在国家控制社会的背景下，利益契合与否则是政府支持行业组织政策参与的关键。基于上述分析，江华提出一个行业组织政策参与的分析框架：政府控制下的利益契合。“该分析框架认为转型期中国家与社会关系既非完全的政府控制，又非控制与支持平行，而是在政府控制下的支持。作为‘经济人’的政府选择控制还是支持，取决于二者利益契合的程度”。[②] 接下来江华以金融危机期间行业组织政策参与的两个案例为研究对象，对“政府控制下的利益契合”的分析框架进行了初步验证。验证结果表明，国家与社会组织的互动关系是一种制度化程度低、策略性强的关系。

同江华类似，郁建兴（2008）等把公共政策视同一种稀缺资源。在此基础上，他提出：“在政府掌控稀缺资源的情况下，只有与政府目标一致，行业才有可能进入政府政策过程。而只有进入政策过程，才可能获得稀缺资源。”[③] 从公共政策参与中社会组织与政府形成的互动关系来看，郁建兴认为：“商会与政府之间既存在合作关系，又存在博弈关系。通过合作与博弈，商会与政府之间可以实现信息沟通和行为互动。商会参与使公共政策的制定、执行和调整都不再是政府单方面的事情，政府需要与商会互动以实现决策的科学化。尽管在很多情况下，商会的建议和反馈没有得到政府的重视，也没有对公共政策

① 郑准镐：《非政府组织的政策参与及影响模式》，《中国行政管理》2004年第5期。

② 江华、张建民、周莹：《利益契合：转型期中国家与社会关系的一个分析框架——以行业组织政策参与为案例》，《社会学研究》2011年第3期，第136—152页。

③ 郁建兴、江华、周俊：《在参与中成长的中国公民社会》，浙江大学出版社2008年版，第195页。

产生实质性影响，但温州商会参与政策过程表明，温州商会具有自主行动的能力，能够通过集体行动影响政策过程。”① 郁建兴进一步指出，商会与政府之间合作多而博弈少，商会行为在有些时候可能侵害其他利益群体，这就需要在政策过程中规范商会与政府的行为，使之在特定的界限内运行。②

朱洁如（2008）通过分析怒江水电开发这一经典案例提出：“建立良好的政府关系是非政府组织参与政策制定必不可少的条件。”③ 可见，政府与社会组织之间的相互信任程度决定了环保组织参与空间大小的重要程度。

俞可平（2002）将社会组织影响党和国家的政策视为社会组织与党和国家的互动方式。社会组织影响党和国家修订现行的政策或制定新的政策，借此最大限度地增大自身的部门利益。这种情况特别明显地体现在大量地方性的和行业性的社会组织活动中。同时，由知识分子构成的社会组织越来越多地试图干预党和国家的大政方针，影响国家的政治和经济改革政策。④

在我国政策制定体制的背景下，政府对社会组织的态度以及二者之间的互动关系决定了社会组织参与公共政策制定的范围及影响程度。因此，对于如何促进社会组织政策参与功能的充分发挥，政府有不可推卸的责任。国家政治体制改革及政府理念的变革也是重要的影响因素。同时，由于政府决策者考虑的是全体成员的公共利益，而社会组织代表不同群体的利益诉求，因而，在政策过程中社会组织与政府既有合作，又有博弈。这一点在反家暴政策中体现得更加明显。

### （二）关于家暴问题的研究

近年来，关于家暴问题的研究逐渐成为学术界关注的热点之一，

---

① 郁建兴、江华、周俊：《在参与中成长的中国公民社会》，浙江大学出版社2008年版，第204页。

② 同上书，第203—204页。

③ 贾西津：《中国公民参与案例与模式》，社会科学文献出版社2008年版，第33页。

④ 俞可平：《中国公民社会的兴起与治理的变迁》，社会科学文献出版社2002年版，第207页。

特别是《婚姻法》2001 年和《妇女权益保障法》2005 年的修改，都明确写入反对家暴，促进了家暴相关研究朝着多学科、跨学科的方向发展。

1. 我国家暴问题的现状研究

家庭暴力是国际社会普遍关注的问题，起源于国际社会 20 世纪 60 年代以来蓬勃发展的妇女运动。目前我国家暴问题的现状研究主要集中于以下两点。

（1）关于我国家暴发生率的统计数据调研。开展针对家暴状况及防治成效的监测，对于推进反家暴行动具有重要的作用。监测结果可用以“使政策制定者确信有必要行动起来解决暴力侵害妇女的问题；对暴力行为的幸存者获得服务方面的进展情况”。① 目前我国已有多项关于家暴发生率的统计数据调研。2000 年全国妇联考察了女性遭受配偶殴打或强迫性生活的情况，发现有 24.1% 的妇女曾遭受过配偶上述至少一种形式的家庭暴力，其中，遭受过配偶殴打的比例为 22.5%，遭遇过配偶强制过性生活的比例为 10.8%。② 2002 年全国妇联一项调查结果表明：在我国 2.7 亿个家庭中，30% 的家庭存在着不同程度的家暴行为，每年大约有 10 万个家庭因家暴而解体。③ 2008 年，全国政协和法制委员会组织专题组就婚姻家庭中的人身权利保护情况赴湖南、浙江、北京进行调研。发现各地家暴发生比例都很高，一些县以上妇联受理的有关家暴案件占整个信访量的 12% 至 14%；受害者的范围多发生在夫妻之间和父母子女之间，主要是妇女、儿童和老人。④

尽管目前关于我国家暴发生率统计数据调研的研究成果颇为丰富，但由于调查范围和调查方法的不同，所报告的数字差异很大。相

① 《关于侵害妇女的一切形式的暴力行为的深入研究——秘书长的报告》，联合国文件 A/61/122/Add. 1.

② 中国妇女研究所，http：//www. wsic. ac. cn/internalwomenmovementliterature/86410. htm，访问时间：2015 年 7 月 10 日。

③ 王有佳：《家庭暴力透视：现代化城市生活的一颗毒瘤》，《人民日报》2003 年 4 月 3 日第 7 版。

④ 蒋涵：《家庭暴力多发，委员建议出台制止家庭暴力法》，《工人日报》2009 年 3 月 9 日第 7 版。

关研究在收集和广泛提供按性别、地区和民族分列的统计资料中仍有待进一步完善和深入。

（2）关于我国家暴发生地与强度的区别。由于我国长期以来实行城乡二元结构，家暴问题在城市与农村地区表现出不同特征。从家暴发生地与强度的差异来看，不同学者的研究得出的结论不尽相同。学者们普遍认为我国农村妇女遭受家暴现状较之于城市地区更为严重。比如，《农家女百事通》杂志于2001年采取读者问卷形式对“农村家庭暴力的数量”进行了调查。调查结果显示，有75%的被调查者认为发生家暴的有20%左右，10%的人认为一半的家庭有家暴，6%的人认为几乎所有的家庭都有家暴。在“施暴者是谁”的问卷中，65.6%的妇女是被丈夫打的；“为什么被打”，列在第一位的原因是“家务琐事”占51.8%，“教育子女”占17%，“性格不合”占13.2%，“无原因”占9.4%，“生育问题”占8.4%，“赌博”占7.5%。[①] 2004年11月至2005年1月，中国疾病预防控制中心的郭素芳等（2007）在联合国基金生殖健康/计划生育第五周期三个项目县，随机抽取25个乡镇，3998名农村育龄妇女进行定量问卷调查。调查结果：我国部分农村地区家暴发生率为65.0%，精神暴力最为常见。其次是躯体暴力，性暴力发生率相对较低，分别为58.3%、29.8%和16.9%。[②] 而曹玉萍（2006）等人的研究表明湖南农村家暴的发生率低于城市，[③] 刘梦（2002）则认为城乡家暴的发生率没有显著区别。[④]

2. 家暴问题的多元干预模式及解决对策研究

从现有研究来看，对家暴问题的治理包含众多干预模式，主要包括由法律干预、行政干预与社会干预共同组成的立体框架。这三类干

① 信春鹰：《婚姻法修改：情感冲突与理性选择》，《读书》2001年第6期。

② 郭素芳等：《农村地区家庭暴力发生情况及影响因素分析》《中国公共卫生》2007年第1期。

③ 曹玉萍：《湖南省家庭暴力的流行病学调查总体报告》，《中华流行病学杂志》2006年第3期。

④ 刘梦等：《态度和预防——对妇女的家庭暴力调查结果报告》，载于《反对针对妇女的家庭暴力——中国的理论与实践》，中国社会科学出版社2002年版，第45—56页。

预模式在具体内容及制度功能上虽有不同，但都是家暴问题治理中的重要组成部分。

（1）法律干预。立法是保障妇女权益的必要手段和有效工具。国家立法机关有必要制定一部专门的制裁家暴行为的单项法律，对家暴的概念、范围作出明确的界定，为司法机关提供依据。[①] 在我国，随着制止家暴写入修订后的《婚姻法》和《妇女权益保障法》，以及各地专门法规和规范性文件的出台，更多研究集中于检讨立法上和法律执行中的得失，以促进立法和司法体系有效干预和制止家暴。[②] 这些研究在引进国际关于家暴的法律定义、司法中的经验的基础上，结合在中国的实践探索，论证了在中国单独制定反家暴立法的必要性、可行性，司法机关、医疗机构等的角色和责任，在中国逐步引入了“受暴妇女综合征”、“家庭暴力举证责任倒置”等概念。

除了立法干预之外，警察机构对于家暴的积极介入也是控制家暴最有效的措施。在暴力发生时，警察是唯一有强制性的介入力量，在制止、调查和处置暴力中具有不可替代的作用。从 20 世纪 90 年代开始，警察的反家暴责任逐步落实为各地机关的实际行动。目前大多数省份已建立“110”反家暴报警中心，或在派出所、社区警务室挂牌成立维权投诉站，各地公安部门共建立家暴投诉站、报警点 1.2 万多个。[③]

人身保护令是人民法院为了保护家暴中的受虐方及其子女和特定亲属的人身安全，确保民事诉讼程序的正常而做出的裁定。它能使家暴案件由事后惩罚转为事前预防，对家暴案件预防体系的构建具有重要意义。对此，薛宁兰（2015）建议专门对家暴案件设立一个 24 小时窗口，随时接受家暴受害人人身保护的要求，以此增加人身保护令

---

① 陈明侠等：《家庭暴力防止法基础性建构研究》，中国社会科学出版社 2005 年版，第 182 页。

② 如张洪林：《反家庭暴力法的立法整合与趋势》，《法学》2012 年第 2 期；冯俊伟：《论促进家庭暴力认定的证据机制——以诉讼行为的激励作用为视角》，《法学杂志》2015 年第 5 期；程春丽：《我国反家庭暴力立法的缺失与完善》，《理论导刊》2011 年第 11 期。

③ 吕频：《中国反家庭暴力行动报告》，中国社会科学出版社 20113 年版，第 2 页。

的可操作性和可执行性。[①]

（2）行政干预。在反家暴行动中，中国政府以及相关部门和机构起着十分重要的作用，创建起了以政府为主导的社区干预家暴试点或项目。比如湖南省长沙市芙蓉区政府建立了政府主导的反家暴领导机制，在区内成立了深入社区的七大维权网络，并设定了具体的家暴评估指标和考核机制，开展了广泛的反家暴宣传活动；[②] 北京市延庆县因地制宜，探索出符合农村实际的反家暴的乡村模式。[③] 2001 年 11 月，由劳动和社会保障部等 13 个政府部门及全国妇联组成了全国妇女儿童权益协调组。目前全国已有 23 个省（区、市）、300 余个地（市）建立了由多部门联合组成的、不同形式的妇女儿童维权协调机构，建立了 8000 多个法律咨询中心，妇女儿童法律援助中心等法律服务机构。

学者们对于人民调解组织对于预防和制止家暴的作用意见不一。比如李中和等（2004）认为，各地人民调解委员会通过向当事人宣传法律、法规、规章和政策，宣传社会公德，提高妇女的自我保护意识，增强公民的法制观念，从而预防和减少家暴的发生，因此人民调解制度在预防和制止家暴中处于基层和基础地位，发挥着不可替代的作用。[④] 而陈敏（2007）则提出“调解对于涉及家庭暴力的夫妻纠纷丝毫不起作用”。[⑤]

（3）社会干预。社会干预担负着“事先预防、事中制止、事后服务”的全方位功效。它是指以大众媒体与社会组织为主体的社会力量

---

① 王灵：《中华人民共和国反家庭暴力法（征求意见稿）座谈会会议综述》，《山东女子学院学报》2015 年第 4 期。

② 肖百灵：《预防和制止家庭暴力的探索与实践》，湖南人民出版社 2011 年版，第 79—84 页。

③ 莫文秀：《我国反家庭暴力工作的实践与思考》，《中华女子学院学报》2006 年第 4 期。

④ 李中和、陈梦琪：《强化人民调解 遏止家庭暴力》，《安徽警官职业学院学报》2004 年第 4 期。

⑤ 陈敏：《呐喊：中国女性反家庭暴力报告》，人民出版社 2007 年版，第 169—174 页。

在反家暴中所采取的宣传、教育、劝阻、制止、调解等干预措施；为受虐方提供的投诉、庇护、医疗救治、法律援助等救助服务措施；以及对施虐方的心理及行为矫治等。

社会干预对于解决家暴这样一个社会问题发挥着至关重要的作用。在大众媒体方面，《北京行动纲领》将家暴、歧视和有辱人格的报道列为媒体的普遍问题，并提出了反家暴媒体干预的战略指南。大众媒体对性别角色陈规定型的报道、对妇女有歧视性的报道，会助长不平等的两性关系和对妇女的暴力。因此，不仅要关注关于对妇女暴力的直接报道，还应该关注媒体及其从业者的性别观念以及他们如何报道妇女/性别议题。

在社会组织方面，官办社会组织和民间社会组织在反家暴中发挥出了重要作用。比如，金眉（2009）指出，在修订婚姻法的过程中，全国妇联在全国范围内开展了关于对家暴的民意调查，调查结果显示现阶段中国社会家暴问题的严重性和民意要求对家暴法律介入的必要性，妇联所具备的组织优势和政府所赋予的妇女儿童利益代言人身份，在很大程度上影响了立法机关对家暴的认定。①

除了官办社会组织之外，对于积极开展反家暴行动的民间社会组织，学者的研究兴趣也颇为浓厚。② 中国法学会反家庭暴力网络、北京大学法学院妇女法律研究与服务中心、北京红枫妇女心理咨询中心、陕西省妇女理论婚姻家庭研究会等民间社会组织也相继开展了反家暴的工作和项目，这些实践行动为探讨中国社会组织发展以及行动策略提供了很好的研究样本。

综上，本书以反家暴政策制定作为研究的切入点，对官办社会组织与民间社会组织分别进行政策网络分析，旨在进一步推进家暴的多元干预主体的系统比较研究。

---

① 金眉：《中国反家庭暴力立法评述》，《江苏警官学院学报》2009 年第 1 期。

② 如宋志远：《浅谈 NGO 网络的功能——以反对家庭暴力网络为例》，《学会》2006 年第 8 期；郭慧敏：《“反家庭暴力”地方支持模式探寻——来自陕西的经验》，《妇女研究论丛》1999 年第 2 期；高小贤：《扩大社会支持预防和制止家庭暴力——陕西省妇女理论婚姻家庭研究会反家庭暴力系列行动》，《中国妇运》2000 年第 7 期。

（三）简要评价

上述研究成果为我们理解社会组织参与反家暴政策制定提供了有效参考，为后续进一步研究提供了较为坚实的基础。但一些基础性的实证研究仍显薄弱，例如关于反家暴政策制定中官办社会组织和民间社会组织是如何参与其中的，其参与模式是否存在差别，都值得进一步探讨。整体而言，现有研究还需在研究视角、研究内容、理论建构、研究方法上做进一步的完善与深入。

首先，在研究视角上，针对反家暴政策的研究视角较为单一。现有大多数研究主要基于法学视角，分析反家暴政策的必要性、立法宗旨与基本原则、家庭暴力界定、民事保护令制度构建等，侧重法理、立法方面的理论探讨以及执法方面的实践研究。从公民社会视角探讨反家暴政策制定的相关研究成果较少，缺乏基于公民社会视角，深入分析反家暴政策制定过程中社会组织如何实施参与和影响的系统性研究。

其次，在研究内容上，以往探讨政府与社会组织互动关系时，基于公共政策学视角对社会组织参与进行研究的成果稍显不足且较零散，尚未形成系统化的研究体系。并且一般性论述较多，对政策过程中参与者之间所形成的网络联系和互动机制、不同类型的社会组织关键资源以及参与策略的差异等比较研究仍不够充分。一方面，在社会组织研究对象的选取上，为了研究便利，宏观结构研究多倾向于选取那些被国家赋予垄断性地位的官办社会组织，以主张国家对社会的统合；微观行动研究多选择自下而上的民间社会组织，以考察国家与社会关系的变化、社会空间的生存。研究对象选取的单一性和局限性有可能会影响理论的解释力。另一方面，现有研究对政府一方的关注度不够。事实上，在中国的现实情况下，政府的回应态度以及行动选择对社会组织政策参与具有重要作用。政府也不是铁板一块，透过各级政府对待不同类型社会组织行动选择差异的背后，可透视出其背后的理性逻辑和制度逻辑。同时，国家政治体制改革及政府理念的变革也是社会组织政策参与的重要因素。

具体到反家暴政策制定的相关研究中，对于政策制定中的多元干预主体缺乏网络化的政策分析。针对立法部门、司法部门、妇联组织、民间妇女组织、专家学者以及大众媒体等不同干预主体，在反家暴政策制定中的实施干预大多限于对其自身职能发挥的单一性分析，少有将这些部门或组织的作为放置在一个完整的反家暴政策网络体系中进行综合考量。特别是对于妇联组织和民间妇女组织在政策网络中的过程差异等比较研究更加缺乏。因而，现有研究在一定程度上难以有效梳理反家暴的整体性政策制定体系，进而限制了其理论探讨与政策实践的深度空间。

再次，在理论建构上，现有相关研究多为宏观上的描述，部分成果缺乏理论上的深度提炼。有关理论体系的构建尚不完整，特别是中国本土情境下社会组织在反家暴政策制定中参与内在逻辑的归纳提炼还较为薄弱。此外，现有分析框架的洞察力和分析效力比较有限，缺乏一个采用中微观结合的方法，既关注政策网络中不同类型的社会组织多变的参与策略，又关注引起其多变行动策略的复杂和多层次的政策网络环境，从而能够结合微观和中观甚至呼应宏观的分析框架。

最后，在研究方法上，现有的研究多为理论阐释和逻辑演绎，实证性研究比较缺乏。在有限的实证研究中，相关研究成果大多通过实地调查，对单个案例进行剖析，以演绎出相应的理论或观点，缺乏对理论或观点的进一步提炼和推广，理论的适应性也局限于所选择的案例本身。

总之，随着国家社会治理现代化的逐步推进，社会组织如何积极有效的参与公共政策制定，倡导和影响政策结果的公益性和普惠性已经成为一个亟须加以回答的问题。在这种背景之下，本书以政策网络理论为视角，以拓展公共治理主体、推进公共治理绩效为目标，以反家暴政策制定中社会组织参与模式为具体研究问题，意图深化中国本土化的社会组织参与公共政策制定模式构建的实证研究，为探寻我国公共政策民主化路径贡献绵薄之力。

## 四 研究思路与技术路线

### （一）研究思路

本书的研究思路是聚焦于反家暴政策中社会组织参与和公共政策

制定这两个变量的关系，以政策网络理论作为理论视角并以此构建分析框架，通过对社会组织参与反家暴政策制定过程的作用与背景分别进行事实层面的详尽考察，继而通过行动与比较视野，采用过程—事件的分析路径对两个不同类型的社会组织参与反家暴政策制定的案例，进行社会组织参与模式的归纳以及对比研究，继而抽象出社会组织参与反家暴政策制定的内在逻辑。最后分析社会组织的政策参与对我国社会治理创新的影响。研究过程大致分为如下六个步骤：

第一步：提出问题。通过对我国社会组织参与公共政策制定的相关文献研究，结合当今社会组织参与公共政策制定的现实状况，提出本书的研究问题，即反家暴政策制定中社会组织参与模式及其基本形态，并以两个不同类型的社会组织政策参与案例作为研究个案。继而本着问题导向提出研究思路以及技术路线。对应本书导论。

第二步：研究准备。结合研究问题，对相关理论基础进行梳理，确定以政策网络理论为理论视角，并在该理论视角下制定用于后续案例研究的分析框架。结合分析框架与拟研究的反家暴政策案例，进行研究设计，初步确定访谈对象并编写访谈提纲，做好研究准备。对应本书第一章。

第三步：规范研究。从宏观层面上，结合我国家暴问题的现状，提出反家暴政策的特殊性，及社会组织在反家暴政策制定中的作用。在此基础上，对社会组织参与反家暴政策制定的背景即政策网络环境予以分析，具体分为政治背景、经济背景、社会背景、文化背景。它是整个研究的逻辑起点。对应本书第二章。

第四步：案例研究。从微观层面上，通过行动视野，依据分析框架与案例研究方法，分别研究民间社会组织和官办社会组织参与反家暴政策制定的政策网络过程，深入解析在政策制定中，政府、社会组织、专家学者以及媒体等行动者所形成政策网络的网络联系以及互动机制，不同类型社会组织的行动资本以及行动选择。分别对应本书第三章与第四章。

第五步：理论归纳。在对反家暴政策制定中社会组织参与的个案研究基础上，归纳出民间社会组织和官办社会组织参与反家暴政策制定的参与模式；继而通过比较视野，进行参与模式的对比研究，并分析两种参与模式中不同类型社会组织参与深度、参与广度、行动资本与行动选择的差异和成因。最后抽绎出社会组织参与反家暴政策制定的若干变量、参与机制等内在逻辑。对应本书第五章。

第六步：总结与展望。结合以上各章的分析，对我国社会组织参与反家暴政策制定的现状予以总结，找出一些有规律性或普遍性的东西，归纳分析，组合阐述，以期揭示对我国公共政策制定过程中社会组织参与的有效模式，用于指导实践，并对公共政策社会组织参与的未来发展趋势提出展望。对应本书主要结论与展望。

（二）技术路线

本书采用“文献分析——规范分析——案例分析——比较分析——规范分析”的技术路线，如图0－2所示。

目录
研究思路
研究背景
研究意义
研究问题的确定
导论
文献综述
研究思路与技术路线
提
出
问
题
理论视角与研究设计
第一章
理论视角
分析框架
研究设计
研
究
准
备
社会组织参与反家暴政策制定的背景
第二章
政治经济背景
社会文化背景
背景二重影响
规
范
研
究
民间社会组织在反家暴政策制定中的参与模式分析
分析
第三章
参与者及其关系
参与资源
参与策略
案
例
研
究
官办社会组织在反家暴政策制定中的参与模式分析
第四章
参与者及其关系
参与资源
参与策略
社会组织参与反家暴政策制定模式的案例比较分析
第五章
参与模式归纳
参与模式比较
内在逻辑
理
论
归
纳
主要
结论
与
展望
研究结论与展望
总
结
展
望

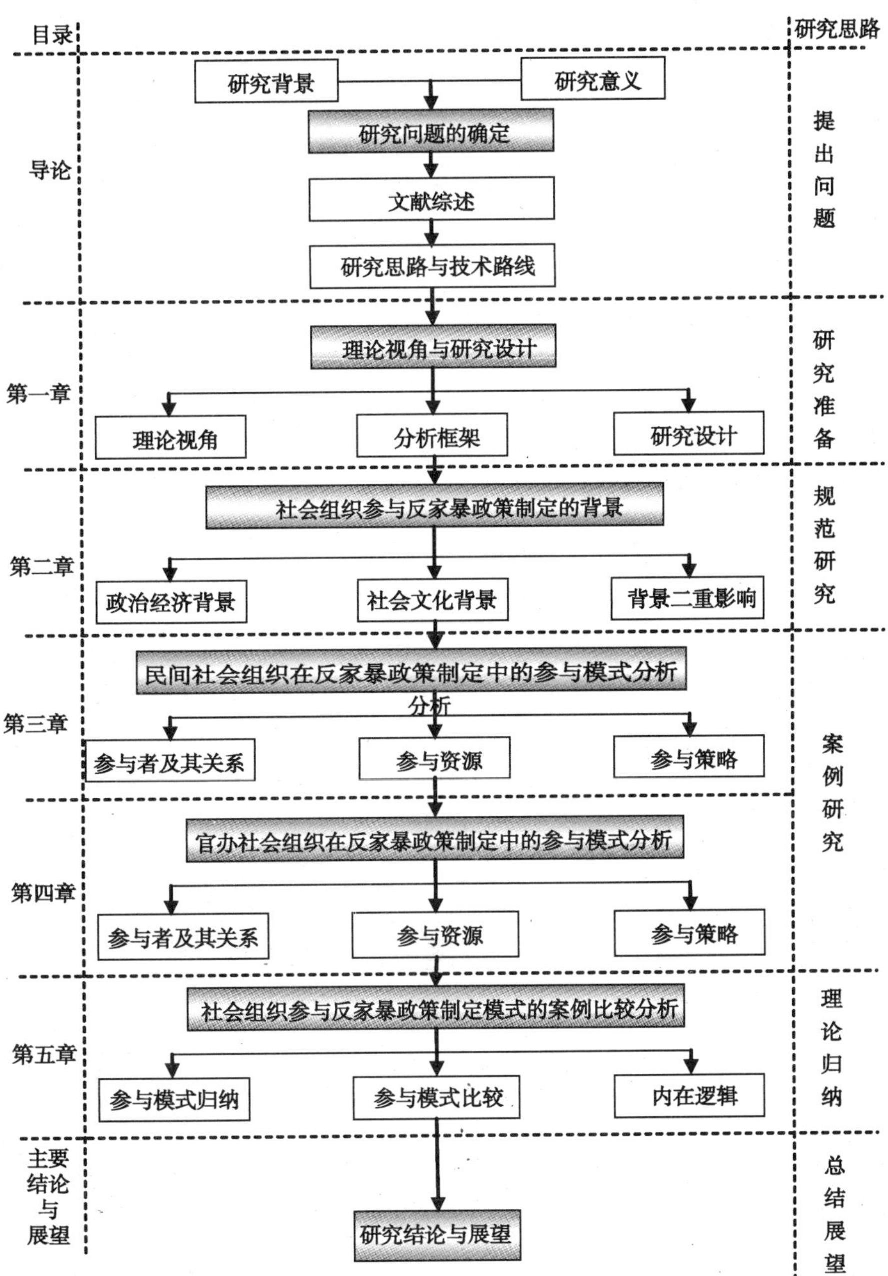

图 0－2　研究技术路线

# 第一章

# 理论视角与研究设计

在社会科学研究中，对问题及现象的理解可以是多方面和多层次的。因而，确立一个明确的理论视角有助于对相关问题及现象进行深入解析。安德烈·施莱弗（Andrei Shleifer）和罗伯特·维什尼（Robert W. Vishny）曾经指出："一个人看待某个问题所采取的角度，将深刻影响到他所接受、倡导和执行的解决方案。如果视角选择不当，那么，从一个漂亮的理论所推导出来的最符合逻辑的政策建议，反而会给身边的某个问题提供完全错误的解释的答案。"① 本书将社会组织参与反家暴政策制定的模式分析置放在政策网络理论的解释框架下，从社会组织政策参与的真实环境中探索其逻辑脉络。本章主要从理论视角和研究设计两个方面对本书的研究思路和研究框架进一步细化，为后续的研究奠定理论基础和分析框架。

## 第一节　理论视角：政策网络理论

政策网络理论是将网络理论引入政治学和公共政策学而形成的一种分析概念和框架，主要用以分析政府机构和利益集团及更为宏观的国家与社会之间的关系，侧重研究政策过程中主体之间的互动关系及其对政策过程的影响。

---

① ［美］安德烈·施莱弗、罗伯特·维什尼：《掠夺之手：政府病及其治疗》，赵红军译，中信出版社 2004 年版，第 5 页。

## 一　政策网络理论的涵义、特征与类型

“政策网络”一词最早是卡赞斯坦（P. Katzenstein）在《权力与财富之间》（1977）一书中提出。国外有学者从政策主体的角度来界定政策网络。比如：“政策网络是由那些源自于某个政策领域的对利益感兴趣的人组成，但并不是它所有的成员都能影响利益的分配”、①“政策网络中分析的部分由个体、部分组织和组织的联盟所构成”。② 彼得森（Peterson, J.）和鲍姆勃格（Bomberg, E.）则认为政策网络是“在特定政策部门拥有各自的利益或者‘股份’，并且有能力推动政策成功或者导致政策失败的一群（政策）主体”。③ 有学者从政策过程的角度来界定政策网络，比如：“政策网络的概念指在一起分享共同政策焦点的政府行动者和私人行动者之间所形成的稳定和持久的关系的水平合作过程”。④ 科莱曼（W. D. Coleman）等认为政策网络是指：“描述围绕政策社群重要性议题的形成的特定行动者间的关系的特征”；⑤ 还有学者从政策资源的角度来界定政策网络。罗茨（R. A. W. Rhodes）认为政策过程中的网络具有不同的依赖关系结构，这些结构根据诸如成员资格（如职业、私营部门）、相互依赖关系（如不同政府层面）和资源这些维度的不同而不同。政策网络实际上是一种资源交换的过程。莱特（Maurice Wright）将政策网络定义为：“从分享共同的认同或利益的政策空间中抽取出来的行动者和潜在行动者。为了平衡和优化资源那些行动者将互相交易、交换资源。”⑥ 可

① Frans A. van Vught, *Negative Incentive Steering in a Policy Network*, Higher Education, Vol. 14, No. 6 (Dec., 1985), p. 601.

② Ibid..

③ Peterson, J. & Bomberg, E. *Decision - making in the European Union*, New York: Palgrave, 1999.

④ Gila Menahem. Policy Paradigms, *Policy Networks and Water Policy in Israel*, *Journal of Public Policy*, Vol. 18, No. 3. (Sep. - Dec., 1998), p. 284.

⑤ Ibid., p. 285.

⑥ James A. Dunn, Jr.. Anthony Perl. *Policy Networks and Industrial Revitalization: High Speed Rail Initiatives in France and Germany*, *Journal of Public Policy*, Vol. 14, No. 3. (Jul. - Dec., 1994), p. 312.

以看出，学者们从不同角度来诠释政策网络的内涵，但尚未形成一致看法。

政策网络理论引入我国之后，国内学者尝试对政策网络做出界定和理解。任勇认为政策网络是："政府机构与其他利益相关者之间建立的制度化的互动模式，对关心的议题进行对话和协商，使得参与者的政策偏好或政策诉求得到重视，以便增加彼此的政策利益。"① 陈庆云、鄞益奋等强调："政策网络最重要的特征在于其利益导向的本质。政策网络的参与者之所以加入网络，是为了实现自身的物质利益。这种以共同物质利益为联系纽带的特征，正是政策网络和政策共同体的区别所在。"② 胡伟、石凯等认为："理解政策网络的基本元素是行动者、链条和边界。一般来说，政策网络的主要行动者是相对稳定的，可以是公共的，也可以是私人的。链条指的是行动者联系的纽带和沟通的渠道，各种信息、专业知识和其它政策资源都可以通过链条进行交换。政策网络的规模和边界并不是由正式的制度所决定的，而是行动者对功能及结构认知的结果。"③

学者科林（Klijn，E. –H.）认为，政策网络具有如下三个特征：主体之间相互依赖；政策网络是一个过程；政策网络的活动受到制度制约。政策网络主体因为相互依赖、相互作用而形成不同类型的关系和规则。这些关系和规则反过来影响和制约主体之间的互动和相互作用。④

本书结合以上对政策网络涵义的界定方式及特征分析，倾向于从以下方面来理解政策网络：即在公共政策过程中，政府组织、社会组织以及其他个体等参与者基于各自资源优势，采取相应行动策略，从

① 任勇：《政策网络：流派、类型与价值》，《行政论坛》2007 年第 2 期。

② 陈庆云、鄞益奋：《西方公共政策研究的新进展》，《国家行政学院学报》2005 年第 2 期。

③ 胡伟、石凯：《理解公共政策："政策网络的途径"》，《上海交通大学学报》（哲学社会科学版）2006 年第 4 期。

④ Klijn，E. – H. *Analyzing and Managing Policy Processes in Complex Networks：A Theoretical Examination of the Concept Policy Network and Its Problems*，Administration & Society，1996. 28(1)：90 – 119.

而形成网络联系和互动机制，以解决政策问题、提升政策效应。

在政策网络理论中，关于其类型的划分占有重要地位。科尔曼（Coleman）和斯高戈斯泰德（Skogstad）以加拿大的政策为例，总结出五种政策网络的形态。（1）压力型多元主义网络（pressure pluralist network）；（2）委托型多元主义网络（clientele pluralist network）；（3）法团主义网络（corporatist network）；（4）集中型网络（concentration network）；（5）国家指派的网络（state - directed natwork）。①

荷兰学者范瓦登（Waarden F. van）在1992年提出了最为详细和全面的政策网络分类。他区分了11种以政策网络不同形式出现的国家—市场关系。这11种政策网络类型分别是：国家主义（statism）、俘虏式主义（captured statism）、恩庇主义（clientelism）、压力多元主义（pressure pluralism）、部门社团主义（sectoral corporatism）、宏观社团主义（macro - corporatism）、国家社团主义（state corporatism）、赞助式多元主义（sponsored pluralism）、父权式关系（parentela relationships）、铁三角（iron triangle）、议题网络（issue networks）。

尽管政策网络的分类方式多样，但学界普遍接受的方式是由英国学者罗茨（R. A. W. Rhodes）提出的“罗茨模型”。政策网络研究集大成者英国学者罗茨依照网络结构从紧密到松散的顺序，依次分为政策社群（policy community）、专业网络（professional networks）、政府间网络（intergovernmental networks）、生产者网络（producer networks）和议题网络（issue networks），五种网络各自有不同的特点，基本上呈现出一个从宏观政策到微观政策的分布。② 如表1-1所示。

① William D. Coleman, Grace Skogstad (eds.), *Policy Communities and Public Policy in Canada: A Structural Approach*, *Mississauga*, ON: Copp Clark Pitman, 1990.

② David Marsh, R. A . W . *Rhodes. Policy Networks in British Government*, Volker Schneider. The Structure of Policy Networks: A Comparison of the Chemicals Control and Telecoimnunications Policy Domains in Germany, . European Journal of Political Research, 1992, 21 (1/2): 109 - 129. Oxford: Clarendon Press, 1992.

**表 1－1　罗茨模型**

| 网络类型 | 网络特征 |
| --- | --- |
| 政策社群 | 稳定的，高度限制的成员资格，纵向相互依赖关系，有限的横向联系 |
| 专业网络 | 稳定的，高度限制的成员资格，纵向相互依赖关系，有限的横向联系，服务于专业人士利益 |
| 政府间网络 | 有限的成员资格，有限的纵向相互依赖关系，广泛的横向联系 |
| 生产者网络 | 变动的成员资格，有限的纵向相互依赖关系，服务于生产者利益 |
| 议题网络 | 成员众多且不稳定，有限的纵向相互依赖关系 |

资料来源：R. A. W. Rhodes and David Marsh，Policy Networks in British Government，Oxford：Clarendon Press，1992，14.

1992 年，马什（D. Marsh）和罗茨对“罗茨模型”中的两个极端的政策网络类型——政策社区和议题网络进行了深入分析。首先，马什和罗茨强调网络的成员身份是政策网络类型的重要标志。参与网络的行动者数量与网络成员的互动频率同样重要。其次，他们也认为政策资源是一个重要维度。最后，马什和罗茨两人提出在政策问题界定和可能的方案选择方面的选择程度。

根据“罗茨模型”及其之后的完善，本书所研究的是社会组织参与反家暴政策中的政策制定网络，主要包括由人大立法者、地方政府、官办社会组织等所组成的政策社群以及由人大立法者、民间社会组织、专家学者、大众媒体以及国际机构等所组成的议题网络。

## 二　政策网络理论的兴起、流派与观点

政策网络研究范式的兴起并非偶然，而是与政策研究领域的几个主要变化紧密相关。20 世纪中后期，西方国家的各种经济、社会问题日益复杂而多样，公民社会的蓬勃发展并表达积极参与政策过程的决心，不断展示其参与能力。国家决策主体结构开始出现碎片化、部门化与分权化倾向。面对上述新出现的问题，非政府组织开始直接或间接参与公共政策过程。

由于各国的政治制度以及学术传统的较大差异，西方学者们从不同角度来理解政策网络，在这个过程中，形成了美国、英国、欧洲大

陆等几种研究流派。大体而言，罗威（T. Lowi）、赫克罗（H. Heclo）等美国学者对政策网络理论的研究基本定位在微观层次，强调政策过程中人际之间的互动；罗茨、史密斯（M. Smith）与马什等英国学者将政策网络理论研究层面定位在中观层次，着重分析（次级）部门之间的结构。德国、荷兰等欧洲大陆学者如梅因茨（R. Mayntz）、克利金（E. Kli jn）和基克特（W. J. Kickert）等人将政策网络的研究提升到宏观层面，考察国家与公民社会之间的关系，视政策网络为一种新的国家治理方式。这些对政策网络功能的研究大体可分为利益协调学派和治理学派。

利益协调学派认为政策网络是分析国家与公民社会组织之间制度化的交换关系的工具。它反映特定利益在某一政策领域的相对地位或者权力，即政策网络影响政策后果，主要以美国和英国为主。美国的研究视角集中在微观层次上，处理主要行动者之间的个人关系。美国学者赫克罗使用了“议题网络”（issue network）这一概念来描述这种复杂的关系。与之前的政策理论强调有限的参与者、紧密的结构、稳定的关系所不同的是，“议题网络”强调参与者众多、人员流动强，结构较为松散且不稳定。麦克法兰（McFarland）沿用赫克罗的议题网络用法，将议题网络定义为：“对那些领域政策有兴趣者，包括政府权威当局、立法人员、商人、游说者、甚至学者以及新闻记者的沟通网络。”①

与美国议题网络的政策模式不同，英国的政策网络研究主要强调利益集团与政府部门关系的连续性，研究视角主要集中在组织结构关系的中观层次上，其内部形成了两个流派。一是以理查德森与乔丹（Richardson and Jordan）为代表的学者把英国政策制定看成政策子系统的运作，在此基础上提出了“政策共同体”的概念。他们认为“政策共同体”是由特定利益集团与国家机关相对应部门形成的持续互动

---

① McFarland, A. *Interest Groups and Theories of Power in America*, *British Journal of Political Science*. 17 (1): 1987: p. 146.

关系。[①] 二是以罗茨为代表的学者认为政策网络中关键构成部分并非人际关系，而是政治机构间的结构关系。罗茨认为政策网络的内部运作是一种资源交换的过程，其特征包括：第一，国家机关治理的范围更为广泛，公、私与民间志愿部门三者之间相互依赖；第二，由于网络成员之间资源交换的协议与达成共同目标的共识，促使内部成员持续互动与合作；第三，网络成员之间的互动基础建立在相互信任与遵守协议的游戏规则上；第四，政策网络是一种自我规范的组织，在相当程度上独立于国家机关之外，但国家机关仍能在某种程度上加以主导。[②]

治理学派则将政策网络理解为政治资源分散于各种公共与私营主体的背景下动员政治力量的一种机制，以欧洲尤其以德国、荷兰为代表。德国和荷兰学者将政策网络提升到宏观层次，政策网络被用来描述和分析国家和公民社会的关系。德国普兰克学派（Max Planck School）认为现代社会日益复杂、动态、多元，国家机构无力单独实施治理，必须依赖其层级控制以外的其他社会主体的资源和协作，国家和社会组织形成相互影响、相互依赖的政策网络。[③] 荷兰学者进一步强调尽管参与政策过程的多元政策主体间协商和妥协不可避免，但是在政策网络中政府仍然充当着关键而不可或缺的角色，政府对政策网络进行有效的管理。

利益协调学派和治理学派下的三种研究传统如表 1－2 所示。

**表 1－2　　政策网络理论的研究传统**

| | 美国传统 | 英国传统 | 德荷传统 |
|---|---|---|---|
| 分析层次 | 微观 | 中观 | 宏观 |

① J. J. Richardson, A. G. Jordon, *Governing under Pressure: the Policy Process in a Post－parliamentary Democracy*, Oxford, Blackwell, 1985.

② R. A. W. Rhodes. The New Government: *Governing without Government*, *Political Studies*, 1996 (4), pp. 652－667.

③ 杨道田、王友丽：《政策网络：范畴、批判及其适用性》，《甘肃行政学院学报》2008 年第 4 期，第 32—40 页。

续表

| | 美国传统 | 英国传统 | 德荷传统 |
|---|---|---|---|
| 理论基础 | 多元主义 | 统合主义 | 治理理论 |
| 分析对象 | 人际关系 | 部门结构关系 | 治理结构 |
| 对政策后果的影响 | 不确定 | 确定 | 确定 |

资料来源：杨道田、王友丽：《政策网络：范畴、批判及其适用性》，《甘肃行政学院学报》2008 年第 4 期。

## 三　政策网络理论的评价及适用性

政策网络理论对于研究公共政策和治理具有规范性意义。政策网络的价值导向在于更多的民主和更广泛的参与。政策网络理论能够反映国家与社会的新变化，以及在这种新变化下公共政策过程的治理特征。政策网络理论容纳了除政府部门之外的非政府组织、私营部门、专家学者等更多的参与主体，这种多元参与主体给政策制定带来了更多的信息，特别是公共利益得到了有效输入。“政策网络可以为政府所用，为不同的利益相关者创造一个平台来代表他们的利益”。[①] 多方主体在政策过程中的互动与协商增强了政策的民主性和科学性。总之，政策网络理论从自下而上的路径出发，强调政策主体之间是通过交换而达到协调与合作，而不是通过传统科层制下的命令与规制，从而更好地揭示出政策过程的本质是网络治理。

从本质上说，政策网络理论是对国家与社会关系中多元主义和法团主义的校正，它将公共政策理解为国家与不同利益集团之间的行动者基于资源依赖关系的动态互补过程。与传统的政府及市场模式相异，政策网络理论为分析国家与社会关系提供了新的研究视角，能够较为准确地体现出已经悄然变化的国家和社会关系治理的新模式，具有重要的学术价值以及较为广泛的适用性。

作为一种新的分析路径和理论方法，政策网络理论对分析中国公

---

① Marsh D. , Smith M. *Understanding Policy Networks: Towards a Dialectical Approach*, Political Studies, 2000, 48, p. 19.

共政策过程以及指导社会治理创新实践均具较强的借鉴意义。坎贝尔（D. Compbell）曾指出："国家与社会的关系在不同政治体系中有极大的本质差异。一般理论对此的分析可能导致理论与实务的脱离，而政策网络理论的优点在于政策共同体概念在威权政体或民主政体中都适用。"[①] 联系本书，该理论也为分析社会组织在反家暴政策制定中的参与模式提供了富有解释力的分析框架，具有较强的适用性。

第一，政策网络理论的运用前提是具备一定开放性与多元性的政治系统。中国改革开放后的经济体制改革以及经济的快速发展带来了多元力量的生长，不同社会群体的利益分化开始加剧，利益诉求变得多样化。为了争取最大利益，利益团体在公共政策中的参与意识和参与能力得到了强化和提高。他们运用各种行动资源和行动策略以谋求各自利益。在这种背景下，我国的政策过程难以继续维系以往"铁板一块"的封闭状态，政府和官僚精英无法垄断政策过程。我国的政治系统变得："除了对传统上支配着中国官僚政治的庞大组织开放之外，对一些新的政治行为体的开放程度也在提高。"[②] 可以说，日趋开放和多元化的政治系统为社会组织提供了政策参与的行动舞台。

第二，社会组织参与反家暴政策制定过程具备网络化的特性。政策网络的特点是能够容纳各个单一体系的不同组合。它是混合的，本质不是这些构成网络的某一个单个逻辑体系，而是融合了一种形式。具体到本案例中，反家暴政策制定中的参与者数量繁多、性质各异，其政策网络的"节点"包括政府官员、人大立法者、妇联组织、民间妇女组织、专家学者新闻媒体以及司法律师者。各个政策网络的参与者通过正式关系以及非正式关系的互动，交换信息、资源、协调目标、策略和价值，以期解决政策问题。在这一过程中，运用政策网络理论可以避免忽略影响政策制定过程的多种变量。

第三，政策网络理论的引入可以满足对于网络参与多层次的研究

① ［美］查尔斯·J. 福克斯等：《后现代公共行政：话语指南》，楚艳红等译，中国人民大学出版社 2002 年版，第 143 页。

② Murray Scot Tanner. *Politics of lawmaking in post – Mao China: institutions, processes, and democratic Prospects*, Clarendon Press, 1999, pp. 233 – 234.

需要。从政治发展层次上看，政策网络理论有利于更深刻的理解我国当代政治发展与社会环境的相互关系及政策主体多元化的整体走势；从网络层次上看，政策网络重要的理论贡献正是把政策过程中参与者客观存在的非正式关系纳入研究分析视野，而对于“关系型”社会的中国而言，这些复杂的互动关系在一定程度上决定了社会组织政策参与效果。由此可看出该理论对于探索我国社会组织参与公共政策制定过程中参与主体及所形成的复杂关系等问题具有重要的解释力。

第四，从近年国内的研究来看，学界也开始运用政策网络理论对包括社会组织在内的利益团体的政策参与活动展开研究，主要集中在环境保护、[①] 住房、[②] 教育、[③] 政区调整[④]等领域。这些研究结果均表明，包括社会组织在内的利益团体参与公共政策过程具备了政策网络理论中网络化的特性，可看出政策网络这一源于西方社会的政策分析概念在我国的政策过程中是存在的，运用政策网络理论分析中国现实政策问题是一种有益尝试，具备一定的适用性。

但是，任何理论都是在特定的社会历史背景下产生的，具有一定的适用条件和作用范围。因此，运用政策网络理论分析我国社会组织参与公共政策制定的模式构建问题，必须对我国现实的政治、经济、社会、文化条件有一个准确的认识，对其借鉴价值和启示意义有一个理性的思考。

综上，随着中国改革开放的不断深入与社会转型的不断推进，政府的权威控制色彩日益淡化，政策过程日益受制于特定政策领域相关参与主体进行的利益博弈与权力互动。因此，在当前中国的政治语境下，运用政策网络的理论工具来进行社会组织参与公共政策制定分析

---

① 朱春奎、沈萍：《行动者、资源与行动策略：怒江水电开发的政策网络分析》，《公共行政评论》2010 年第 4 期。

② 朱亚鹏：《中国住房领域的问题与出路：政策网络的视角》，《武汉大学学报》（哲学社会科学版）2008 年第 4 期。

③ 侯云：《流动儿童义务教育政策执行的复杂性：基于政策网络视角的分析》，《教育科学研究》2012 年第 7 期。

④ 朱春奎等：《政策网络与政策工具：理论基础与中国实践》，复旦大学出版社 2011 年版，第 69—121 页。

具备了基本的合理性。本书对反家暴政策制定中社会组织参与模式的探讨正是基于政策网络视阈下进行的。

## 第二节 分析框架

分析框架是人们理解、解释和阐述研究对象的重要工具。埃德拉·施拉格（Edella Schlager）指出："框架限定研究范围并指导分析者把注意力放到社会的或自然的主要特点上来。通过细化不同类型的变量及其相互之间的一般关系，框架为探索提供了一个基础，即变量的一般种类是如何很松散地组成一个固有的结构的。"① 可见，建构分析框架具有重要的认识论意义。

通过对政策网络理论的相关梳理，可以看出，该理论的分析逻辑主要表现为以下两种：以马什和罗茨为代表的基于"结构—后果"的分析逻辑，与以窦定为代表的基于"行为—后果"的分析逻辑。持"结构—后果"逻辑观的学者强调网络结构对政策过程的影响，认为网络结构是影响政策过程的重要因素。与之相反，持"行为—后果"逻辑观的学者提出政策网络中参与者及其行为选择对于政策过程具有重要作用。事实上，单纯强调"结构"或"行为"都是片面的，二者都具有一定的局限性。在此基础上，本书尝试整合上述两种分析逻辑，构建一个将网络结构与行动者及其行动结合起来的整体分析框架。具体而言，在政策网络与政策结果之间的因果关系中，应当重点分析政策网络环境、政策网络结构、政策网络行动者以及行动等三个关键变量。政策网络环境包括政治经济环境与社会文化环境，政策网络结构通过参与者的性质、数量、位置、角色以及参与者之间的互动关系等方面体现出来，政策网络行动者依据拥有各自的行动资本采取具体行动策略。网络环境、政策网络结构、政策网络行动者以及行动

---

① ［美］保罗·A. 萨巴蒂尔：《政策过程理论》，彭宗超译，三联书店 2004 年版，第 314 页。

等这三个关键变量影响政策结果。

按照上述分析逻辑，本书构建社会组织参与反家暴政策制定的整体分析框架（见图1－1）。该框架以宏观结构分析与微观行动分析相结合，以政策环境分析为基础，以行动主体及行动网络为主体，以行动资本和行动选择为重点，以政策结果为目标，分别从参与背景、参与者及其角色、参与者间关系、参与资源和参与策略等五个方面分析社会组织政策参与政策网络，并重点从参与者及角色、参与者间关系、参与资源和参与策略等四个维度对具体研究案例进行深度“扫描”，力图展现社会组织参与反家暴政策制定的历程以及各个参与者在该“场域”中演绎的真实故事，从中归纳和抽象出社会组织参与反家暴政策制定的模式，并探寻其中的内在逻辑，进而考察社会组织参与公共政策制定对我国社会治理创新的影响。

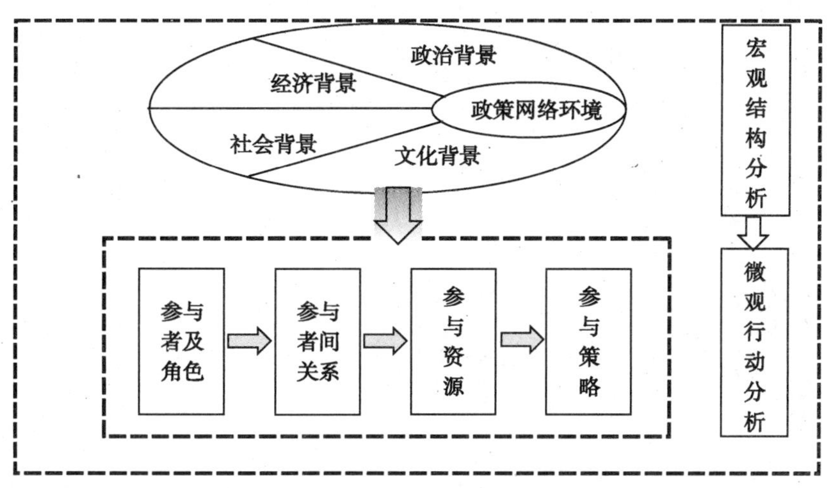


**图1－1　社会组织参与反家暴政策制定的整体分析框架**

社会组织参与反家暴政策制定过程实践中受到许多因素的影响。既有来自社会和国家宏观层次如政治、经济、社会以及文化因素，也有来自参与过程内部的微观层次如行动者及其关系、行动资源、行动策略等因素。这两个方面因素共同作用的结果决定了社会组织参与反家暴政策制定过程的参与模式。宏观层次的政治、经济、社会以及文化背景是政策参与的“硬件”，微观的行动者以及行动资源等是政策参与的“软件”。硬件制约软件，软件又离不开硬件的支持。因此，一个完整的社会组织参与反家暴政策制定过程的分析框架必须涵盖宏观和微观两个方面的内容，才能做到既能从宏观层面上解释参与现象，又能从微观层次上对参与产生和发展的内在机制给予回答。

在微观行动分析层次上，本书以案例研究为主，重点从参与者及角色、参与者间关系、参与资源和参与策略等四个维度，对反家暴政策制定中官办社会组织与民间社会组织的参与实践进行具体分析（见图 1－2）。着重关注对社会组织参与反家暴政策制定的过程分析，即在政策议程设置和政策方案选择规划等阶段中，上述两个不同类型的社会组织所呈现出的政策网络遵循不同的运行逻辑，以体现拥有各自参与资源的社会组织的参与度和力量强弱的差异对比并探究其原因。研究表明，反家暴政策制定中的政策网络因其参与者的性质、类型与数量的差异影响了参与者间的互动关系表现。官办社会组织与民间社会组织基于自身在政策网络中的身份角色和资源禀赋，会选择合适的参与策略来影响公共政策制定，以实现最优的政策结果。

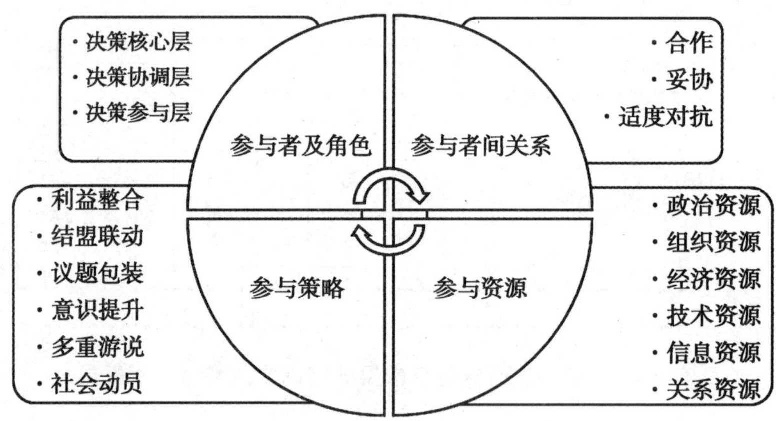


**图 1－2　反家暴政策制定中社会组织参与模式的分析框架**

## 一　参与者及角色

政策网络中的参与者是有关学者们分析政策网络的基本单元。政策过程中存在多个参与者，通常包括官僚部门、利益团体、专家学者、大众媒体等与该政策有利害关系的个人或团体。拉森·卡尔森（L. Carlsson）指出："政策网络的概念在于说明，在公共政策领域中，有大量公共和私人行动者，他们散布于政府和社会的各个层次和领域当中。"① 查尔斯·林德布洛姆（Lindblom, C. E.）提出："为了了解是谁或是什么力量在制定公共政策，我们就必须了解参与者的特征，他们起什么作用或扮演什么角色，他们有什么样的权限或其他权力，以及他们彼此是怎样打交道和如何相互制约。"② 可以看出，参与者的角色（或身份）能够作为一个自变量来解释网络特征。

在我国强国家—弱社会的非对称权力结构下，各个参与者在政策网络中所扮演的角色以及所发挥的作用差异明显。在当前我国公共政策过程中，精英决策模式仍占据主导地位，政策网络中的决策层和影响层具有清晰的划分。政府部门处于政策网络的核心位置，是政策活动的主导者。其他参与者在政策网络中与政府部分呈现梯度化排列的特征。

受到以上学理启发，按照我国政治体制，结合反家暴政策制定的具体情况，本书将反家暴政策制定中的参与者划分为三个层次：决策核心层、决策协调层与决策参与层。其中，地方人大立法部门构成了反家暴政策网络中的"决策核心圈"；省级妇联组织、省委、省政府以及司法部门构成了"决策协调圈"；民间妇女组织、新闻媒体、专家学者以及国际机构等构成了"决策参与圈"。"决策核心圈"的主要功能在于政策决定；"决策协调圈"的主要功能在于利益综合，"决策参与圈"的主要功能在于利益表达。"决策协调圈"与"决策协调圈"同"决策核心圈"的权力距差异较为明显，二者通过各种行动策略不同程度地来影响"决策核心圈"，以解决政策问题、促进政策发展。

① Lar Carlsson. *Policy Networks as Collective Action*, Policy Studies Joural, 2000, 28 (3), pp. 502 – 520.

② ［美］查尔斯·E. 林德布洛姆：《政策制定过程》，朱国斌译，华夏出版社 1988 年版，第 38 页。

## 二 参与者间关系

政策网络中不同参与者的关系是政策网络理论研究的主要着力点。参与者为实现目标，彼此之间形成复杂的网络状关系。罗茨认为，政府不同分支机构和不同部门之间的相互关系，以及政府与其他社会组织之间的互动关系构成了政策网络，这个网络有助于政策的形成与发展。[①] 一般来说，政策网络是一系列非等级性（non - hierarchical）、交互性（interdependent）的相对持久而稳定的关系网络。[②]

政策网络中参与者间复杂的关系既包括静态的关系本质——依赖关系，也包括动态的关系形式——互动关系，比如互动频率、互动方式等。在静态的关系本质方面，参与者间的依赖关系是指任何一个参与者都不可能独立地完成某项政策活动，而必须依赖其他参与者方可有效解决政策问题，并通过互动来达成政策利益的双赢或多赢。参与者需要彼此掌握的资源来达成自己的目标，因此需要彼此依赖。依赖关系促成了参与者之间具有持续性的关系。在动态的关系形式方面，互动关系的加强促进了参与者间的资源分配以及规则制定。为了凸显不同类型的社会组织参与反家暴政策制定中的参与者间关系的差异，本书对反家暴政策网络中参与者间静态的关系本质——依赖关系暂不做分析，侧重讨论其动态的关系形式——互动关系，主要包括合作关系、妥协关系与适度对抗关系，并结合案例予以验证分析。

## 三 参与资源

政策网络中各个参与者所拥有的参与资源是网络关系乃至政策网络得以存在的基石。参与者的资源占有程度以及资源的相互需要程度决定了政策网络的表现形态。罗茨就将政策网络定义为："一群人或复杂的组织因资源依赖而彼此结盟，又因资源依赖结构的断裂（break

---

① R. A. W. Rhods. *Power Dependence*, *Policy Communities and Intergovernmental Networks*, *Public Administration Bulletin*, 1984（49）, pp. 4 - 31.

② 杨冠琼：《公共政策学》，北京师范大学出版社 2009 年版，第 114—115 页。

in the structure of resource dependencies）而相互区别。”① 在现代社会情境下，政策资源高度分散在政府和非营利组织或者私营部门，为了达成政策效果，原本分散的政策资源需要被动员和结合在一起，资源和交换日益紧密。同时，也正是这种资源的相互依赖性决定了多元政策主体间各种复杂的互动关系。

在反家暴政策网络中，社会组织拥有的资源构成影响公共政策制定以及采取何种行动策略的资源基础。社会组织比较重要的资源主要包括政治资源、经济资源、组织资源、技术资源、信息资源以及关系资源等。官办社会组织与民间社会组织所拥有的参与资源各不相同，所拥有的参与资源的差异一定程度上影响了社会组织政策参与的深度和广度。例如，本书案例中，作为官办社会组织的妇联其参与资源主要集中在政治资源、组织资源、技术资源与经济资源，民间妇女组织其参与资源主要集中在经济资源、技术资源、信息资源以及关系资源。在具体案例分析中，上述政策资源将分别予以验证分析。

### 四　参与策略

政策网络中参与者的策略互动在其分析逻辑的行动视角中具有重要作用。参与者要想实现各自的行动目标，有赖于他们之间展开复杂的策略互动。参与者依据各自掌握的资源不同，通过采取有效的参与策略，才能形成政策方案、促进政策发展。透过参与者所采取各自相异的行动策略，能够将政策网络中参与者及角色、参与者间关系以及参与资源进行有机整合，置放在一个统合的动态链条中，有助于更加准确地理解政策网络中结构与行动的相互影响。

在反家暴政策网络中，官办社会组织与民间社会组织需要采取与其身份、角色和资源相匹配的参与策略来影响政策制定，这些参与策略主要有利益整合、结盟联动、议题包装、意识提升、多重游说以及

① David Marsh，R. A . W . Rhodes. *Policy Networks in British Government.* Volker Schneider. The Structure of Policy Networks：A Comparison of the Chemicals Control and Telecoimnunications Policy Domains in Germany，European Journal of Political Research，1992，21（1/2）：109 – 129. Oxford：Clarendon Press，1992，p. 14.

社会动员等。其中，作为官办社会组织的妇联其参与策略主要集中在多重游说、意识提升、议题包装与社会动员等，民间妇女组织其参与策略主要集中在结盟联动、利益整合、议题包装、意识提升以及社会动员等。在具体案例分析中，上述参与策略将分别予以验证分析。

## 第三节 研究设计

### 一 研究方法——质性研究方法

就社会科学领域而言，基于不同的方法论背景和指导，其具体的研究方法至少有定量研究和质性研究方法之分。本研究主要采用的是质性研究方法。布鲁斯·伯格（Bruce L. Berg）指出，"'质'就是事物是什么，怎么样，什么时候和在哪里发生等一系列相关的问题。因而，可以推断出，质性研究是研究关于社会现象是什么、怎么样、何时发生以及在哪里发生等相关问题的研究"。[①] 我国质性研究方法的代表人物陈向明认为，质性研究是以后实证主义为主要哲学基础，是指研究者在自然情境下，综合运用田野调查、访谈、照片和备忘录等多种方法对社会现象或者社会问题进行广泛深入的探索性研究。[②] 质性研究的优势在于对具体人物、社会群体或者社会现象进行"深描"。[③] 本研究选取质性研究方法主要基于以下几点考虑。

第一，从研究的目的来看，质性研究更加注重研究问题和背景之间的关系，更加注重现实问题的实际发生、发展过程以及现象对行为主体所具有的意义。质性研究的核心目标在于对经验和现象及其背后的意义之理解与诠释。本研究旨在深入探讨反家暴政策制定中社会组织的参与模式构建与内在逻辑，试图解释反家暴政策制定中社会组织与政府之间的网络联系以及互动机制。所以，质性研究更能满足本研

① Bruce L. Berg：*Qualitative research method for the social science*，Allyn and Bacon press.

② 陈向明：《质的研究方法与社会科学研究》，教育科学出版社 2008 年版，第 10 页。

③ 同上。

究目标的要求。

第二，从研究的思路来看，质性研究本质上遵循归纳法，自下而上在资料的基础上提升出分析类别和理论假设，即“从资料的阅读中产生理论假设，然后通过假设验证和不断比较逐步对研究问题作出充实和系统化的理解。”① 本研究以文献资料、历史档案和笔者的观察体验为经验基础，力图寻找并确定与研究问题相关的分析框架和概念，扩大和修正对研究假设的理解。继而对政策网络中政府部门、社会组织、专家学者、新闻媒体以及它们彼此的行为关系形态作出描述和解释。最后，归纳出社会组织参与反家暴政策制定的若干变量、参与机制等内在逻辑。

第三，对本次研究来说，质性研究之于定量研究的优势更明显。(1) 质性研究比较注重在复杂的心理、文化社会生活环境中理解社会现象的意义，这有助于我们获得比较真实、丰富、深入的信息；(2) 质性研究比较适合在微观层面对个别事物进行深入的、多侧面的分析研究，从而挖掘出个案的典型内涵，形成对社会现象和社会事件更加深入、完整的理解；(3) 质性研究注重在时间的流动中追踪事件的变化过程，注重对调查对象的社会、文化背景、历史状况与发展过程的动态考察，有助于我们准确地把握复杂的社会现象与社会事件的内在本质和发展规律。本书以解释对象事件、验证理论假设为目标。因此，质性研究方法更适合此次研究计划的特点。

## 二　研究工具——案例研究

本研究采用的研究工具是案例研究。案例研究专家罗伯特·K. 殷（Robert K. Yin）认为：“所谓案例研究是遵循一套预先设定的程序、步骤，对某一经验性、实证性课题进行研究的方式。”② “案例研究的问题类型是‘怎么样’和‘为什么’，研究对象是目前正在发生

① 陈向明：《质的研究方法与社会科学研究》，教育科学出版社 2008 年版，第 8 页。

② ［美］罗伯特·K. 殷：《案例研究设计与方法》，周海涛等译，重庆大学出版社 2004 年版，第 19 页。

的事件，研究者对于当前正在发生的事件不能控制或极少能控制”。[①] 作为一类成熟的社会科学研究方法，案例研究就是针对具有代表性的人、社会组织、社会事件，通过系统的数据收集，允许研究者从价值中立的立场出发研究它们的发生机制以及发展过程，并可以给出普遍性研究结论的一类研究方式。

（一）本书运用案例研究的原因

本研究选取案例研究主要是基于案例研究的特点以及研究的目的和选题的角度。具体理由如下。

第一，案例研究适合于研究的问题类型是“怎么样”和“为什么”。“实际上，对于探讨组织背景中人的关系、行为、动机和激励问题，案例研究是非常出色的研究方法”。[②] 本研究要回答的核心问题是：在强国家—弱社会的非对称权力结构下，社会组织是如何参与到反家暴政策制定中的？其参与模式呈现出哪些基本形态？该研究核心问题涉及社会组织与政府在公共政策过程中的互动关系以及形成的逻辑和道理，属于“过程”问题，加之本书研究核心问题均是“怎么样”的问题，二者结合考虑即需要通过“过程追踪法”探寻原因和结果之间的过程环节，进行理论扩展，从而归纳出社会组织政策参与的内在逻辑。案例研究的一项长处便是过程和机制分析，即通过对案例的历时分析，把握现象间的因果关系链条。

第二，案例研究可以使用综合的资料收集技术，其证据来源的渠道是多元的，包括文献、档案记录、访谈、参与性观察以及实物证据。本研究拟采用深度访谈法、参与式观察法以及文献研究法等展开数据收集工作。考虑到可以从多方面获取研究数据，因此，笔者可以对文中论点进行证据的相互交叉印证，从而可以有效提高本研究的效度。

第三，对公共政策进行定性分析常常与政策案例紧密相连。英国著名社会学家米切尔·黑尧认为：“政策过程研究可能是案例研究，

① ［美］罗伯特·K. 殷：《案例研究设计与方法》，周海涛等译，重庆大学出版社2004年版，第11页。

② Bruce L. Berg：*Qualitative research method for the social science*，Allyn and Bacon press.

所使用的主要是定性方法”。[1] 进而言之，“对公共政策案例的质性分析就是分析者运用经验、知识、直觉和智慧等，对公共政策案例综合运用理论思维逻辑推理，从而对政策对象进行质的分析、判断，进而进行评价的一种方法”。[2] 本研究探讨的是反家暴政策制定中社会组织的参与模式，因此有必要对典型性政策案例进行深度“扫描”。

### （二）本书运用案例研究的类型

根据应国瑞的分类标准，[3] 本研究拟采用嵌入式多案例（多分析单元）分析。本研究选取嵌入式多案例（多分析单元）其理由在于：反家暴的政策制定涉及政府部门、社会组织、专家学者、新闻媒体等多方主体，多方合作过程具有复杂性和变异性。因此，选用多案例有助于在探索反家暴政策制定中，可对相关变量在不同案例中所呈现的异同展开比较分析。并且，多案例分析有利于选择并判断哪些研究结论可超越个案范围，采用综合与比较多方式探寻多案例的共同主题，这有助于能够更好地把握因果关系的适用范围。

具体而言，不同类型的社会组织经常表现出截然不同的参与模式。事实上，就整体而言，社会组织参与反家暴政策的制定，与其在政策网络中的角色和位置差异、互动关系，以及拥有什么样的关键资源和采用什么样的行动策略等因此密切相关。不同类型的社会组织在上述因素中表现各不相同。这就意味着，嵌入式多案例的比较分析作为一种方法，将是回答本书核心问题行之有效的研究策略。特别是在中国，社会组织的历史、政治和社会背景与其他国家的同类组织很不相同。嵌入式多案例研究能够帮助研究者获取社会组织在反家暴政策过程中参与模式的较为全面的详细图像，并且对于在集权国家下社会组织所面临的挑战做出准确的解释。

---

① ［英］米切尔·黑尧：《现代国家的政策过程》，赵成根译，中国青年出版社 2004 年版，第 22 页。

② 陈谭等：《公共政策案例分析——基于理论和实证的视角》，湖南师范大学出版社 2003 年版，第 65 页。

③ 应国瑞将案例研究分为四种类型：单案例（单一分析单位）、多案例（单一分析单位）、嵌入案例研究（多分析单位）、多案例（多分析单位）四个类型。

本书基于政策网络视阈构建社会组织参与反家暴政策制定的模式分析框架，进而运用政策网络的分析方法，对本书涉及的官办社会组织和民间社会组织的政策参与案例进行比较研究，从而较为清晰地勾勒出不同类型的社会组织参与反家暴政策制定中的模式差异并比较其异同。

（三）本书案例选择的理由

案例研究实质上通过单个或多个案例的分析达成对某一类现象的有限认识。案例研究的逻辑不是统计性的扩大化推理（从样本推论到总体），而是分析性的扩大推理（从个案上升到理论）。"质性研究非常关注特例，并且，数据的解释往往是在个案的特例中而不是在普遍性中被认识的"。[①] 研究者通常选择"典型"案例以更好地推断目标总体的相关特征。"典型"案例指所选案例在相关维度上与总体内的多数案例相同或相似，其研究目的是通过"典型"案例了解总体的通常情况。[②] 因此，本研究旨在通过对社会组织政策参与案例的深挖和数据分析，提出一般性的研究结论，适用典型性政策案例分析。

社会组织参与反家暴政策制定这一研究主题涉及的变量繁多，且变量之间关系复杂。上述特点决定了本研究必须确定具体的研究对象以便于进行典型性案例比较。经过笔者近半年对社会组织政策参与的调研观察以及对各种文献的阅读和理解，本书以反家暴政策制定中的社会组织参与模式作为研究对象，且分别确定民间社会组织与官办社会组织的代表，即陕西省妇女理论婚姻家庭研究会（以下简称"陕西妇女研究会"）与湖南省妇联参与地方反家暴政策制定作为研究案例，通过参与模式提炼及比较来透视社会组织参与反家暴政策制定的内在逻辑。

首先，从方法论的角度来看，本书选取的陕西妇女研究会与湖南省妇联参与地方反家暴政策制定的案例基本上可以满足研究型案例的

① ［美］约翰·W. 克雷斯威尔：《研究设计与指导写作》，崔廷强译，重庆大学出版社2007年版，第158页。

② 张建民：《案例研究概推性的理论逻辑与评价体系》，《公共管理学报》2011年第2期。

选择标准。斯蒂芬·范埃弗拉（Stephen Van Evera）在《政治学研究方法指南》一书中提出了案例选择的11条标准。依据11条案例选择标准，本书选取的社会组织反家暴政策参与案例基本上可以达到标准（详见表1－3）。

**表1－3　斯蒂芬·范埃弗拉提出的11条案例选择标准①**

| 案例选择的标准 | 本研究案例的标准符合程度（强、中、弱） |
| --- | --- |
| 数据丰富 | 强 |
| IV、DV或者CV具有极端值 | 中 |
| IV、DV或者CV在案例中具有较大的差异 | 强 |
| 竞争理论可以对案例提出不同的预言 | 中 |
| 与当前的政策问题相似 | 强 |
| 具有典型案例的特征 | 强 |
| 适合进行案例间的受控比较 | 中 |
| 其他理论无法解释的结果 | 强 |
| 内在的重要性 | 中 |
| 易于重复先前的检验 | 强 |
| 允许新的类型的检验 | 强 |

注：原表来源于斯蒂芬·范埃弗拉：《政治学研究方法指南》，陈琪译，北京大学出版社2006年版，第84页。

其次，本研究采用反家暴政策的原因如下：（1）反家暴政策是一个比较显见的社会政策，它针对的是妇女权益保护这样一个社会问题。反家暴政策制定有着较为清晰的公共议题的形成——议程设置——方案制定和选择的政策制定阶段，以及较为明显的参与者，因此可以用作政策网络分析；（2）反家暴政策制定过程中利益关系较为简明和清晰，不存在很明显的利益集团或利益冲突，运用政策网络理论工具进行识别和检验比较容易；（3）我国广义上的社会组织类型众多，既包括具有官方背景的人民团体，也包括民间的社会组织。在反家暴政策制定中，作为人民团体之一的妇联组织和民间妇女组织均发

① IV、DV、CV分别代表自变量、因变量和条件变量。

挥了特别重要的作用，但是不同类型的社会组织的参与度和力量强弱明显不同。通过对其进行对比研究，有助于我们深入分析不同类型的社会组织在反家暴政策制定中参与资源、行动策略与行动者间关系的具体差异。

最后，采用湖南省妇联和陕西妇女研究会政策参与的原因在于这两个案例都是妇女组织为保护妇女权利发起的运动。并且两案例发生时间相同，这意味着它们有着相似的政策与社会背景。此外，上述两个政策案例在社会组织参与反家暴政策制定中其参与模式特征鲜明，代表性较强，且社会影响力突出。

第一，在湖南省妇联的主推下，2000 年 3 月 21 日湖南省人大常委会出台了全国第一个反家暴地方性法规《湖南省人民代表大会常务委员会关于预防和制止家庭暴力的决议》。在该项政策制定中，湖南省妇联摸索出了党委领导、政府执行、社会协同的工作方式，其参与模式充分体现出了妇联组织与政府部门协作共治的特征。多年来，湖南省妇联陆续在全国实现了八个“第一”，即第一个出台关于预防和制止家暴的市级规范性文件；第一个出台全国第一部反家暴的地方法规；第一个创建“零家庭暴力社区”工程；第一个将反家暴工作纳入社会治安综合考评体系；第一个制定涉及家暴案件审理的指导性文件；第一个对全省派出所所长开展反家暴培训；第一个围绕“人身安全保护裁定”出台政法委专门文件；第一个由省级公安机关发布的警察处理家暴案件规范性文件。目前由湖南省妇联主推的湖南预防和制止家暴工作已成为全国反家暴的品牌工作。综上，以湖南省妇联作为官办社会组织代表参与反家暴政策制定具有其案例选择的典型性。

第二，陕西妇女研究会是全国较早干预家暴的民间妇女组织。1999 年 3 月陕西妇女研究会建立西北第一家妇女法律研究与服务中心，2001 年 5 月成立了全国第一家以社会工作方法为家暴受虐妇女提供服务的“家庭暴力预防与辅导专线”。陕西妇女研究会为妇女提供的服务包括心理咨询、社会工作辅导、支持小组、法律咨询、法律代理、紧急救助与庇护等，成为国内为妇女提供服务门类最多最全的民间机构。2002 年陕西研究会与陕西省妇联合作，联手推动了《陕西省关于预防和制止家庭暴力的决议》的出台。在合作过程中，其参与模式充分体现了民间社会组织与官方社会组织结盟联动的特征。综上，以陕西妇女研究会作为民间社会组织代表参与反家暴政策制定具有其案例选择的典型性。

（四）本书对案例研究结果适用范围的界定

考虑到案例研究的概推性问题，尽管笔者通过采用多案例设计和“类型多样性”等方法选择案例，使概推性难题得以缓解。但仍然要承认的是，由于所研究案例的数量有限，因此推广案例研究结果时仍应该保持谨慎，需要进一步验证研究结果。由于案例研究是一种高度情境化的研究，许多情境变量（因素）可能对研究结果的推广范围产生影响。研究者需要思考所研究案例中哪些情境因素可能会扩大或缩小其研究结果的概推性。具体而言，本研究的政策网络案例选择在反家暴领域，与其他领域的政策网络相比，该政策网络的利益关系比较简明和清晰，不存在很明显的利益集团或利益冲突。因此，这些特殊情境因素可能使其研究结果难以推广到利益关系非常复杂，具有明显的利益冲突的政策网络类型之中。

## 三　研究数据的来源、抽样和分析

（一）研究数据的收集

本研究采用访谈法，主要包括个别深度访谈和半结构式访谈、参与式观察、文献研究和调查问卷的方法采集一手研究数据。此外，还借助了相关研究机构提供的部分资料作为二手研究数据。在数据采集过程中，笔者尽量遵循数据收集的三项原则，即三角原则、资料与案例研究主题相关原则、数据链原则。主要数据来源和收集方法如图 1－3所示。

1. 访谈法。笔者通过个别深度访谈与半结构式访谈相结合的方式，与相关地方人大委员、政府官员、社会组织的领导以及执行政策参与项目的部门负责人、专家学者等开展了与研究主题相关的讨论，试图全面了解行动者在两个反家暴政策网络中的网络关系以及互动过程，访谈对象共计 18 余人。

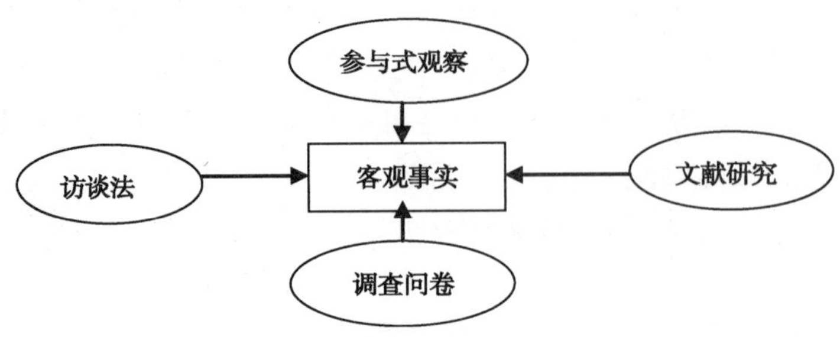


**图1－3　主要数据来源示意图**

2. 参与式观察。在全国妇联妇女研究所的安排下，笔者有幸进入文中的两个社会组织开展实地观察，了解各机构的实际工作情况。观察了这两个社会组织的实际运行过程以及各行动单位之间的行动写照，从而为更深入研究对象的内部和某些事情的细节，更准确和详细地描述研究对象创造了空间。

3. 调查问卷。笔者采用了常用的依靠调查问卷获取研究数据的数据收取方法。本研究实践进一步证明问卷证据具有一般性问题的优势，特别在透析参与者的主观态度和对特定问题的看法方面具有更好的信息收集能力。

4. 文献研究。笔者从两个社会组织处收集了与研究相关的政策文件（见附录1、附录2）、调研报告、媒体报道、研究成果、机构通讯、机构宣传单张或宣传手册、网上交流信息、有关机构和员工的业务交流与经验总结材料，以及相关各地反家暴政策出台前的草案。这些文献材料可以帮助笔者深入了解制度改革的背景知识及其制度安排的细节信息。此外，笔者还积极借鉴了其他与本研究主题相关的科研论文和著作。

（二）研究数据的抽样

质性研究主要应用目的性抽样、便利性抽样和滚雪球式抽样。应用目的性抽样是指在所有的分析单位中有目的的选取特定职位的任职者作为访谈对象。针对决策者的访谈，笔者选择参与政策制定阶段中的人大立法者；针对官办社会组织的访谈，笔者选择湖南省妇联、陕西省妇联、西安市妇联等官办社会组织的领导干部；针对民间社会组织的访谈，笔者选择陕西妇女研究会的领导人和执行政策参与项目的部门负责人；针对专家学者的访谈，笔者选择参与当年反家暴政策倡导，或参与反家暴条例拟定的相关专家学者。至于具体选择这些部门的哪一位人员则通过便利性抽样和滚雪球式抽样方法加以确定。

访谈对象的选择是本研究取得成功的关键。由于访谈对象主要来自政府部门和决策者、官办社会组织、民间社会组织和专家学者，因此访谈被分为四个独立的部分。第一部分，访谈决策者。请他们详细介绍相关反家暴政策出台的过程与经历，以此来了解“决策核心圈”的真实态度与感受；第二部分，访谈妇联组织领导人。聆听他们对反家暴政策制定过程的具体环节的讲述以及评价等，以此来探寻“决策协调圈”的感受与经历，并探索官办社会组织在该政策网络中所扮演的角色，与其他参与者的关系、所运用的参与资源与之相应采取的参与策略；第三部分：访谈民间社会组织领导人。请他们详细讲述推动反家暴政策出台的具体经过、他们遭遇到的阻力和困境以及相关细节，以此来考察“决策参与圈”的参与历程，并探索民间社会组织在该政策网络中所扮演的角色，与其他参与者的关系、所运用的参与资源与之相应采取的参与策略；第四部分：访谈专家学者。请他们讲述反家暴政策议程设置以及拟定政策文件的过程，以此来了解专家学者作为“决策参与圈”中重要的一部分在该政策网络中所发挥的作用。

（三）分析策略

案例分析主要有两种策略：“依赖理论性陈述或者进行案例描述。前者遵循引导案例研究的理论命题，被运用在进入案例之前，就已经有了理论假设的研究，而后者用于没有理论假设的研究，它是为组织案例研究过程发展出一个描述性的框架。”① 本研究遵循第一种策略：在基于政策网络理论构建的分析框架之下对案例展开细致的描述和解释。

在确定数据分析策略之后，选择数据分析方式就是推进案例研究

① 应国瑞：《案例学习研究——设计与方法》，中山大学出版社 2004 年版，第 111—112 页。

的下一个现实问题。资料分析是案例研究过程中的难点环节，也是连接数据和研究命题与理论假设的关键步骤。学者指出，案例研究者用于理论检验及理论构建的分析技术主要为“模式匹配”、“过程追踪”及“扎根理论法”。[①] 其中，“模式匹配”是指研究者从待检验理论中推导出一个或多个可观察蕴涵，并据此收集相关数据，从数据中归纳模式，最后将实证数据中显现的模式与理论预期相匹配。若两者的匹配程度高，则理论得到支持；反之，则理论遭到否定（Campbell，1975；Yin，2009）。“模式匹配”特别适合解释性研究。除此之外，研究者还运用“过程追踪法”以“追踪可能的原因与所观察的结果之间的环节”以构建过程理论（George and Bennett，2005：6）。

本研究使用 NVIVO8.0 定性数据分析软件分析案例数据，并运用“过程追踪”法分析两个案例中社会组织参与反家暴政策过程中的议程设置、方案规划等过程。并应用跨案例“模式识别”技术探索并提炼社会组织参与反家暴政策制定的内在逻辑。通过理论想法与实证数据间的互动，最终形成系统的研究结论。数据分析主要经过两个步骤：一是对原始数据的处理，二是重视对数据反映内容的呈现。在处理研究期间获得的一手数据和二手数据时，本研究以社会组织参与模式的相关变量为关键词。

## 四　效度与信度

效度和信度是衡量研究的重要指标。本研究采用以下方法来增加研究的效度与信度：第一，三角验证法。“使用多种来源的资料有利于研究者全方位地考察问题——历史的、态度的、行为的，其最大的优点在于相互印证”。[②] 本研究采用深度访谈与集体访谈、参与式观察等方式收集一手数据，并同时收集文件资料、公函和计划书等二手数据。三种不同层面的信息有助于进行三角验证及深度了解行动者与环境的关系，以验证获得数据的真实性。第二，数据处理遵循“范畴—

① 张建民：《公共管理研究方法》，中国人民大学出版社 2012 年版，第 208 页。

② ［美］罗伯特·K. 殷：《案例研究设计与方法》，周海涛等译，重庆大学出版社 2004 年版，第 107 页。

性质—面向”的方式，以较为科学的方式处理数据，以增加研究结论的信度与效度。第三，在研究过程中，不断与访谈对象进行沟通，进而改进研究思路，使得研究更加具有可行性。

## 五　进入契机与研究伦理

本研究得到了笔者导师的支持和认可。此外，笔者在2014年参加了全国妇联研究所的课题《性别议题纳入政策过程比较研究》。在项目的研究过程中，作者与全国妇联妇女研究所的领导、长辈和朋友们建立了良好的合作关系。当得知笔者的研究计划时，他们表示愿意支持该项研究。

为了保证质性研究的科学性，研究者扮演了“一般人可接受的无知者”的角色。在访谈的过程中，首先告诉访谈对象，研究的目的在于学术研究，所有数据均用于学术研究。出于保护案例对象和参与者的权益考虑，也是为了获取更多珍贵的研究数据考虑，本书对被访谈人的姓名做了匿名化处理。鉴于此，本研究中所涉及的被访谈人均以编码的形式出现。

# 第二章

# 社会组织参与反家暴政策制定的背景

社会组织的政策参与为公民有序参与公共决策、监督和评估政府行为提供了组织化的途径，体现了社会组织赋予公民权利，平衡各种社会力量，实现社会治理的意义。而任何一种社会现象的兴起与发展都有其深刻的政治、经济、社会和文化背景，社会组织的政策参与也不例外。这些环境背景因素是社会组织参与反家暴政策制定的支持力量。本章回答以下问题：反家暴政策制定的特点是什么？社会组织在其中发挥了什么作用？社会组织参与反家暴政策制定的环境背景因素是什么？它们对于社会组织的政策参与产生哪些影响？本章在宏观结构层面上，对社会组织参与反家暴政策制定的政策网络环境中政治背景、经济背景、社会背景以及文化背景等方面进行考察，它是整个研究的逻辑起点，并为下一章的实证分析做好理论铺垫。

## 第一节　反家暴政策制定中社会组织的参与

家庭暴力，特别是针对妇女的家庭暴力问题，已经成为当今国际社会的热门话题。家暴行为践踏了妇女人权，使受害者的人身和心理遭到巨大危害，属于严重的侵权违法行为。目前我国总体上看家暴问题不容乐观。我国反家暴主要从政策倡导、司法干预、社会救助、媒体宣传等这几个方面着手。在上述几种方式中，实践证明立法是保障妇女权益的必要手段和有效工具。

### 一　反家暴立法进程概述

家暴问题是一个复杂的社会问题，牵扯到方方面面，因此反家暴的干预措施必须多管齐下方能见效。我国反家暴的既有途径分别是政策倡导、司法保护、警察干预、社区干预、妇女庇护、法律援助、心理支持、医疗干预、理论研究、媒体宣传等。在这些途径中，实践证明立法是保障妇女权益的必要手段和有效工具。在我国推进国家和地方层面反家暴立法的进程中，各级政府及相关职能部门、妇联组织、民间妇女组织、专家学者、大众媒体均一直致力于积极推动反家庭暴力立法的出台。

中国是《消除对妇女一切形式歧视公约》、《儿童权利公约》等国际公约的参加国，《宪法》关于保障公民权利、男女平等的规定是反家暴的立法依据。据统计，截至 2014 年 11 月，全国已有 29 个省区市出台了地方性法规或政策，90 余个地市制定了政策文件，一些地方的公安、法院、检察院等机关也专门针对家暴制定了规范性意见。在专门针对家暴的立法方面，中国走过了一个从无到有、逐步完善的过程。大致来看，反家暴立法可以划分为四个阶段。

第一阶段：1990—1995 年。这一阶段可看作是中国反家暴立法的孕育阶段。一方面，在 1995 年第四次世界妇女大会召开之前，我国本土在家暴问题上是概念的空白期，家暴问题尚未进入法律范畴，虽然宪法以及相关法律都体现了国家保护家庭成员权利的精神，但是没有出台专门针对家庭暴力的规定。另一方面，国外反家暴机构的经验介绍有力助推了我国反家暴立法的孕育。1990 年中美妇女研讨会以及 1993 年左右的世界妇女大会区域性论坛等会议的召开，使得一些社会性别意识敏锐的民间妇女组织了解到了家暴这一概念，将其作为一个学术论题并结合国内本土情况开始研究。1995 年在我国北京召开的第四次世界妇女大会标志着中国反家暴研究作为重大社会问题正式进入立法界以及政府政策层面。

第二阶段：1995—2000 年。这一阶段可看作是中国反家暴立法的起步阶段。“家庭暴力”这一概念开始出现在中国的地方性法规中。1996 年，湖南省长沙市通过《关于预防和制止家庭暴力的若干规定》，这是中国出台的第一个反家暴的地方性政策；2000 年 3 月，湖南省人大常委会通过了中国第一部反家暴地方性法规，“家庭暴力”

概念首次出现在中国法律体系中。

第三阶段：2001—2011 年。这一阶段可看作是中国反家暴立法的迅速发展阶段。2001 年 4 月 28 日修正后的《婚姻法》加入了“禁止家庭暴力”的规定，将实施家庭暴力作为法院应准予离婚的法定情形之一，并专门规定了对家暴受害者的救助措施和施暴者的法律责任。这是国家法律第一次就家暴作出明确规定，是反家暴立法的重大突破。2001 年 12 月，最高人民法院通过《关于适用〈中华人民共和国婚姻法〉若干问题的解释（一）》，其中将家暴概念进行了界定，为各级法院适用《婚姻法》、审理家暴案件提供了依据。此后，《妇女权益保障法》、《未成年人保护法》、《残疾人保障法》和《老年人权益保障法》等国家法律相继修改，增加了针对家暴问题的规定。同时，各地陆续制定了反家暴地方性法规。在这期间，反家暴的理论研究不断深入，反家暴的工作机制逐步建立和完善，多部门合作反家暴格局初步形成。这些为国家专门立法奠定了思想基础和实践基础。

第四阶段：2012 年至今。这一阶段可看作是中国反家暴立法的深入发展阶段。2012 年全国妇联推动全国人大常委会首次将制定反家庭暴力法纳入年度立法计划，标志着中国反家暴立法进程进入国家级立法阶段。2013 年将制定反家庭暴力法纳入十二届全国人大常委会立法规划，确定由国务院提请审议。2014 年，国家将制定反家庭暴力法列入立法工作计划。这标志着中国反家暴立法由原则性倡导发展为制度性构建。2015 年 12 月 27 日，第十二届全国人大常委会第十八次会议通过了《中华人民共和国反家庭暴力法》，并于 2016 年 3 月 1 日起实施。该法成为中国反对家庭暴力的一项全面综合法案。

全国性的反家暴立法如表 2－1 所示。

**表 2－1　全国性的有关反家暴的立法（以颁布的时间为序）**

| 序号 | 名称 | 颁布时间 | 主要内容 |
|---|---|---|---|
| 1 | 《婚姻法》 | 2001.4 | 在总则规定“禁止家庭暴力”；并在 32、43、45、46 条对家庭暴力的救助和法律责任作了规定。 |
| 2 | 最高人民法院：《关于适用〈中华人民共和国婚姻法〉若干问题的解释（一）》（简称《司法解释》） | 2001.12 | 对家庭暴力进行了界定。 |

续表

| 序号 | 名称 | 颁布时间 | 主要内容 |
| --- | --- | --- | --- |
| 3 | 《中华人民共和国妇女权益保障法》（简称《妇女权益保障法》） | 2005.8 | 第46条规定，禁止对妇女实施家庭暴力；国家和基层组织应预防和制止家庭暴力，并提供救助。 |
| 4 | 《中华人民共和国未成年人保护法》（简称《未成年人保护法》） | 2006.12 | 第10条规定，禁止对未成年人实施家庭暴力。 |
| 5 | 最高人民法院：《涉及家庭暴力案件审理指南》（简称《指南》） | 2008.3 | 共22条。从司法角度对防止家庭暴力问题做了较全面的规制。 |
| 6 | 全国妇联、中宣部、最高检、公安部、民政部、司法和卫生部：《关于预防和制止家庭暴力的若干意见》（简称《若干意见》） | 2008.7 | 共13条。对七部委预防和制止家庭暴力的职责做了较全面的规定。 |
| 7 | 《中华人民共和国反家庭暴力法》 | 2015.12 | 共38条。作为中国首部反家暴法，该法律明确了家庭暴力的性质和法律责任，让清官难断的“家务事”有了国法可依。 |

资料来源：作者自制。

湖南、陕西省颁布的主要反家暴地方性法规和政策如表2－2所示。

**表2－2　　湖南、陕西省颁布的主要反家暴地方性法规和政策**

| 省 | 名称 | 颁布时间 | 主要内容 |
| --- | --- | --- | --- |
| 湖南 | 长沙市政府：《关于预防和制止家庭暴力的若干规定》（简称《若干规定》） | 1996.1 | 家庭暴力是一个突出的社会问题。各级党委和政府将家庭暴力问题纳入社会综合治理的范畴。各级基层单位要预防、制止和调处家庭暴力行为。 |
| | 省人大常委会：《关于预防和制止家庭暴力的决议》（简称《决议》） | 2000.9 | 对家庭暴力做了界定。规定公、检、法机关应当各司其职，对遭受家庭暴力侵害的投诉，应当依法受理，有不作为行为的，应当依法追究责任。 |
| | 省人大常委会：《湖南省实施〈中华人民共和国妇女权益保障法〉办法》 | 2006.7 | 禁止对妇女实施任何形式的家庭暴力。预防和制止家庭暴力。应当在各级人民政府组织下纳入社会治安综合治理考评内容。各部门应当在各自的职责范围内预防和制止家庭暴力，依法为受害妇女提供救助、调解家庭暴力。 |
| | 省高院：《湖南省高级人民法院关于加强对家庭暴力受害妇女司法保护的指导意见（试行）》（简称《指导意见》） | 2009.7 | 共21条。对家庭暴力的范围、家庭暴力案件犯人审判原则、案件受理、证据规则、财产保全、涉及家庭暴力的离婚案件审理、联合调解机制、涉及家庭暴力的刑事案件的处理等做了较全面的规定。是全国第一个地方性的关于家庭暴力的司法指导。 |

续表

| 省 | 名称 | 颁布时间 | 主要内容 |
|---|---|---|---|
| 陕西 | 省妇联、省公安厅：《关于预防和制止家庭暴力的通知》 | 2000.8 | 把预防和制止家庭暴力纳入基层社会治安综合治理之中，明确了公安部门应及时受理家庭暴力受害者的投诉。 |
| | 省人大常委会：《关于预防和制止家庭暴力的决议》 | 2002.11 | 规定机关、企事业单位、社区居民委员会、村民委员会要结合各自的工作职能，及时调解家庭纠纷，化解矛盾，预防和制止家庭暴力行为的发生。公安机关、人民检察院和人民法院应当对遭受家庭暴力侵害的投诉应及时受理。对因遭受家庭暴力侵害而投诉的公民，国家机关、社会团体、企业事业单位应当积极接待并协助有关方面调查处理。 |
| | 西安市人大常委会：《西安市预防和制止家庭暴力的决议条例》 | 2005.8 | 对家庭暴力作了界定。规定市、区、县人民政府妇女儿童工作委员会负责组织、协调、指导、监督预防和制止家庭暴力的工作。国家机关、社会团体、企事业单位以及社区居民委员会、村民委员会应当履行的职责。 |

资料来源：作者自制。

## 二　社会组织在反家暴政策制定中的作用

在反家暴立法进程中，社会组织是中国反家暴政策制定中的重要力量。作为一种以公益理念和使命为驱动并在政府和市场资源配置低效和无效的领域发挥作用的新的资源配置体系，社会组织“能够有效地处理市场无法处理和政府处理效率不高的众多社会政策议题。”①

社会政策是指：“在特定的政治、经济、社会与文化环境的影响下，由国家或政府代表全体国民制定实施的一系列具有再分配性和资源共享功能的社会福利计划与公共服务项目，是一种旨在解决社会问题、应对社会风险、稳定社会秩序、促进社会公平、保障公民权利、满足社会需要、增进公民福利、提高社会福祉的政府公共政策和公共服务行为。”② 社会政策的具体内容包括社会救助、救灾、社会保险、医疗卫生服务、就业、妇女儿童保护、性别平等、种族（民族）平

① 胡益芬：《参与式管理：第三部门与政府关系探悉》，《重庆社会科学》2004年第1期。

② 何英：《社会政策》，中国人民大学出版社2012年版，第29页。

等、老年人权益等。反家暴政策的制定关乎妇女儿童保护和性别平等，其目的在于保障妇女的基本权利、稳定社会秩序、促进社会发展等。由上可见，反家暴政策属于一项典型的社会政策。

社会组织生发于社会领域，其民间表达性可确保它能够敏锐发现弱势群体或特定人群的具体需求。由于社会组织的参与，使得社会政策的制定有可能关注具体的个体生活困境，直接面向需要解决困难的社会成员，从而促进社会公平、提高社会福祉。除此之外，社会组织针对某一特定社会服务的供给可能更具专业性。具体到反家暴政策，社会组织在其制定的过程中能够更加敏锐地了解受虐妇女的现实状况以及真实需求，能够代表受虐妇女发声，并凭借其专业性知识参与到政策制定的过程中来。因而，社会组织在反家暴政策制定中具有相当重要的作用。

## 第二节　政治背景：政治民主化进程的有序推进

社会组织参与公共政策制定有其深刻的政治意蕴，我国政治民主化的有序推进成为其兴起的政治动因。“改革开放以来，中国正在进行执政合法化基础的转换，从革命的合法性转向民主选举的合法性”。[①] 党的十八大指出：“人民民主是社会主义的生命。”[②] 因此，尽管中国的政治民主化建设遭遇诸多阻力，但由于建设高度的社会主义民主政治已成为执政党、国家、社会的共识，中国的政治结构民主化“无论如何，民主治理的航程已经启动，我们相信没有什么力量可以阻止它的前进”。[③]

---

① 俞可平：《市场经济与公民社会——中国与俄罗斯》，中央编译出版社 2005 年版，第 104 页。

② 胡锦涛：《坚定不移沿着中国特色社会主义道路前进　为全面建成小康社会而奋斗——在中国共产党第十八次全国代表大会上的报告》，人民出版社 2012 年版，第 25 页。

③ 俞可平：《市场经济与公民社会——中国与俄罗斯》，中央编译出版社 2005 年版，第 280 页。

结合本书研究，政治民主化的有序推进主要体现在以下两个方面：一是政府治理模式从管制型政府到服务型政府，二是政策制定模式从管理主义走向参与式治理模式。本书认为，服务型政府治理模式与参与式治理政策制定模式的构建开启了我国社会主义民主政治一条新的发展路径，为社会组织政策参与创造了有利的生成空间。

## 一 政府治理模式的变革：从统治型政府到服务型政府

在现代社会，政府治理模式的变革是实现民主政治的重要手段。“如果把计划经济时代的‘统治型政府’模式和转型期具有过渡性质的‘管制型政府’模式称为传统政府治理模式的话，‘服务型政府’模式具有的崭新理念使之成为符合历史发展潮流的现代治理模式”。①这种政府治理模式变革的过程，也是政治民主化启动并不断发展的过程。

### （一）统治型政府治理模式与管制型政府治理模式的衰退

通常认为传统政府治理模式主要包括统治型政府治理模式和管制型政府治理模式。在统治型政府治理模式中，政府模式和行为受到政府统治理念所支配，政府以统治的形式来实现等级秩序价值的社会治理方式，其根本价值导向是秩序；管制型政府治理模式将政府置于社会管理的唯一主体，处于社会管理的核心地位，政府强调的是对全社会的管制职能，凌驾于社会之上，形成了“政府中心主义”。可看出，传统政府治理模式的理念特征主要集中在政府本位与权力本位上，即以政府自身为中心形成权力体制和运行机制，整个政府组织机构都是建立在权力基础之上。这两种类型的政府都凌驾于社会之上，它们作为社会的异化，成了社会的异己力量。

应该承认，传统政府治理模式强调专业化的组织体系和严密的层级划分，在农业社会和工业社会初期的公共事务管理中发挥了巨大作用。然而，随着公共管理环境的日益复杂，传统政府治理模式由于其权力高度集中，规章制度严格，组织保守僵化，过于强调组织的全能

① 石路：《政府公共决策与公民参与》，社会科学文献出版社 2009 年版，第 252 页。

型和产品的垄断型，再加上政府本身存在的信息悖论等，其在治理过程中并不能将资源达到“帕累托最优”，相反还由于经常的“越位”、“缺位”、“错位”而陷入功能紊乱、效率低下的困境。①

（二）服务型政府的建设

进入21世纪后，建设服务型政府被党和政府多次提出并强调。2007年中共十七大报告中明确提出要“加快行政管理体制改革，建设服务型政府”。2012年中共十八大报告中再次强调“建设职能科学、结构优化、廉洁高效、人民满意的服务型政府”。目前关于服务型政府的概念，学界尚在讨论之中，一些学者提出了自己的见解。比如张康之教授指出：“限制政府规模的问题必须在政府类型的根本变革中才能得到解决，那就是用服务型理念取代传统的统治理念和近代以来的管理理念，建立起服务型的政府模式”，“服务型的政府也就是为人民服务的政府，用政治学的语言表述是社会服务，用专业的行政学语言表述就是为公众服务，服务是一种基本理念和价值追求，政府定位于服务者的角色上，把为社会、为公众服务作为政府存在、运行和发展的基本宗旨”。② 学者刘熙瑞认为服务型政府：“是在公民本位、社会本位理念指导下，在整个社会民主秩序的框架下，通过法定程序，按照公民意志组建起来的以为公民服务为宗旨并承担着服务责任的政府。”③

服务型政府作为一种政府改革的基本价值取向，体现了现代民主政治发展的要求。服务型政府的根本价值导向在于公民本位与社会本位，而不是政府本位。所谓公民本位，是指政府始终以公民利益最大化作为工作的首要价值追求。具体而言，服务型政府体现了政府服务的人本价值、公民参与价值、善治评判价值。

---

① 邢孟军：《当地中国政府治理体系模式创新浅议》，《学习论坛》2005年第1期。

② 张康之：《限制政府规模的理念》，《行政论坛》2000年第4期。

③ 刘熙瑞：《服务型政府——经济全球化背景下中国政府改革的目标选择》，《中国行政管理》2002年第7期。

## 二 政策制定模式的转型：从管理主义走向参与式治理

政府治理模式的变革必然引起政策制定模式的转型。具体而言，我国政策制定模式正在逐步由管理主义政策制定模式走向参与式治理政策制定模式。

### （一）管理主义政策制定模式的崩解

管理主义政策制定模式是计划经济时代的产物，在过去的许多年中扮演了主导角色。管理主义政策制定模式在结构上和程序上都是封闭的，官僚精英的态度对于政策制定起到决定性作用，公众被排除在决策圈之外，并不是治理过程的有机组成部分。有学者将这种政策制定模式称之为精英决策模式。本书意在从公众参与的角度来理解这种政策制定模式，之所以称之为管理主义政策制定模式，就在于在这种模式之下，官僚精英对公众的政策偏好甚至需要进行自主塑造，而公众独立的需求和政策偏好则缺乏有效的政策输入途径。

不可否认，这种传统的政策制定模式在特定的历史时期曾经发挥了重要作用，但是也容易产生权力过分集中、家长制、形形色色的特权现象等。邓小平曾尖锐指出上述从现象产生的重要原因在于“在加强党的一元化领导的口号下，不适当地、不加分析地把一切权力集中于党委，党委的权力又往往集中于几个书记，特别是集中于第一书记，什么事都要第一书记挂帅、拍板。党的一元化领导，往往因此而变成了个人领导”。这一传统政策制定模式在我国政策生态环境发生重大变革的条件下，其痼疾已经开始凸显：行政官僚组织本身成为最大的利益集团，对于公众需求的回应性微弱，且容易滋生腐败。因此，党和政府决定主动改变自己的政策制定模式，改善与社会公众的关系就成为改革开放以来中国政治发展的重要起点。

### （二）参与式治理政策制定模式的兴起

参与式治理政策制定模式在理念上强调公共利益观念与行政机关角色的转型，主张一种协商与合作式的公众参与。我国参与式治理政策制定模式的兴起有赖于两个条件：公共政策过程的趋于开放和公民有序参与的逐步扩大。

1. 公共政策过程的趋于开放。开放的政策过程是指政策过程向包括公民、团体在内的各种政治主体开放，各种政治主体可以以合法的、制度化的渠道进行利益表达、利益综合，影响政策过程。① 由于社会参与与政府之间的参与——回应机制运转流畅，官僚机构内部的权力精英“代表”公众进行利益表达和利益综合、“为民请命”的现象并不常见，即“内输入”不是政治生活的常态。

随着市场经济的推进、民主政治的发展，政府和官僚不再是唯一的权力中心，也不能完全垄断政策过程。我国的政策制定过程逐步呈现出开放性，党和政府多次强调：“凡是涉及群众切身利益的决策都要充分听取群众意见”,② 保障公众享有知情权、参与权、表达权和监督权。政策主体对政策制定过程的开放为公众和社会组织参与和影响政策制定提供了条件和可能。

2. 中共十五届五中全会通过的《关于制定国民经济和社会发展第十个五年计划的建议》中指出：“加强民主政治建设，推进决策的科学化、民主化、扩大公民有序政治参与。”党的十六大报告中指出：“健全民主制度，丰富民主形式，扩大公民有序政治参与，保证人民依法实行民主选举、民主决策、民主管理与民主监督，享有广泛的权利和自由，尊重和保障人权。”党的十七大报告又进一步指出：“增加决策透明度和公众参与度，制定与群众利益密切相关的法律法规和公共政策原则上要公开听取意见。”由此可见，执政党“扩大公民有序政治参与”的执政新理念，有力促进了我国建立以“协商式和参与式民主”为导向的民主政治建设格局。

在中共十七大报告中，我们还可以看到，执政党把公民参与作为社会管理的一种体制安排：“要健全党委领导、政府负责、社会协同、公众参与的社会管理格局，健全基层社会管理体制。”党把公民参与纳入社会管理体系中来，特别是明确了公民参与需要一定的路径和载体。报告中指出要“发挥社会组织在扩大群众参与、反映群众诉求方

① 霍海燕：《当代中国政策过程中的社会参与》，人民出版社 2014 年版，第 125 页。

② 胡锦涛：《坚定不移沿着中国特色社会主义道路前进 为全面建成小康社会而奋斗——在中国共产党第十八次全国代表大会上的报告》，人民出版社 2012 年版，第 29 页。

面的积极作用，增强社会自治功能”。可以说，公民有序参与的逐步扩大为我国社会组织登上政策参与的舞台提供了新机遇。正如英国学者德利所说：“我们正在走向一个参与民主制时代，在利益表达和公民权利保护上的重点已经转移到了各种团体协会上去了……行政过程中的非官方中间人的事前介入要比官方机构的事后监督重要得多”。①

总之，随着政府治理模式由统治型政府到服务型政府的变革，以及政策制定模式由管理主义走向参与式治理，我国的决策体制由传统的“单一垄断型”逐渐转型为“多元互动型”，封闭的决策圈被打破，社会组织开始积极参与政策过程，以影响公共政策结果。

## 第三节 经济背景：利益格局分化和利益诉求多元化

作为一种新兴的政治现象，社会组织参与公共政策过程的兴起和发展必然建立在一定的经济条件之下，并受到现阶段生产力发展的制约。近年来我国经济的快速发展和市场经济体制的逐步完善对社会组织的政策参与提供了发展的条件。

### 一 利益格局分化加剧

改革开放前，经济发展相对落后，传统单一垄断的政府治理模式造成了政治上严重的禁锢。这个时候利益分化格局尚未完全形成。从阶层结构上来看，当时的社会被简单划分为工人阶级、农民阶级和知识分子阶层。这种“两个阶级，一个阶层”的阶层结构过多强调了社会利益一致性，否认了社会利益的多样性。“大一统”的社会结构特征明显，社会化结构利益诉求被简单化和同质化。

改革开放后，随着我国市场经济体制改革不断向纵深发展，我国的经济结构随之发生了深刻的变化，所有制结构和分配方式以及国有

① 转引自陈振明《公共政策分析》，中国人民大学出版社 200 年版，第 331 页。

企业内部经营方式都在朝着多样化方向发展，从而导致了我国原有计划经济下的纵向利益分配体系逐渐转向市场模式下的横向利益群体为特征的新的利益结构体系。“随着市场经济的繁荣和发展，必然导致利益多元化，导致新的利益结构、利益组织和利益群体的出现：随着社会分工和市场经济的进一步发展，这种多元化的趋势将更加明朗”。[①]

第一，发展市场经济的必然结果是利益分化。经济增长和财富相对集中构成了社会再分配的资源空间。城乡之间、经济体制之间、地区之间等增大和不平等加剧，也对社会资源的再分配提出了迫切要求。这种社会不平等、弱势群体、生态破坏等问题无法仅仅通过国家层面予以解决，更多要依赖社会自治机制的出现。而作为社会力量重要载体的社会组织正是在这种情境下迅速成长，在扶贫开发、环境保护、妇女儿童权益保护等方面积极参与公共政策过程。

第二，“由所有制结构的变化引起的利益分化是最为实质性的一种利益分化”。[②] 改革开放后，社会主义市场经济体制的建立改变了我国传统的以公有制为主的单一所有制结构，形成了以公有制为主体，多种经济成分共同发展的多元所有制结构形式。伴随着市场经济的纵深发展，我国非公经济获得了极大发展。人们的利益要求开始多元化。可以看出，在所有制形式多样化的情况下，正当的个人利益在中国开始具有合法性，而且这种合法的私人利益在制度上得到保障和鼓励，产权概念开始得到明确。最终带来了公民的利益分化，形成各种利益单元。

第三，分配方式多元进一步增强了利益格局加剧分化。改革开放前，我国实行的是平均主义的分配政策。这种分配政策从根本上否认了利益分化的存在。改革开放后，收入分配方式的转变则以承认利益分化为前提。在一部分人、一部分地区先富起来的分配政策、以按劳分配为主体多种分配方式并存的分配制度、效率优先兼顾公平的分配

① 陈振明：《政治学》，中国社会科学出版社 1999 年版，第 251 页。

② 桑玉成：《利益分化的政治时代》，学林出版社 2002 年版，第 18 页。

原则的作用下，中国社会的收入分配差距逐渐拉大，地区之间、行业之间、城乡之间的贫富差距逐渐明显，个人收入分层逐渐凸显，大致分为高收入阶层和低收入阶层。高收入阶层主要包括私营企业主、企业租赁承包者、股票证券经营中的获高利者、各种流通领域公司的经营者以及某些拥有发明专利的科技工作者；低收入阶层主要包括贫困地区的农民、亏损企业的职工以及因为各种天灾人祸造成的贫困人口等。收入差别和经济地位上的差距进一步增强了利益格局加剧分化。

第四，利益主体多元化使党和政府开始正视利益格局分化。“随着社会主义市场经济的逐步建立，工业化、城市化、市场化的力量，推动着经济的发展和经济结构的改变，也推动了社会结构的分化”。[①] 社会利益结构不断分化，并实现重新组合，客观上为利益主体的大量形成与发展奠定了坚实的社会基础。现在我国除了原有的工人、农民、知识分子和党政干部四大利益主体之外，还逐渐形成了个体劳动者、私营企业主、企业家等利益主体，并且原有四大利益主体内部也在不断地分化、重组，形成许多交叉性、边缘性或集体性的利益主体。比如，陆学艺就认为，目前我国的农民群体就已分化为八大阶层。[②] 同时，各种类型的经济实体，党政机关以及每个家庭等，由于市场经济的作用而使彼此间都存在着程度不同的利益分化和利益差别。上述利益主体在整个社会利益体系中分别占有自己的利益位置，从而构成利益主体结构的多元化。

利益格局分化必然导致社会组织化。随着市场经济的发展和社会结构的分化，越来越多的公民试图通过各种途径去表达自己的利益需求。组织是人们获得主体利益和安全感的形式，“团体意识是利益分化评价中必须积极面对和加以导航的重要社会结构因素，日益增强的利益分化、经济的不安全感、对失业和疾病的恐惧、各种预期消费对人们心理形成的压力、各种社会不稳定和人们意志的局限性等，要求

---

① 陆学艺：《当代中国社会流动》，社会科学文献出版社 2004 年版，第 10—11 页。

② 参见陆学艺等《邓小平理论与当代中国社会阶层结构变迁》，经济管理出版社 2002 年版，第 28—35 页。

人们寻求新的形式作为保护和保障措施”。①

## 二　利益诉求多元化

随着市场经济的发展以及利益格局分化的加剧，人们的利益诉求变得多元化。其中，人们对政治权利有了更多的诉求。经济发展使得社会上的个人、集团或阶层都拥有各自的经济利益。由于有了自己的经济利益，他们就会要求参与政治生活。如今利益诉求的表达越来越受到党和政府的重视。《中共中央关于制定国民经济和社会发展第十二个五年规划的建议》中指出：“在畅通和规范群众诉求表达、利益协调、权益保障渠道，建立重大工程项目建设和重大政策制定的社会稳定风险评估机制，正确处理人民内部矛盾，把各种不稳定因素化解在基层和萌芽状态。”

公众的利益诉求特别是对于政治权利的诉求经常以利益组织的形式体现出来。这是因为个人的利益表达相对于组织而言能力较弱，众多的个体利益要求也不可能都进入政府决策系统，从而使得政治生活中的个人走向集团的联合。于是具有不同利益诉求的组织逐渐借助于政治社团来谋求自身利益的表达和实现。

改革开放以来，经过 30 多年的治道变革，我国社会组织的数量和质量有了很大改观。蓬勃发展的社会组织已成为社会成员进行利益表达和利益综合的重要载体，在政策过程中扮演日趋重要的角色。作为政治系统输入的主要内容，从本质上讲，公共政策是对社会利益作权威性分配的方案。而且利益诉求多元化的社会中具有相似观点或利益要求的人们组成的利益组织，通过参与政策过程、影响公共政策实现或维护其特定利益要求和社会政治主张。“民间组织从某种意义上说也是一种利益组织，它存在的基本价值之一是促进其成员的公共利益。参与党政机关的政策，尽可能地影响党政机关的政策，使之有利于自己的组织和成员，是达到这一价值的重要手段”。② 因此，增进和

---

① 桑玉成：《利益分化的政治时代》，学林出版社 2002 年版，第 16 页。

② 俞可平：《中国公民社会的兴起与治理的变迁》，社会科学文献出版社 2002 年版，第 212 页。

实现特定群体的利益是社会组织政策参与的重要动机。有一部分活跃在扶贫开发、环境保护、妇女儿童权益保护等方面的社会组织积极参与公共政策过程，其目的是使政府的政策导向与它们对公共利益的理解相一致，即为实现和促进与全体社会成员相联系的公共利益。

## 第四节 社会背景：中国公民社会的孕育与成长

社会组织政策参与的迅速发展与我国公民社会的成长存在紧密的联系。虽然学界普遍认为，从 20 世纪 90 年代以来我国的公民社会得到一定程度的发展，但是与西方语境下的公民社会仍然存在较大差距。不过，我们也应看到，正是因为我国公民社会正在初步发育，公民参与意识逐渐开始觉醒。在现实制度供给不足的情况下，利用社会组织这个载体进行政策参与就成为公民政治参与的有效途径。在此过程中，公共空间提供了社会组织发展的内在逻辑，公民意识通过社会组织政策参与来释放。

### 一 中西方话语中的公民社会

#### （一）西方公民社会理论

公民社会一词是英文 civil society 的中译，所指代内容是指与传统社会相对应的一种社会模式。按照学术界的观点，公民社会从近代的市民社会理论范式向现代的公民社会理论范式转变过程中存在一个结构的变迁，即从“政治国家—市民社会”这一“二分法”的范式向现代的“政治国家—市场领域—公民社会”这样的“三分法”范式的转变。[①]

在早期的西方政治思想家霍布斯（Thomas Hobbes）、洛克（John Locke）等人的著作中已经有关于公民社会的论述。洛克提出，社会是先于国家而存在的，国家是处于社会中的人们为达到某种目的而形

① 何增科：《市民社会概念的历史演变》，《中国社会科学》1994 年第 5 期。

成契约的结果。他认为："在任何地方，不论多少人这样地结合成一个社会，从而人人放弃自然法的执行权而把它交给公众，在那里，也只有在那里才有一个政府的或公民的社会。"[①] 在他们那里，国家领域和私人领域已经有了明确的界分，人民让渡私人的部分权利构成公共权力领域的时候，仅仅让渡了部分权利而不是全部权利，那些没有让渡的私人权利构成了私人领域，这个私人领域也就是后来黑格尔（Georg Wilhelm Friedrich Hegel）所说的公民社会。霍布斯、洛克虽然没有明确提出"二分法"的市民社会概念，但是他们的观点中已经隐含了公民社会与国家是有区别的认识，从而为"二分法"的公民社会理论的出现提供了理论基石。

黑格尔是明确提出政治国家与公民社会相分离的"二分法"公民社会理论的第一人，他"开创性的提出了市民社会与国家相分离的理论，为市民社会存在的独立性与必然性进行了理论的证明"。[②]《法哲学原理》是黑格尔关于现代公民社会理论的代表性著作。在书中他明确界分了国家与公民社会，并详细地论述了公民社会的构成、性质和作用等。黑格尔所认为的公民社会是指单个社会成员的联合体，这个联合体是通过成员的相互需要和相互之间的契约关系，通过保障成员的人身和财产权利的法律制度，通过维护他们的特殊利益和公共利益的外部秩序而建立起来的。

马克思（Karl Heinrich Marx）公民社会理论直接来源于黑格尔，是在改造黑格尔公民社会理论基础上形成的，但马克思的"二分法"却和黑格尔的"二分法"完全不同。黑格尔认为公民社会不具备自足性，相反，由于公民社会自身的"盲目性"，它有赖于政治国家的引导，有赖于向前演进到国家这一环节，是国家决定公民社会。而马克思认为，作为与政治国家相对应的公民社会，是政治国家的基础，公民社会具有自足性，它不需要依赖于政治国家的掌控，相反，政治国家却需要依赖于公民社会，政治国家需要在公民社会中寻求依据。

---

① ［英］约翰·洛克：《政府论》，叶启芳、瞿菊农译，商务印书馆 1964 年版，第 64 页。

② 蒋红：《马克思市民社会理论研究》，人民出版社 2007 年版，第 62 页。

哈贝马斯（Jürgen Habermas）的思想对于当代公民社会理论的发展具有重大影响。他认为，公民社会是随着资本主义市场经济的发展而形成的独立于政治国家的“私人自治领域”。它本身又有两个领域构成：一是以资本主义私人占有制为基础的市场经济体系，它包括劳动市场、资本市场、商品市场及其控制机制；二是由私人组成的，独立于政治国家的非官方组织所构成的社会文化系统，它包括“教会、文化团体和学会、独立的传媒、运动和娱乐俱乐部、辩论俱乐部、市民论坛和市民协会、职业团体、政治党派、工会”。①

从上述历史考察可以看出来，公民社会的内涵是随着历史的演变而逐渐形成的，但我们仍然可以概括出不同西方思想家对公民社会理解的共同之处：第一，公民社会所描述的社会领域是与现代的市场经济相联系的，是市场经济发展的结果；第二，公民社会指的是存在于政治国家之外的某种或多种社会资源；第三，公民社会与政治国家的关系是私人利益和公共利益关系的集中体现。②

（二）当代中国公民社会

从历史的视角来看，我国“强国家—弱社会”的政治格局延续千年。新中国成立后虽然在民主政治建设方面下了极大努力，但传统的惯性和法制建设的艰巨性，再加上过去长期计划经济体制的影响久久不能消弭，在这种格局之下，公众政治参与淡薄。我国现代意义上的公民社会是在改革开放后产生的，“改革开放的重要成果之一，就是使公民赖以存在和发展的经济、政治、法律和文化环境发生了根本变迁，在中国历史上第一次大规模地催生了民间组织”。③

关于中国公民社会的认定，俞可平采用三分法的观点，把公民社会当作是国家或者政府系统，以及市场或企业系统之外的所有民间组织或民间关系的总和，它是官方政治领域和市场经济领域之外的民间

① ［美］哈贝马斯：《公共领域的结构转型》，曹卫东译，学林出版社 1999 年版，第 29 页。

② 曾远英：《西方公民社会理论的历史嬗变述评》，《前沿》2008 年第 11 期。

③ 俞可平：《中国公民社会的兴起与治理的变迁》，社会科学文献出版社 2002 年版，第 196—197 页。

公共领域。由于它既不属于政府部门第一部门，又不属于市场系统第二部门，所以人们也把它们看作是介于政府与企业之间的“第三部门”。[①] 可以看出，公民社会这一概念与社会组织的关系极为密切。甚至可以说，公民社会是对社会组织发展及其所带来的一系列社会变化的另外一种诠释。对此，王名这样理解公民社会：“按我的理解，公民社会指称的是这样一种状态：在一个社会中，各种形式的社会组织都能得到较为充分的发展，它们作为公民自发和自主的结社形式能较容易地获得合法性支持，作为公民及其群体的社会表达形式能多渠道地进行沟通、对话、协商和博弈，作为公民参与社会公共事务的组织制度形式能在公平竞争的条件下得到来自公共部门的资源；公民及其群体因社会组织的存在而增加资本，企业等营利组织因社会组织的存在而富有社会责任，政府等公共部门因社会组织的存在而更加民主、高效和提高问责能力，整个社会因社会组织的存在而富有和谐性、包容性、多样化和承受力，这样的一种由社会组织的充分发展所带来的社会状态，我称之为公民社会。”[②] 可见，众多学者认为公民社会的核心要素就是本书所要探讨的社会组织。

从公民社会在中国的发展现实来看，政治经济体制的改革必然间接触动中国的社会领域。近年来，涌现出的社会组织有效参与公共管理的案例，充分反映了我国公民意识开始觉醒，体现了公民社会在我国正在悄然生长。

## 二　公民意识通过社会组织参与公共管理释放

公民社会的构建离不开公民意识的觉醒，强烈、自觉、浓厚而完善的公民意识。我国经历了漫长的封建专制统治，从而造就了高度集权体制下家国一体的社会形态。在这种社会形态下，中国大众表现更多的是“臣民意识”，这与现代公民社会中所要求具备的公民意识截

---

① 俞可平：《中国公民社会概念、分类与制度环境》，《中国社会科学》2006 年第 1 期。

② 王名：《走向公民社会——我国社会组织发展的历史及趋势》，《吉林大学社会科学学报》2009 年第 3 期。

然相反。

中共十七大报告明确提出了“加强公民意识教育，树立社会主义法治、自由平等、公平正义”的理念。公民意识主要包括三类意识：权利意识、公共精神及明了公私之分的公私边界意识。权利意识包括个人独立意识、自由意识、权利意识、自足意识、自治意识等；公共精神包括责任意识、参与意识、义务意识、公共精神、志愿精神等关注公共事务的意识；明了公私之分的公私边界意识是不仅公共权力不准僭越边界而侵犯私人领域，而且普通公民也不侵犯其他公民的私人权利，这是现代社会的特征。

公民意识对公民社会的生成起着基础性作用。公民意识通过社会组织参与公共管理释放主要体现在以下几点。

### （一）社会组织的自治理念为公民参与意识提供给养

社会组织的基本理念之一就是自治，一个完善的社会组织运转依赖的是公民的志愿活动作为其有力支撑。在自治的文化氛围中，组织成员的参与意识能够得到积极的培育。英国学者布莱斯（James Bryce）以地方自治为例来阐释当地公众参与意识的培育：“地方自治第一种贡献，在于能养成人民对于公共事务的关切心，使人人都知道有监督公共事务之执行的责任。譬如地方官厅有修治道路、清洁水道、以及管理牧场森林等事务，每个住民都应该注意这种事务究竟管理得公平适当与否……一个人如果对于乡村的事务能够有公共心，能够很公平很热诚，那么这个人对于国家的大事自然会知道尽公民的义务了。”① 可以看出，公民参与意识的形成无法依靠单纯的说教，在社会组织当中，通过潜移默化的相互影响才能够有效培育提升公民的参与意识。

### （二）社会组织的利益表达功能为公民参与意识提升提供了重要途径

如前所述，社会组织是社会成员进行利益表达和利益综合的重要

---

① ［英］詹姆斯·布莱斯：《论地方自治的好处》，载王建勋编《自治二十讲》，天津人民出版社 2008 年版，第 120 页。

载体。在利益导向的背景下，每个人或者组织追求自我利益最大化的行为最终促进整个经济系统的有序运行，社会资源得到较为合理的配置，利益对人的吸引不但是自发的，也是自然的。因此，维权类社会组织的运行就有良好的参与积极性。马长山就指出："对中国而言，当下迫切地需要推进现代化和民主法治，但是，中国背负着浓重的德治文化传统和上千年国家统摄社会的历史，因而与西方国家有着太多的不同。"① 能够对这样一种深厚的传统进行矫正的必须是一种能够对人产生强烈的吸引力的力量，而维权类的社会组织就具有这种力量。维权类社会组织里为公众维护自己的权利提供了一条有效的渠道，公众在参与这类组织的时候会得到收益，因而参与的积极性自然就会提高。

## 第五节　文化背景：中国政治文化的传统与超越

作为政治体系的心理方面，政治文化对社会组织参与公共政策起着重要作用。在我国的封建政治文化中，统治者借助一套等级森严伦理纲常对臣民实行奴化教育，继而形成以"顺从"为核心的臣民文化，这种传统政治文化对社会组织参与公共政策造成了巨大的文化屏障。改革开放之后，我国政治文化的构成逐渐开始发生转变，并朝向公民文化的方向发展。这一政治文化观的转变将为社会组织的政策参与奠定坚实的认知基础。

### 一　中国传统政治文化的导向

关于政治文化的界定，最经常被使用的是 G. A. 阿尔蒙德（Gabriel A. Almond）在其《公民文化》一书中下的定义。他指出："政治文化是一个民族在特定时期流行的一套政治态度、信仰和感情。这个政治文化形成于本民族的历史以及现在社会、经济、政治活动过程之

① 马长山：《非政府组织中的公民参与》，《求实学刊》2009 年第 1 期。

中。人们在过去的经历中形成的态度类型对未来的政治行为有着重要的强制作用。”这种政治态度、信仰和感情支配着官僚精英和普通大众在政治生活中的地位，影响了公众政治参与的行为指南、方式和程度。

作为人们的政治取向模式，政治文化可以分为地域性文化、臣民型文化和参与型文化等三种类型。公民文化是这三种类型文化的复合、协调和平衡，它“既不是传统文化也不是现代文化，而是传统文化和现代文化的结合；它是一种建立在沟通和说服基础上的多元文化，它是一致性和多样性共存的文化，它是允许变革，但必须有节制的文化，这就是公民文化”。显然，对于社会组织参与政策过程而言，公民文化是一种理想的认知因素。

中国传统政治文化的导向严重束缚了民主的发展，制约了我国民众对于民主、参与的实践。王绍光认为：“在我国传统社会中，民众的利益表达与参与需求并不高，民众对于公共性决策的影响微乎其微，而我国传统的政治文化与传统的社会结构成为民众利益表达难以逾越的屏障。”[①] 整个国家形成了按照权力框架内的地位进行“命令—服从”的权威主义政治制度。权威主义造成了传统中国的权威主义人格，形成了特殊的权力崇拜心理和人身依附意义。中国传统政治文化中的诸多糟粕的影响是社会组织参与公共政策过程的阻障。

## 二　传统政治文化观的转变

文化是动态发展的，一个社会中占主流的认知信念和态度等总是不断变化的。因此，中国传统政治文化观的转变也是题中之义。我们看到，随着社会主义市场经济的发展和改革开放的深入，我国政治文化的构成以及形成机制发生了令人欣喜的转变，形成了“一元主导、多元并存”的文化格局。[②] 虽然传统的政治文化仍然给公民政治参与

① 王绍光：《政治文化与社会结构对政治参与的影响》，《清华大学学报》（哲学社会科学版）2008 年第 4 期。

② 王丽萍：《政治发展进程中的中国政治文化构建》，《北京大学学报》（哲学社会科学版）2009 年第 1 期。

造成巨大的思想障碍，但是中国目前也已经出现了政治文化现代化的迹象，中国政治文化正在朝向公民文化方向发展。良好的公民文化包括“关心共同利益、社区整体的利益，一个人所拥有的尊重他人权利的意愿，对不同宗教信仰、政治信仰和社会信仰的容忍，承认社区的决策重于一个人的私人偏好，以及承认一个人有责任保护公众和为公众服务”。[①] 诸如利益诉求、平等开放、民主参与、公平竞争等西方主流价值观念经过改革开放传播到中国，并与我国的市场经济发展相互映衬，已经具有公民文化开启的迹象。尽管中国传统政治文化观的转变可能是漫长而艰辛的，但是我们相信，内外因素“将中国的现代化包括政治文化现代化送入了不归之途。希腊神话中的西西弗斯一直是‘事倍功半，徒劳无益’的代称，中国过去曾经是与之类似的寓言。但是1978年以后，中国终于开始逐步摆脱西西弗斯的阴影”。[②] 中国传统政治文化观的转变将为社会组织参与公共政策过程奠定坚实的认知基础。

## 第六节　社会组织参与反家暴政策制定背景因素的二重影响

### 一　促动性影响

从政治背景来看，随着政府治理模式从统治型政府向服务型政府的转变，政府服务于社会经济文化建设已成共识。因而，有利于社会和谐的各类政策法规的完善，通过服务于和依托于社会组织来制定和完善，就将是一种善治性选择；同时，政府政策制定的模式从管理主义走向参与治理，更为政策制定的社会力量参与提供了广阔的作用空

① ［美］珍妮特·V. 登哈特、罗伯特·B. 登哈特：《新公共服务——服务，而不是掌舵》，丁煌译，中国人民大学出版社2004年版，第29页。

② 马庆钰：《告别西西弗斯——中国政治文化分析与展望》，中国社会科学出版社2002年版，第453—454页。

间。由此，反家暴政策制定过程中的科学化、民主化、法制化在社会组织的有序参与下得以更为有效地推进。

从经济背景来看，改革开放的深化必然带来经济利益格局的重组和分化，要求由经济基础决定的上层建筑发生调整，政治生活的民主化趋势就是方向，这也为反家暴政策制定中社会组织参与提供了条件，使得反家暴政策的形成机制能够反映经济利益的磨合、整合机制的要求，真正找到社会利益和政策目标的契合点。

从社会背景来看，政策价值正确与否的检验标准来自于社会公众，政策价值的实现途径也依从于社会公众。随着公民社会建设和公民意识的觉醒，公共政策的公开、公正、透明、有效已成为社会发展和进步的要求。这种趋势为反家暴政策制定中社会组织参与提供了广阔的舞台。

从文化背景来看，中国传统文化的糟粕在改革开放的环境下正在遭到遗弃，新型的法律、政治、社会文化和观念深入人心。知情权、参与权已成为社会共识，平等意识、公正意识、依法治国意识空前增强，这就为反家暴政策制定中社会组织参与提供了有力的思想文化背景。

## 二 制约性影响

在社会组织参与反家暴政策制定背景因素产生促进性影响的同时，还应该看到，其背景因素也具有一定的制约性影响。第一，我国是一个正在稳步推进政治民主化的国家，依法治国的任务还很繁重，政府的服务意识还有待加强，命令主义、主观主义、官僚主义、形式主义的影响还远未革除，因而在社会组织参与反家暴政策制定的过程中难免不受影响；第二，我国的市场经济体制还不健全，市场经济带来的两极分化趋势尚需积极有效遏制，经济生活出现的某些紊乱现象肯定会影响到人们的政治态度，作用于反家暴政策制定中社会组织参与就有可能出现消极的和积极的两种倾向，从而使得其政策的社会力量参与只能是一个复杂的系统工程；第三，我国的社会建设起步较晚，社会治理理念才提出不久，许多社会组织本身还很不完善，社会组织在反家暴政策制定中的参与积极性较高但经验不足，一旦遇到困难和挫折就有可能打退堂鼓。所以，公民社会建设程度对于反家暴政策制定中社会组织参与的质量起着掣肘的作用；第四，我国几千年的传统文化中的官本位思想，唯上、唯官、唯权的政治依从思想等，使得反家暴政策制定中社会组织参与将是一个长期的推进过程。以上这些背景因素中的消极的一面，将对反家暴政策制定中社会组织参与形成严重制约，这会使得政策制定过程的不透明、政策机制的不健全、政策信息的不对称、政策价值的不合理等问题困扰我们较长时间，这些我们必须要有心理准备。因此，应当将反家暴政策制定的社会组织参与作为一个战略任务来推进，不断积累经验，努力参与实践，大胆稳妥试验，避免急于求成。这正是本书想提供的理论和实践参考蓝本的价值。

## 第七节　小结

本章首先对反家暴政策制定中社会组织参与进行概述。在对我国家暴问题的现状进行梳理之后，明确指出目前我国总体上看家暴问题不容乐观，反家暴行动刻不容缓。在我国推进国家和地方层面反家暴立法的进程中，各级政府及相关职能部门、妇联组织、民间妇女组织、专家学者、大众媒体均一直致力于积极推动反家庭暴力立法的出台。在这其中，包括妇联组织与民间妇女组织在内的社会组织具有重要作用。

继而在宏观结构层面上，本章对社会组织参与反家暴政策制定的政策网络环境中政治背景、经济背景、社会背景以及文化背景等方面分别进行考察。政治背景方面，随着政府治理模式从统治型政府向服务型政府的转变，政府服务于社会经济文化建设已成共识。同时，政府制定政策的模式从管理主义走向参与治理，更为政策制定的社会力量参与提供了广阔的作用空间。由此，反家暴政策制定过程中的科学化、民主化、法制化在社会组织的有序参与下得以更为有效地推进；

经济背景方面，改革开放的深化必然带来经济利益格局的重组和分化，要求由经济基础决定的上层建筑发生调整，政治生活的民主化趋势就是方向，这也为反家暴政策制定中社会组织参与提供了条件；社会背景方面，随着公民社会建设和公民意识的觉醒，公共政策的公开、公正、透明、有效已成为社会发展和进步的要求。这种趋势为反家暴政策制定中社会组织参与提供了广阔的舞台；文化背景方面，新型的法律、政治、社会文化和观念深入人心。知情权、参与权已成为社会共识，平等意识、公正意识、依法治国意识空前增强，这就为反家暴政策制定中社会组织参与提供了有力的思想文化背景。

在社会组织参与反家暴政策制定背景因素产生促进性影响的同时，还应该看到，其背景因素也具有一定的制约性影响。以上这些背景因素中的消极的一面，将对反家暴政策制定中社会组织参与形成严重制约，这会使得政策制定过程的不透明、政策机制的不健全、政策信息的不对称、政策价值的不合理等问题困扰我们较长时间。因此，应当将反家暴政策制定的社会组织参与作为一个战略任务来推进，不断积累经验，努力参与实践，大胆稳妥试验，避免急于求成。

通过上述对社会组织参与反家暴政策制定的不同背景因素进行二重影响分析，为下一章具体分析民间社会组织在反家暴政策制定中的参与模式提供了较好的分析基础。

# 第三章

# 民间社会组织在反家暴政策制定中的参与模式分析

## ——以陕西妇女研究会为例

公共政策过程一般分为议程设置、政策制定、政策合法化、政策执行以及政策评估等阶段。理想的社会组织参与政策过程应当涉及其每一个阶段。从我国社会组织政策参与的实践来看，社会组织在政策制定中的参与行为较为常见，其作用也较为突出。接下来我们疑惑的是：不同类型的社会组织是如何在政策制定阶段施加影响的？具体而言，民间社会组织和官办社会组织在反家暴政策制定中，参与者之间所形成的网络联系和互动机制是什么？民间社会组织和官办社会组织凭何参与以及如何参与，即参与资源与参与策略是什么？为了回答民间社会组织的政策参与模式，本章选取了陕西妇女研究会参与制定2002年陕西省人民代表大会常务委员会《关于预防和制止家庭暴力的决议》这一典型案例进行深入研究，试图通过对代表性案例的分析具体考察民间社会组织在政策制定阶段中的参与模式。本章将以政策网络理论为理论视角，根据反家暴政策制定中社会组织参与模式的分析框架，分析反家暴政策网络中参与者的角色、参与者间关系、参与资源、参与策略等问题，以期借助政策网络理论的概念及其分析框架使本书的论证更具解释力。

## 第一节　案例背景与介绍

20世纪80年代以来中国进入快速的社会转型期，产生许多新的妇女问题。陕西妇女研究会在这个大背景下成立。研究会成立于1986年，1992年在陕西省民政厅正式注册，1999年过渡为法人社团，是一个非营利性民间妇女组织。研究会以“关注妇女发展、促进两性平等”为使命，由一群来自省内高等院校、科研院所、政府机关、群众团体的热心妇女问题的人士自愿组成，其中会员130多人，全、兼职员工24人。

研究会成立之初，定位主要在研究。基于此，主要的活动方式是举办理论讲座、召开学术研讨会、开办妇女学沙龙、出版研究成果等。1995年世界妇女大会后，研究会开始更多的思考女性主义研究与行动的关系，更多的关注对妇女的直接服务，逐渐由单纯的研究转向“行动+研究”的工作模式。研究会不断以创新项目手法拓展项目领域，先后执行过100多个大大小小项目，项目资金总计达3000余万元。项目范围覆盖了陕南、陕北十多个县市的广大贫困地区，有数百万人从中受益。①

研究会在西北地区乃至全国都拥有相当的影响力，是目前国内最活跃、最富生气的民间妇女组织之一。同时，研究会也是全国较早干预家暴的民间妇女组织。1996年9月开通妇女热线，一批热心妇女问题、具有奉献精神的志愿人员走进热线，成为咨询员。在大量的妇女热线接听过程中，凭借专业的社会性别视角，研究会敏锐发现在众多的妇女问题中，家暴问题占有相当大的比例，由此导致严重的社会问题。基于“行动+研究”的职业精神，咨询员中的一些法律工作者开始酝酿新的法律服务项目，1999年3月，在香港乐施会的资助下，妇女法律研究与服务中心成立。服务的内容包括电话咨询、面询、诉讼代理、研究、倡导。这是西北第一家妇女法律研究与服务中心。与此同时，研究会在1998年开始了反家暴的系列行动，包括调查研究、对受虐妇女访谈、政策倡导、媒体宣传、培训警察及司法人员，建立受虐妇女支持小组等。反家暴逐渐成为研究会一个重要的关注领域。在此基础上，2001年5月，研究会成立了全国首家以社会工作方法为

① 高小贤、谢丽华：《中国妇女NGO成长进行时》，金城出版社2009年版，第203页。

家暴受虐妇女提供服务的“家庭暴力预防与辅导专线”，设有专线电话咨询、面询、心理咨询、社会工作辅导、支持小组、法律咨询、法律代理、紧急状况下的帮助与庇护等服务内容。这种模式得到了全国多个省市的学习与效仿。研究会成为国内为妇女提供服务门类最多最全的民间机构。

凭借着敏锐的社会性别视角以及娴熟的专业技术知识，研究会通过多种形式开展立法倡导，积极推动地方立法。1997 年，研究会推动西安市出台《西安市预防和制止家庭暴力暂行规定》；1999 年，研究会起草《陕西省反家庭暴力条例（建议稿）》，通过陕西省妇联递交省人大常委会；2002 年，研究会再次与省妇联合作，联手推动了陕西省《关于预防和制止家庭暴力的决议》（2002 年 11 月 29 日）的出台。在此一系列的反家暴政策制定过程中，研究会充分展示了民间妇女组织作为倡导者的能动性，并体现出了多样化的行动策略。本章以研究会参与 2002 年陕西省《关于预防和制止家庭暴力的决议》的出台为研究案例，对其政策网络结构与政策网络行为进行深入分析。

## 第二节　陕西反家暴政策制定过程回顾

按照安德森的观点，公共政策的形成需要回答三个方面的问题：一是公共问题是怎样引起决策者注意的；二是解决特定问题的政策意见是怎样形成的；三是某一建议是怎样从相互匹配的可供选择的政策方案中被选中的。[①] 依据这一思路，研究会参与 2002 年陕西省人民代表大会常务委员会《关于预防和制止家庭暴力的决议》的制定，可大致分为如下几个阶段。

### 一　发现并形成公共议题

社会性别与法学专家郭慧敏曾指出：“家庭暴力是由家庭纠纷提

① ［美］詹姆斯·E. 安德森：《公共决策》，唐亮译，华夏出版社 1990 年版，第 65 页。

升为社会问题，进而上升为政策问题的。是一个社会建构的过程。”① 因此，家暴问题要想成为政策议题，必须先使家暴问题从私人领域进入公共领域，转变公众传统观念，提高社会性别意识。

陕西省是中国古文化的发源地，由于受经济文化、传统观念和自然条件等因素影响，家暴问题在该省较为突出。以“父权”与“夫权”主导的传统社会文化赋予了丈夫对妻子绝对的权力，经济上的优势地位也使得男性易于控制女性。因此，相当一部分公众还抱有“娶来的媳妇买来的马，任我骑来任我打”等落后观念。受虐妇女也普遍认为“嫁鸡随鸡，嫁狗随狗”，遇到家暴只能忍受或找亲戚、朋友调解。因此，研究会在政策倡导中的首要工作就是提升公众的社会性别主流化程度，使家暴这一隐藏的社会“毒瘤”逐步进入公共视野。

（一）发现问题并收集数据

1998 年 6 月，凭借着敏锐的社会性别意识，研究会开始着手准备陕西省家暴问题的调研工作，为政策倡导收集相关数据。尽管国内已经有了一些相关的调研成果，但当时陕西省还没有本省的家暴调研和确切数据。为了全面准确地了解陕西省的家暴状况，研究会选择陕西省女监、西安市碑林区法院、陕西省妇联权益部、西安市妇联权益部作为四个调查点，这四个调查点有不同的侧重点：女监的调查主要是了解暴力和犯罪的关系；法院的调查主要是分析暴力和婚姻破裂的关系；省、市妇联是通过对前几年信访案件的分析，看家暴的发展趋势。②

1. 陕西省女监调研。1998 年 6 月，在征得省劳改局的同意，研究会与女监有关人员联络之后，在陕西省女子监狱进行了为期半月的调研活动。调研员先与管教干部座谈了解情况，有针对性地进行调查。

调研主要用定性方法。根据抽样案卷结合监狱管教人员推荐，并

① 郭慧敏：《家庭暴力与权利控制》，载李慧英主编《社会性别与公共决策》，当代中国出版社 2002 年版，第 241 页。

② 以下相关资料参见高小贤《扩大社会支持　预防和制止家庭暴力——陕西省妇女理论婚姻家庭研究会反家庭暴力系列行动》，《中国妇运》2004 年第 7 期。

征得被访者的同意，对30位女犯进行了访谈。这些女犯大多数都是因犯杀人罪而被判处死缓或无期徒刑，约占抽样总数的11%。访谈在狱内进行。访谈的目的在于通过受虐妇女讲述自己的个体经历，试图找出家庭暴力与女性犯罪之间的内在逻辑关系。调查结果发现，101份案卷中杀夫型有64份，占63.3%，而其中提及曾遭受丈夫暴力的29份，占杀夫刑案件的45.3%。令调研员印象深刻的是，案卷中对家暴行为的描述过于简单粗略。但在访谈中，集家暴受害人与施害人于一身的在押女囚，在渡过了漫长的铁窗生涯之后，仍一把鼻涕一把泪地诉说那个发生在过去年代挨打受骂的故事。调研员发现杀夫者有较雷同的个人经历，暴力—忍受—再暴力—求助—再暴力升级—离婚求助—极端暴力—杀夫。她们遭遇的主要是身体暴力，精神暴力与性暴力等。可以说，家暴问题就是在当事人的诉说中被发现的。

调研员所关注的另外一个主要问题是，法官判案时是否考虑了女性实施杀人犯罪之前所遭受的权利严重受侵犯的情节，这决定了犯罪后女性犯罪者的命运。调查发现，64份杀夫案卷中明确提到曾经遭受过丈夫暴力行为的是29份，占杀夫案卷的45.3%，通过比较两份案卷的记载，调查结果显示：在29份判决书中明确提到案主曾遭受丈夫暴力的案卷中，只有4份判决书中提到了受害人（丈夫）也有一定的过错行为，应从轻处罚，占29份的13.8%；另有4份是律师辩称：应考虑案主曾经遭受打骂、虐待的情节。判决结果，只有两案考虑了妇女的受害情节，减轻处罚。可见律师的辩护对法官的影响并非绝对的，有一定的随意性。因此，调研员发现法官在判案时对家暴情节的关注是极其有限和随意的。①

2. 西安市碑林区法院调研。1998年上半年，研究会调研员在西安市碑林区法院开始了调查。碑林区法院所辖区为西安的繁华区，该区人口各方面情况差异很大，包括面较广。调查方法有三：一是不完全随机抽样，从该院三个民事法庭中法官已办理完尚未归档或正在办

① 郭慧敏、段燕华：《“杀夫”背后的家庭暴力——来自陕西省女子监狱的调研报告》，陕西省妇女理论婚姻家庭研究会内部资料“反家庭暴力”项目报告之一。

理的1998年1—6月离婚案卷中用随机抽样法抽取了共104份样本，约占庭内存案卷总数的1/3。卷内资料有原告的诉状、被告答辩、法庭调查询问笔录、庭审记录、判决书或调解书；二是当事人访谈。由于当事人的一再拒绝，调研员只约到三位当事人；三是与碑林区法院民事审判庭法官座谈。调研目的在于研究家暴与离婚的关系及法律对反暴力的支持程度。

调研发现，在涉暴案件中，提出离婚的原告为男性的仅占8起，其余46份均女性是原告。显示出家庭暴力主要是男性对女性的暴力。104份案卷中，原告为女方的有72份，占总量的69.2%，在离婚问题上表现出一定程度的女性自觉；男方为原告的有32份，占30.8%。根据涉暴案卷提供的信息，我们可以看出，在涉及暴力的案卷中，夫妻暴力，以丈夫对妻子的暴力占大多数，为85%。从案卷的情况看，主要以身体暴力为多，有时候多种暴力行为是交织在一起的。①

调研还发现，法官对家暴问题的看法有问题，他们一部分人竟然认为男人打女人很正常，女人打男人很奇怪。认为在目前离婚是解决家庭暴力的最佳途径。这与受虐妇女的感觉有相当的距离。在离婚案件中，暴力被笼统地说成“因家务琐事”。暴力离婚难，因暴力提出的离婚难被批准。因为家暴不是离婚的法定条件。许多法官在此问题上观念还比较保守，认为发生家庭暴力的主要原因是由于当事人素质差、文化低。若带着这些成见去看待女当事人，不仅无法使受虐妇女的权利得到有效的保护，而且会使其在诉讼中处于极不利的地位。

3. 陕西省妇联、西安市妇联权益部调研。研究会调研员对1998年前几年省妇联、市妇联权益部信访案件进行调研，调研发现，据省县以上妇联不完全统计，1996年接待的婚姻家庭纠纷信访案例中，家暴案件占到22.2%；1997年因家暴投诉的婚姻家庭纠纷案例占到31.6%，高于当时全国30%的平均水平。调研还发现家暴导致的恶性案件比较突出，因家暴受虐妇女身体和精神受到极大的伤害和摧残，

---

① 郭慧敏、段燕华、李亚娟：《离婚诉讼中的夫妻暴力——来自基层法院的调研报告》，陕西省妇女理论婚姻家庭研究会内部资料“反家庭暴力”项目报告之一。

造成终身残疾甚至死亡。

通过上述一系列调研，研究会得出以下结论：家暴问题是导致女性杀人犯罪的一个非常重要的因素；受虐妇女几乎没有摆脱暴力的出路，目前可选择的只有离婚；家暴问题给家庭和谐和社会稳定带来了极大危害。而上述的一切，很重要的原因是因为社会缺少一个可支持的反家庭暴力系统，尤其是法律支持的缺失是一个必须引起重视的问题。

（二）培训基层司法人员

根据调研前期调查的情况，研究会尝试建立反家暴的支持性社会环境，其中政府的支持即是立法倡导。而在立法倡导中，提升立法者及执法者的社会性别意识非常重要，研究会接下来的工作就是对司法人员进行社会性别培训。

研究会首先从提升执法者的社会性别意识入手，对基层一线的司法人员进行培训，以增强其对家暴的敏感性，试图首先通过影响执法者进而影响立法者。1998 年 11 月下旬，研究会与陕西省妇女儿童工作委员会、陕西省妇联联合，共同举办了为期四天的“陕西消除家庭暴力，扩大社会援助研讨会”。参训者 80 余人，包括一个区的公、检、法干部、妇女干部和相关人员，内容有专门人员的研究报告，并进行了半参与式培训和讨论。经过这次培训，参训者的社会性别意识普遍得到提升，也对家暴问题以及立法倡导的重要性有了新的认识。

（三）发动主流媒体

现代生活中，大众传媒发挥了举足轻重的作用。通过媒体宣传，能够有效提高社会公众以及官僚精英对家暴及其危害性的认识。因此，在政策倡导中，发动主流媒体，进行广泛宣传是行之有效的措施之一。从 1998 年 10 月份起，研究会陆续在陕西省发行量较大的《三秦都市报》进行了反家暴的专题宣传，先后发表文章数十篇。之后感到陕西的宣传影响面有限，研究会又和《中国妇女报》联手，于 1999 年 1 月 23 日、2 月 2 日以《建立反家庭暴力的社会性支持环境——陕西反家庭暴力系列行动》为题连续发表两个专版，专版刊登了研究会的反家暴系列活动。1999 年 5 月 20 日又借《中国妇女报》

对两个案例的讨论，以《关注法律适用上的男女平等》为题发表了一版文章。

与此同时，研究会也注意加强与广播和电视台的密切合作。研究会先后与陕西广播电台、陕西省电视台等联合，完成了有关家暴广播节目和专题电视片。发动当地主流媒体对家暴问题进行宣传在本省以及全国引起了较大的反响。一时间，家暴问题成为公众街头巷尾谈论的热点话题。

通过上述发现问题并收集数据、培训基层司法人员、发动主流媒体等一系列反家暴行动，研究会成功促使“家庭暴力”这个在当时看来还是一个全新的外来概念被社会公众所知晓并逐渐理解，公众也开始转变传统观念，逐渐理解并认同“打老婆不是家务事”。家暴这一隐藏了数千年的社会问题终于从私人领域进入到公共领域，变成社会大众的公共议题。这为之后将家暴问题上升为政策议题奠定了坚实的社会基础。

## 二 第一次进入政策议程并进行方案制定

将家暴这一公共议题上升为政策议题，这是民间社会组织参与政策制定过程中非常重要的一步。

### （一）提交政策建议

通过前期反家暴一系列的干预行动，研究发现反对和制止家暴，完善立法是极为重要的一个环节和途径。相关具体的法律支持是反家暴的源头问题，必须从立法的高度来解决这一社会顽疾。考虑到当时中国尚未出现具体的关于家暴的法律处罚，因此，研究会将反家暴政策参与的行动目标定位在促成一部既适合省情又便于操作的反家暴地方性法规的出台。

1998 年 8 月，陕西省妇联主席在省人大常委会会议上做了有关家暴的专题发言《关于提请制定陕西省反家庭暴力法规的建议》。其发言稿是研究会在前期调研的基础上由研究会反家暴项目小组成员所写。全文 5000 余字，分为陕西省家庭暴力的现状及其危害、家庭暴力产生的原因、反对家庭暴力的措施以及立法建议等三个部分。发言稿中家暴数据详实准确，施暴案例真实生动。这个发言在省人大会议上引起了强烈反响，许多委员说没有想到家暴在今天还这样普遍，因而省妇联关于反家暴立法的提案很快被采纳，并被陕西省人大常务委员会列入1999年立法规划，这标志着反家暴议题正式进入政策议程。

（二）参加法规起草

反家暴立法的提案被陕西省人大列入1999年立法规划之后，研究会受省妇联的委托，组织本省一批有经验的法学专家成立了《陕西反家庭暴力条例》起草小组。其中一部分小组成员即是研究会的会员，他们参与了研究会前期的调研工作。起草小组翻阅了大量的国内外有关资料，召开了受虐妇女及基层妇联干部和司法人员座谈会。在此基础上经过多次修改，于1999年2月完成了《陕西省反家庭暴力条例》（草稿）的起草任务。草稿共九章四十一条，分总则、分则、附则三个部分。总则部分是有关立法依据、原则和定义；分则分别规定夫妻暴力、父母与子女间的暴力、家庭暴力受害人、违法者和法律责任、家庭暴力的预防和制止。附则是有关条例本身的说明。研究会在一定范围内征求一些专家学者及法律实际工作者的意见之后，将该稿送交省人大。

由于各种原因，1999年的《陕西省反家庭暴力条例》（草稿）在立法审议中暂未获得通过。

## 三　第二次进入政策议程并进行方案制定

研究会得知《陕西省反家庭暴力条例》（草稿）在立法审议中未通过后并未灰心，而是认真总结经验教训，反思失败原因，并制定出了相关行动策略。具体而言，研究会接下来执行了一系列相关项目，为扩大社会影响力，提升公众社会性别意识，为反家暴政策制定而继续努力。

（一）执行相关项目

1. 成立妇女法律援助中心。1999年3月，研究会在香港乐施会的资助下，成立了陕西省妇女法律援助中心。服务的内容包括咨询、面询、诉讼代理、研究、倡导。这是西北第一家妇女法律研究与服务中心。

2. 进行社会性别意识培训。1998 年 11 月下旬，研究会与陕西省妇女儿童工作委员会、省妇联联合，共同举办了为期四天的“陕西消除家庭暴力，扩大社会援助研讨会”。参训者 80 余人，包括一个区的公、检、法干部、妇女干部和相关人员，国内相关领域的知名专家做了多场专题报告，并进行了参与式培训和讨论。培训提高了参训者对家暴问题及社会支持重要性的认识。2000 年 2 月，研究会又与省妇联、省女法律工作者联谊会合作，共同举办了全参与式“女法律工作者社会性别与家庭暴力”培训班，有来自省高院、省高检、省司法厅、省公安厅的 25 名女法律工作者参与了培训。

紧接着，2000 年 4 月至 10 月，研究会联合西安市妇联、西安市公安局等单位（研究会负责策划、具体执行，市妇联负责组织，市公安局负责调动警察）共同举办了“西安市派出所所长参与式社会性别意识与家庭暴力培训班”。培训班共举办 4 期，对西安市一百多名派出所所长、分局局长、政委进行了培训。这是全国首次对警察开展的有关家暴的培训，也是规模最大、级别最高的一次培训。

基于社会性别培训的成功经验，这次培训采用两种方法：一是传统的专家讲座形式，研究会请来国内在家暴研究和行动方面走在前面的专家，分专题介绍国内外有关反家暴的研究；二是参与式社会性别培训，让每一个人都有平等的参与机会，在观点的相互碰撞中提高社会性别觉悟。研究会特意将前期调查中精心挑选出的一些生动案例，采用案例讨论、播放录像带、模拟法庭、站立场、演小品等形式和大家一起讨论。

通过开展社会性别意识培训，研究会使参训者学会用社会性别分析的视角分析家暴发生的原因、给妇女和社会带来的危害、屡禁不止的症结以及防止措施。[①] 大家意识到必须联合行动形成网络才能发挥各自的优势。

① 高小贤：《扩大社会支持 预防和制止家庭暴力——陕西省妇女理论婚姻家庭研究会反家庭暴力系列行动》，《中国妇运》2004 年第 7 期。

3. 执行“建立县、乡级反家暴支持性社会环境”项目。2001 年 8 月，研究会与合阳县妇联合作，在合阳县开展了题为“建立县、乡级反家庭暴力的支持性社会环境”项目。研究会对 20 名妇女进行深入访谈，并制作了 500 份调查问卷，了解她们对家暴的认知与需求；举办社会性别培训，增强农村妇女对家暴根源、危害及妇女地位的认识；组建妇女小组，学习法律知识，提升妇女用法律维权的意识和能力；培养社区反家暴积极分子，共同制定“零家暴社区”；培训警察和法官，强化正式性社会支持系统对家暴的敏感度。

4. 开通家暴预防辅导专线。2001 年 5 月，研究会开通家暴预防辅导专线，这是国内第一条专门针对家暴的服务热线。接线员采取社会工作方法对受虐妇女服务，设有专线电话咨询、面询、支持小组、紧急状况下的救助等服务内容。仅就专线开通之日起至 2005 年上半年，接到电话 2600 人次，对 861 人进行了心理辅导，举办妇女支持小组 14 期，提供紧急帮助 45 人次。①

（二）反家暴提案再次纳入立法建议

在研究会、省妇联等有关部门的不懈努力下，陕西省反家暴政策制定的氛围愈加浓厚，立法条件逐渐成熟。2000 年 8 月，省妇联、省公安厅联合下发了《关于预防和制止家庭暴力的通知》，规定把预防和制止家庭暴力纳入基层社会治安综合治理之中，明确了公安部门应及时受理家暴受害者的投诉。2002 年 1 月，在陕西省第九届人大常务委员会上，省人大代表、省妇联主席联合其他 10 名人大代表，提出了《关于制定陕西省预防和制止家庭暴力地方性法规的建议》，并成功促使省人大常务委员会将预防和制止家庭暴力纳入 2002 年的立法计划。这标志着反家暴这一问题又一次进入政府的议事日程。

（三）反家暴政策方案制定

2002 年 4 月，陕西省妇联、陕西省妇女儿童工作委员会和陕西省人大内务司法委员会一同进行立法调研。调研之后省妇联开始着手起

① 《陕西省妇女理论婚姻家庭研究会 1995—2005 年干预家庭暴力系统行动》，陕西省妇女理论婚姻家庭研究会资料。

草决议草案，这期间参考了研究会内有关专家学者的意见与建议。草案起草结束正式提交给陕西省人大法制工作委员会。2002 年 7、8 月份省妇联与省人大内务司法委员会征集有关方面的意见和协调论证。在征集意见的过程中，研究会参与了反家暴政策方案意见征求的讨论会，做了若干专题汇报与特殊案件的分析汇报，并着重强调了制定地方性法规的可操作性，敦促尽早出台反家暴地方性法规。在反复修改法案草稿之后，形成正式稿提交省人民代表大会常务委员会主任会议讨论，决定是否将法案提交人大常委会会议审核。

### 四 政策方案的出台

2002 年 11 月 29 日，陕西省第九届人民代表大会常务委员会第 33 次会议听取和审议关于反家暴的报告，表决通过了《关于预防和制止家庭暴力的决议》，决定自 2002 年 11 月 29 日起执行。至此陕西省《关于预防和制止家庭暴力的决议》（以下简称《决议》）的政策制定告一段落。

## 第三节 民间社会组织参与反家暴政策制定的政策网络分析

陕西妇女研究会从 1998 年开始就本省制定反家暴地方性法规进行政策倡导，期间进行了一系列相关活动。在 1999 年立法失败的情况下再接再厉，终于在 2002 年成功促使陕西省《决议》出台，成为继湖南省之后全国第七个出台的省级地方性法规。[①] 这个成绩对于地处内陆，思想文化较为保守的陕西省而言难能可贵。作为民间社会组织的研究会在其中发挥了非常重要的作用。本书认为，这次研究会的政策参与活动是民间社会组织参与公共政策制定的经典案例。决策者

① 参见刘延东《我国反对家庭暴力地方法规、政策比较研究》，《时代法学》2011 年第 2 期。

与民间社会组织共同实现了预防和制止家庭暴力的立法目标。陕西省人大常务委员会、陕西省人大内务司法委员会、陕西省人大法制工作委员会、陕西省妇联、陕西省妇女儿童工作委员会、西安市妇联、陕西省司法部门，陕西妇女研究会、专家学者、大众媒体以及国际机构等多元行动者直接或间接参与了《决议》的出台过程，形成了民间社会组织参与反家暴政策制定的政策网络。

## 一　参与者及角色：政策网络中的行动主体

在政策网络中，每个参与者所依赖的是各自拥有的资源及其在政策过程中的重要性；行动者的数目决定网络的规模，行动者的类型影响网络的特性。[①] 政策网络中参与者及其角色、位置与作用直接决定了参与者间关系、参与资源和参与策略。

按照我国政治体制，结合陕西省反家暴政策制定的具体情况，本书将陕西反家暴政策网络中的参与者划分为三个层次：决策核心层、决策协调层与决策参与层。其中，陕西省人大及其常委会、陕西省人大内务司法委员会、陕西省人大法制工作委员会等立法部门构成了“决策核心层”，负责修改、审议并表决政策的出台；陕西省妇联、陕西省妇女儿童工作委员会等构成了“决策协调层”，负责与立法部门协调相关工作；陕西妇女研究会、陕西省司法部门、专家学者、大众媒体以及国际机构构成了“决策参与层”。“决策协调层”与“决策参与层”二者形成合力，通过各种行动策略联手影响“决策核心层”，共同实现预防和制止家庭暴力的立法目标。

### （一）决策核心层

根据宪法，地方人大是某一地区范围内的最高权力机关，拥有立法权和监督权，从立法的角度上说，人大是法律意义上的政策制定者。人大要行使立法权，必须通过相关的立法部门才能真正实现。

在反家暴政策制定中，陕西省人大及其常委会、陕西省人大内务

---

① Kenis, P. and Schneider, V., *Policy Networks as an Analytical Tool for Policy Analysis*, *Paper for Conference at Max Planck – Institute*, Cologne, 1989, p. 14.

司法委员会、陕西省法制工作委员会等立法部门等部门参与了政策制定过程。它们在立法过程的角色和作用各不相同。大体而言，省人大内务司法委员会在立法前期发挥着立法调研、起草等重要任务；省人大及其常委会、省人大法制工作委员会在修改和审议过程中起着决定性的作用，最终通过则是省人大常委会来完成的。

省人大内务司法委员会的职责是负责维护妇女合法权益的立法工作，组织对《中华人民共和国妇女权益保障法》等法律法规的视察、检查和调查，提出意见和建议。对侵害妇女儿童合法权益的重大案件进行个案监督。在本案例中，预防和制止家庭暴力的议案纳入2002年的立法计划之后，省人大内务司法委员会同省妇联等部门一同为政策出台而进行立法调研，以了解本省家暴的实际情况、立法的必要性和紧迫性等。通过不同渠道收集信息以支持政策制定。在起草决议草案之后，省人大内务司法委员会开始征集有关方面的意见和协调论证。在反复修改法案草稿之后，形成正式稿，提交人大相关立法部门。

省法制工作委员会承担了统一审议法律草案的主要工作，实际上"弥补了我国人民代表大会制度恢复初期，在立法工作方面面临着人才匮乏、资源稀缺、经验不足、程序不全、制度没有的特殊困难"。[①]法制工作委员会是人大常委会真正承担立法职责的专业工作机构，统一审议是法制工作委员会工作的一个组织程序而已。[②]在本案例中，省法制工作委员会针对反家暴立法提出的意见与建议相当重要，由于其对法律业务较为熟悉，一般情况下都能够得到委员会组成人员的采纳。

地方人大及其常委会的组织结构基本上对照全国人大的设置。根据1982年宪法第61条规定，全国人民代表大会会议每年举行一次，如果全国人大常委会认为有必要或者有五分之一以上的全国人民代表

① 周伟：《全国人大法律委员会统一审议法律草案立法程序之改革》，《法律科学》2004年第5期。

② 同上。

大会代表提议，可以临时召集全国人民代表大会会议。[①] 1995 年以来，全国人大会议一般在 3 月初召开，3 月中旬结束，会期为 10—20 天。[②] 为了保证大会闭会期间国家机器的正常运转，我国全国人大设常委会作为它的常设机关，在大会闭会期间行使最高国家权力。因此，“发挥中国全国人民代表大会的作用，目前比较切实的就是发挥常委会的作用”。[③] 省人大常委会的主要作用体现在议程设定以及审议表决等方面。在本案例中，2002 年 1 月，在陕西省第九届人大常务委员会上，《关于制定陕西省预防和制止家庭暴力地方性法规的建议》纳入 2002 年的立法计划表明反家暴问题已经得到决策核心层的高度重视，而 2002 年 11 月 29 日，陕西省第九届人民代表大会常务委员会表决通过了《关于预防和制止家庭暴力的决议》，即表明《决议》的政策制定过程正式完成。

（二）决策协调层

尽管在立法调研中，陕西省妇联与陕西省妇女儿童工作委员会也参与了调研活动并起草了政策的主要条文，但本书认为，根据妇联组织的行动逻辑，妇联没有立法权力，但拥有与人大等立法部门相对接近的优势，可以利用体制内的关系推动其他部门采取行动。同时，作为民间社会组织与立法部门的中介者，妇联可以为其交流搭建平台，向决策层传递信息。省妇女儿童工作委员会虽然作为政府机构，但在反家暴政策网络中也发挥了同妇联组织相似的作用。因此，本书将其归为决策协调层，下面分别阐释其角色与作用。

从广义上来看，妇联属于官办社会组织。1994 年，中国政府在向联合国提交的内罗毕前瞻性战略的国家报告中，正式宣布妇联为“中国最大的提高妇女地位的非政府组织”。以后，妇联在国际活动中也以非政府组织自称。2006 年开始实施的《公务员法》未将妇联工作人员纳入公务员范畴，从形式上再次确认了妇联的社会组织身份。

---

① 《中华人民共和国宪法》（1982）第六十一条第一款。

② 万其刚等：《全国人民代表大会会议制度研究》，《当代法学》2004 年第 6 期。

③ 王晓民：《议会制度及立法理论与实践纵横》，华夏出版社 2002 年版，第 9—10 页。

在将妇联纳入社会组织的同时，又可看出妇联与民间社会组织有着本质的差异。根据现行《中华全国妇女联合会章程》（2013 年中国妇女第十一次全国代表大会通过）规定："中华全国妇女联合会是全国各族各界妇女为争取进一步解放与发展而联合起来的群众组织，是中国共产党领导下的人民团体，是党和政府联系妇女群众的桥梁和纽带，是国家政权的重要社会支柱。"可以看出，妇联作为"党和政府领导下的群众组织"，其官方色彩要远胜于民间色彩。妇联的基本功能是代表广大妇女群众的利益，通过与党政组织的联系，向党和政府反映群体的要求，同时它又代表着党和政府，对妇女群众进行管理，起着联系、组织和宣传动员的作用，成为党政组织联系广大妇女群众的桥梁和纽带。

通过上述对妇联的性质分析，可看出妇联在中国政治体系结构中处于特殊的地位。尽管妇联不是政府组织，没有强制的公共权力，但是凭借着与党和政府的紧密联系，不同级别的妇联享有对应的国家或地方有关妇女儿童重大事务的咨询权；同时，妇联能够与政府部门进行沟通协调，提供政策建议，因此在相关政策制定中有着较大的影响力。

从功能作用上看，妇联能够代表妇联参与和监督国家立法，参与国家和社会事务的民主决策、民主管理、民主监督。《中华人民共和国妇女权益保障法》中规定："中华全国妇女联合会和地方各级妇女联合会代表妇女积极参与国家和社会事务的民主决策、民主管理和民主监督。"在本案例中，陕西省妇联是反家暴政策网络中的重要参与者。在立法准备阶段，作为民间社会组织与立法部门的桥梁和纽带，妇联可以为其交流搭建平台，向决策层传递信息。在议程设置阶段，妇联主席联名人大代表向人大常委会提出议案；在方案的规划阶段，妇联参与了立法调研、咨询论证、起草草案等工作。因此，陕西省妇联在《决议》出台中充分发挥了协调沟通、搭建平台与方案制定的作用。

陕西省妇女儿童工作委员会是陕西省政府负责妇女儿童工作的议事协调机构，负责协调和推动政府有关部门执行妇女儿童的各项法律法规和政策措施，发展妇女儿童事业。省妇女儿童工作委员会包括3—4名专职干部负责日常工作，其他部门的有关领导均为兼职。办公室设在妇联，办公室主任由省妇联副主席兼任。可看出，虽然省妇女儿童工作委员会隶属政府部门，但是其没有其他部门那样的同等权力，而且其权力与功能很容易被妇联所替代。因此，本书将其与省妇联一道并入决策协调层，主要发挥协调督促的作用。

（三）决策参与层

在陕西反家暴政策网络中，身为民间社会组织的研究会、司法部门、相关领域的专家学者、大众媒体以及国际机构都直接或间接参与了政策制定过程。

1. 研究会。研究会是反家暴政策制定中的重要力量。在本案例中，研究会从家暴问题的前期调研，发现议题，到议题形成，进入议程设置，到政策方案的规划等阶段都亲身参与。立法、司法、执法者均是研究会的倡导对象，在动员和教育社会公众中逐渐提升其社会性别意识。研究会运用综合干预的方式，灵活采取多种行动策略，充分发挥了民间社会组织在政策倡导中的能动性。对于改善陕西省反家暴的政策环境，提升决策核心层对反家暴的思想认识，最终促成反家暴政策出台，研究会发挥了非常重要的作用。

2. 司法部门。地方司法部门也可不同程度的参与立法过程。在法的完善阶段，地方人民法院、人民检察院有提出法规解释的建议权、法规清理的建议权。此外，有个别地方还规定地方“两院”享有法规的提案权，即本级人民法院和人民检察院可以向常委会提出法规案。在本案例中，公安部门、法院、检察院等司法部门参与了研究会与省妇联举办的各种反对家暴的培训或研讨会等活动，这有利于在立法调研和咨询论证过程中向决策者提供有价值的立法建议。

3. 专家学者。“专家学者”是指运用专业知识影响决策的特殊政策参与者。在政策制定领域，专家学者凭借掌握专业化技术化的知识与技能，能够熟练地运用自己所具备的专业优势为政策提供分析与咨询。尤其对于综合性、专业性、技术性较强的地方立法而言，更是需要借助专业知识。本案例中的专家学者大多是指研究会的成员，他们参与了研究会反家暴政策制定中的一系列活动，为反家暴政策出台提供了坚实的技术支撑。

4. 大众媒体。大众媒体实现了政治体系与大众的双向互动，在公共政策制定中，能够在一定程度上突破决策者的有限理性，保证公共政策的公共性。作为一种政策体制外的有生力量，媒体承担着社会公共责任并对政府政策行动的合理性、公共性和有效性有着重要的作用，公众也依赖媒体作为讨论和参与社会政治和公共事务的“平台”。在本案例中，媒体的作用主要体现在舆论氛围的塑造以及社会观念的引导上，进而营造反家暴立法的良好社会氛围。

5. 国际机构。改革开放后数目可观的国际机构进入中国既是国内改革深化、经济发展和社会需求所致，也是国际社会积极推进中国公民社会发展的结果。国际机构对于我国民间社会组织的成长具有明确的积极作用。在本案例中，一方面，众多国际机构为研究会进行反家暴的系列干预活动提供了新观念、新思路和新方法；另一方面，国际机构为研究会执行反家暴项目提供了资金支持。因此，本书认为，国际机构也间接参与了反家暴政策的出台过程。

总体来看，陕西《决议》制定的决策核心层、决策协调层和决策参与层不是割裂的，而是进行着不断的融合与互动。如前所述，中国公共政策制定体制趋于开放与鼓励参与，这就为决策协调层和决策参与层提供了政策舞台和制度空间。决策核心层需要越来越多的考虑来自它们的需要和压力，并有选择性地给予满足与回应；决策协调层与决策参与层二者形成合力，通过各种行动策略联手影响决策核心层。由是可见，《决议》制定中的决策核心层、决策协调层和决策参与层形成了有序的反馈和互动，类似于罗茨的“议题网络”。政策网络结构如下页图 3－1 所示。

## 二　参与者间关系：政策网络中的行动网络

通过上述参与者及其角色分析可看出，一个政策网络已经初步形成。不同行动主体之间可构成纷繁复杂的参与者间关系。从静态的角度来看，反家暴政策网络中的不同行动主体之间是相互依赖的。任何

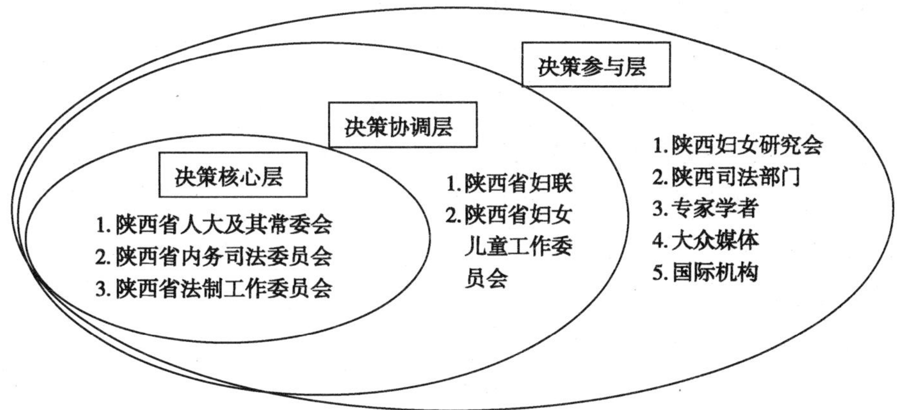


**图 3-1　陕西反家暴政策制定中的政策网络结构图**

一个行动主体都不可能单独完成政策制定。只有主体间形成合力，不断融合与互动才能促进《决议》出台。为了突出民间社会组织在政策网络中的行动网络，本书在这一节重点分析陕西妇女研究会与其他参与者间形成的动态关系，其他参与者间关系暂不讨论。研究会与其他参与者间形成的动态关系具体包括合作关系、妥协关系与适度对抗关系。

（一）合作关系

合作通常是指为两个或两个以上的人或组织联合起来，彼此间相互配合去实现共同的目标，促进集体行动并最终实现目标的过程。其中，优势资源互补是组织间合作的重要条件，合作的本质即双方优势资源的付出、交换与整合的过程。

在陕西妇女研究会参与反家暴政策制定的政策网络中，最显著的关系就是研究会与各级妇联组织结成合作关系，具体包括与陕西省妇联的合作、与西安市妇联的合作以及与合阳县妇联的合作。合作的前提在于研究会与各级妇联组织使命、愿景和目标相同，合作双方的共同目标是为了维护妇女权益，促进性别平等。研究会与不同级别的妇联组织在合作中，基于各自不同的优势资源结成合作关系。

1. 研究会与陕西省妇联的合作

在《决议》出台的过程中，研究会与陕西省妇联的合作关系最为密切。从前期调研、立法提议到条例起草，以及政策方案的规划和选择等阶段，处处可以看到两个机构的紧密合作。研究会和省妇联在合作中基于优势互补形成了政策制定中一条完整的资源供给链条。在议题提出阶段，研究会凭借着敏锐的社会性别视角，丰富的实操经验以及与妇女的近身接触，首先提出反家暴议题。在这个阶段，研究会走在省妇联的前头，合作关系中以研究会为主；在政策方案的规划阶段，省妇联因其拥有特殊的政治参与地位走在研究会的前头，合作关系中以省妇联为主。研究会在背后作为技术支持和推动者，借力于省妇联，拉近与决策核心层的权力距，获得了接近决策者的便利性，从而提升自身的政策参与能力。由上可看出，研究会与省妇联资源，形成了天然的同盟军，合力促使《决议》出台。

对于省妇联在与研究会合作中的优势资源，在访谈中，当年陕西省妇联权益部的负责人 Z1① 明确表示：

> 首先呢省妇联它是省上呢第一个比较大的，唯一的比较大的群众团体，而且它是一个准政府，而且呢它的这个力度是从省上一直辐射到乡、村上，网络健全，组织健全，它有一个很完善的一个网络组织，这是研究会比不上的；二一个呢，这个组织他直接受省委的领导，它的背后有省委在撑着他，所以他和各个方面的联系是畅通的。这个半官方的组织它有一定的制约力、号召力和组织力；三就是从力量上讲，从省上到基层，这么庞大的网络组织，层层都有人，有专职的妇女干部在从事这项工作，研究会的力量是达不到的。②

概括起来，Z1 上述所说的妇联的优势资源可以总结为以下四点：第一，妇联具有准政府的特征。这一特征决定了在政治体系结构中，妇联与决策层的“权力距”较短，能够参与国家事务的咨询活动，在

---

① 为了保密起见，文中出现的每一位被访者均以字母和数字代替。下同。

② 访谈记录 ZYL—02。

人大法律制定中具有较大的影响力；第二，妇联拥有完整的纵向组织网络。尽管妇联是人民团体，但由于它在政治体系中的特殊地位，在妇联组织系统内部形成了全国妇联组织、省级妇联组织、地级妇联组织、县级妇联组织与乡镇级妇联组织等五个层级。妇联组织具有一个从上到下、纵横交错、功能健全的组织网络；第三，妇联具有横向协调沟通优势。如前所述，妇联是“党和政府领导下的群众组织”，因此，尽管妇联并非政府部门，但这一性质决定了妇联能够与相关政府部门进行协调沟通；第四，妇联组织具有充足的人力资源。

谈到省妇联的劣势，Z1 也承认：

> 妇联这个工作就比较被动，省妇联首先它是受到全国妇联工作内容的制约，全国妇联没有给我们布置这样的工作，我们的主动参与还不够，这是和研究会不一样的。……我们（省妇联）一个是受经费的制约，另一个是受组织安排的制约，领导不同意的话你也没有办法，弄不成。①

可以看出，省妇联因受上级妇联组织的领导，因此其工作内容相对不够灵活，除此之外，省妇联所需经费列入国家财政预算，因此开展活动所需要的资金也不够灵活。

省妇联的资源优势与劣势恰恰与研究会形成资源互补。对于研究会的优势资源以及与省妇联的合作，研究会负责人 G1 这样评价：

> 研究会和省妇联的使命、愿景和目标是一样的，两个机构在一起有“取长补短”的效果。妇联具有合法性，和其他机构有联系。研究会有专业性和全球视野，调动资源的能力强，可以根据不同的兴趣去申请项目，所以和好多基层妇联合作，也看上了我们（研究会）调动资源的能力，所以这几个方面取长补短，我们的合法化又是需要他们的帮助，其他部门帮助我来实现这个合法

① 访谈记录 ZYL—03。

> 化，另外有些渠道网络也借用一下，往下走，但是做事的那种框架呀专业化技术呀，包括中间的一些理念架构策略，我们都会坚持自己的，不但能坚持自己的，也在影响他们（省妇联）扩大同盟军了，不是一般意义的同盟军，他认同你的理念与想法，比如说社会性别这个概念，包括赋权妇女等等的这个概念，妇联以前是自上而下的，我们是自下而上的，都是在过程中影响他，在这一过程中取的一个取长补短的效果。在中国现实的情况下这还是可以取得双赢的。①

从上述表述中可以发现，研究会的资源优势在于对于社会性别议题的敏锐性、工作内容的专业性、工作理念的创新性以及工作手法的灵活性。这些资源优势刚好与妇联的资源劣势形成互补。反过来，研究会政策参与的合法性不强与妇联政策参与的便利性形成互补。研究会通过和妇联的合作，借助其纵向的上下网络和横向的政府部门特殊关系得以实现政策过程的有效参与，而妇联借助研究会的技术支持，将全球女权主义的理论与体制内的主流话语进行了很好的结合，并对政策决策产生了有利影响。借助研究会的技术支持，省妇联对政府决策产生了有利影响。通过与研究会合作开展的系列活动，省妇联在政府、媒体中的影响力得到进一步的扩大。同时，这次合作也弥补了省妇联系统内部理论和技术资源的不足。

2. 研究会与西安市妇联的合作

西安市妇联相对于省妇联来说，政策制定中的政治资源优势就少很多。从经济资源、信息资源、技术资源等方面，省一级的研究会都比市妇联具有更多的资源优势。但是，研究会依然需要借助市妇联的组织网络优势开展相关活动。2000 年 4 月至 10 月，研究会联合西安市妇联、西安市公安局等单位，共同举办了“西安市派出所所长参与式社会性别意识与家庭暴力培训班”。在访谈中，研究会负责人 G1 回忆当年的警察培训：

---

① 访谈记录 GXX—03。

> 他们（警察）的出勤率还是很高的。那个会是通知三家联合发文的，是市公安局、市妇联、研究会三家发文签发的做派出所所长培训。因为市公安局发文，那派出所所长必须去不可。还做得有声有色。

在上面的访谈记录中，被访者的一句话“因为市公安局发文，那派出所所长必须去不可”十分耐人寻味。它背后隐含的意思很清楚：如果仅凭研究会这样一家民间妇女组织的力量，根本做不来对派出所所长的培训。研究会充分借助市妇联横向组织网络的优势资源，通过市妇联协调市公安局。正是因为有了市公安局在培训工作中的参与，派出所所长的出勤率才能得到保证，研究会的培训工作也才能做得有声有色。

而对于市妇联，它看重的是研究会的工作能力、培训优势，借此提高市妇联干部的工作能力。在访谈中，当年西安市权益部的负责人L2也指出：

> 我们怎样去搭建一个平台，怎样做到互惠互利，我们怎么样把这个网络做大。你仅仅依靠一个妇联是做不大的，怎样去搭建一个更宽的平台，做到真正的互惠互利。①

原西安市妇联权益部部长李长英总结了研究会合作给他们带来的六个方面的好处：第一，研究会用自己的资金资源给社区妇联干部进行培训；第二，研究会的讲座、经验分享会邀请市妇联干部参加，后者的工作理念有很大的转变；第三，在信息方面，研究会对国际上反家暴的发展情况及工作手法都比较了解，市妇联干部从这些信息中能获得很多启发；第四，研究会可以对遭到家暴侵害的妇女进行免费的专业化心理疏导，减少市妇联的工作压力；第五，对受家暴侵害比较厉害的妇女定期进行个案辅导；第六，研究会利用志愿者资源，每年

---

① 访谈记录LCY—01。

都给区县一级的妇联干部讲一课。①

3. 研究会与合阳县妇联的合作

县妇联这一级最缺乏的就是活动资金。通常县妇联的资金由县财政划拨，扣除维持工作人员的基本工资等必需的项目运作资金后，几乎没有活动资金。而其资源优势就在于能够充分了解当地的风土文化与实际情况，便于开展工作。这与研究会形成资源互补关系。研究会利用自身与多个国际机构的良好关系申请项目，给当地政府和县妇联带去资金。这样一来，在项目执行过程中，研究会通常能够得到当地政府和县妇联的积极配合。而由于县妇联比研究会更加熟悉本土情况，因此，研究会也就把很多工作让县妇联放手去做。比如2001年8月，研究会与合阳县妇联合作，在合阳县开展了题为“建立县、乡级反家庭暴力的支持性社会环境”项目。研究会负责人G1对此说：

当时妇联很穷，我们给它一点经费，设计都是把经费给人家怎么用，所以他做这个活动就不缺经费，我们适当地给他们一些下乡补贴都会给，这样他们个人也不会增加一些额外的负担……（你）知道基层有无限的创造力，我们都没有想到那么大规模，那个县副主席也挺那个，给我们在那个乡镇扎了一个多高的大彩门，我在那个县开大会上千人的反家暴的启动仪式，在那个乡镇里头。后来我觉得这是政府的特长，妇联玩这个很转，说宣传你们做。当时他们的反家暴大标语都在合阳贴满了。②

总体而言，研究会与不同层级妇联组织的合作是成功的。这种合作最大程度地整合了体制内外的不同资源，促使民间社会组织成功参与了公共政策制定。

（二）妥协关系

在古代汉语中，妥协一词中的“妥”意思是安坐、安稳。“协”

① 康晓光、郑宽、蒋金富、冯利：《NGO与政府合作策略》，社会科学文献出版社2010年版，第59页。

② 访谈记录GXX—02。

的意思是和。现代汉语中两字合用，妥协指为避免冲突而做出适当让步。[①] 妥协通常意味着通过相互的让步来缓和矛盾，达成一致的交往和互动。

在本案例中，1999 年 2 月研究会组织相关领域专家就完成了《陕西省反家庭暴力条例》（草稿）（以下简称《条例》）的起草任务。而在同年的省人大常委会上《条例》在立法审议中未获得通过。之后几经周折，终于在 2002 年的省人大常委会上表决通过了《决议》。从立法的角度来讲，《条例》显然比《决议》的级别高，在实践中具有实用性，便于政策执行。《决议》则带有倡导性和号召性，在实践中不如《条例》好操作。案例中的《条例》是研究会组织了一批女权主义法学家按照自己的想法，从专业的学术角度进行起草；而《决议》的出台则是考虑在现有的框架下找到一个令决策者能够通过的版本。当时参与《条例》起草工作的研究会成员、法学专家 G2 这样评价《条例》：

> 当然这也是做了很多立法论证。因为当时女权主义立法就有一条，由妇女提出问题，通过妇女的法律。所以这样说，它（《条例》）是国内提出女权主义立法建议稿里面的第一个。

而参与了《决议》起草与咨询论证的陕西省妇联权益部负责人 Z1 回忆起与决策者的协商时说：

> 内司委当时就是说我们先用决议的形式，比较好通过，你用条例、这个法的形式，估计难度会很大，咱们就先易后难，咱就是先打开突破口……先找一个突破口，比较好通过的方式。[②]

很显然，最初起草的《条例》与最终出台的《决议》之争，充分

① 中国社会科学院语言研究所词典编辑室：《现代汉语词典》，商务印书馆 2004 年版，第 1332 页。

② 访谈记录 ZYL—01。

体现了中国政策目标强调“模糊共识”，政策过程充满讨价还价。为了促使政策方案尽快通过，政策参与者各方自动调整政策内容，兼顾各方的利益和政策需求。[①] 可以看出，作为民间社会组织，研究会深知自己在政策制定中处于距离决策核心层较远的参与层，在与省人大立法部门博弈的过程中处于弱势地位，没有谈判能力。因此，为了促使反家暴政策早日出台，在出台法规的级别上与决策者形成妥协关系。

（三）适度对抗关系

现代汉语中，对抗指对立起来相持不下。[②] 在陕西反家暴的政策网络中，研究会也会因为各种原因与某些参与者形成适度对抗关系。

1. 研究会与大众媒体的适度对抗

在媒介化的社会中，社会组织也需要借助于传媒来实现自己的组织诉求，扩大组织的影响力，整合传媒资源来达致组织的目标。与之相应，大众传媒也需要与社会组织联姻来进行新闻报道，推进社会发展与变革。[③] 然而，由于社会组织与媒体有着各自不同的利益诉求，在二者的合作过程中也常常伴随着适度对抗关系。而这一点在以往社会组织与媒体关系的研究中常常被忽略。研究会负责人 G1 在提到与媒体的合作时说：

> 但是我们（研究会）跟他们（媒体）之间也有张力，有的时候他们要把故事登的更具体点，他们有时问我们要一些具体数据之类的，但我们出于保护妇女以及隐私的原因没有给他们。我们后来在做小组的过程中，他们还通过电话采访了我们，但是他们发出来的那个报道我们是有异议的。之后和他们沟通，他们就是

---

① 薛澜、陈玲：《中国公共政策过程的研究：西方学者的视角及其启示》，《中国行政管理》2005 年第 7 期。

② 中国社会科学院语言研究所词典编辑室：《现代汉语词典》，商务印书馆 2005 年版，第 345 页。

③ 潘祥辉：《合作共赢：社会组织与媒体的互动模式研究》，《杭州师范大学学报》（社会科学版）2011 年第 2 期。

> 要抓眼球这一部分，我们要保证信息真实，所以这中间就出现了一些问题。[①]

从上述表述中可以看到研究会对于媒体合作的评价。很清楚，研究会与媒体的目标并不是完全趋同，而是各自有其利益诉求，因而在合作过程中也伴随了适度对抗的关系。这种关系使得研究会在借助媒体传递自己的价值理念时变得更加小心谨慎。

2. 研究会与国际机构的适度对抗

不可否认，国际机构给予中国民间社会组织的资金支持对其发展具有重要作用。中国政府对民间社会组织不会提供任何经费，而社会对民间社会组织的支持与实践需要的距离也很大。在这种情况下，经费成为中国民间社会组织发展的主要障碍，海外资金对于许多民间社会组织的建立和发展起了关键作用。然而，在国际机构对中国民间社会组织进行资金支持的同时，客观上对民间社会组织的独立性也产生了不可忽视的影响。因此，民间社会组织与国际机构就可能产生适度对抗的关系。这种关系在本案例中得到了印证。比如研究会负责人G1谈到在反家暴政策制定中与某国际机构的关系时就一针见血地指出：

> 因为它（某国际机构）比较强势，它给你钱，想让你做什么你就一定要做什么。你不做就不给你钱了。在这个产业链中，我们（研究会）处于弱势，处于下游，他们（国际机构）有钱的处于上游，但是我觉得他们作为一个强的实力，不能因为钱，就要求我们做那些事。你不按我的做，我就给你小鞋穿。[②]

除了资金支持这一原因外，每个国际机构都有自己独特的历史文化背景。由于生长环境不同的研究与国际机构存在着天然的价值观差

① 访谈记录GXX—02。

② 访谈记录GXX—03。

异，加之国际机构对中国本土情境的不了解。如此一来，二者之间也容易产生适度对抗关系。对此，研究会成员 L1 深有感触地说：

> 国与国之间是不一样的，比方说他（国际机构）特别希望我们对人大代表的培训，也就是他们讲的议员，改变立法者的思路，特别希望对警察进行培训，后来这个事困难的。但是我们也会尽量去做这个，不是说这个事情不好，当时的这个环境下，你得去实现他们的想法，是不切实际的，通常我们也会借助妇联，和当地的这个公安机关联合起来，而且我们都是站在中国国情的这个立场上，这样去分析妇女的具体权益。①

分析上述访谈资料可以引发以下的思考：学界经常讨论民间社会组织的独立性多是集中在民间社会组织与政府的关系。事实上，对于一个正在发展中的草根组织而言，民间社会组织不仅相对于政府的独立性，也有相对于国际机构的独立性。如何在与国际机构合作的过程中不失掉其本身具备的独立性是一个非常值得探讨的问题。这一点可从案例中研究会与国际机构的适度对抗关系中引申出来。

### 三　参与资源：政策网络中的行动资本

社会组织参与政策制定过程必须具备一定的资源网络结构，具备基本的资源要素才能够实质性地参与到政策过程中来。资源禀赋的强弱以及结构体系对社会组织后续的参与策略及行为选择具有相当重要的影响。

不同类型的社会组织对政策制定的参与方式表现出的显著差异源自于各自不同的优势资源。研究会在陕西反家暴政策制定中所表现出来的优势资源可分为经济资源、技术资源、信息资源与关系资源。这四种主要优势资源组合成一定的网络结构序列，为研究会的参与策略奠定资源基础。

---

① 访谈记录 LJ—01。

### （一）经济资源

社会组织的经济资源对于其影响政策过程具有非常重要的作用。首先，经济资源的多寡决定了社会组织自身的发展，也将影响其行为能力；其次，社会组织的经济资源能够为其后续的参与策略及方式提供多种选择；再次，社会组织的经济资源为其他可能发展为优势资源如技术资源、信息资源以及关系资源提供有力的资金支撑。优势资源之间能够进行不断的融合。这样一来，社会组织的立体式资源网络能够迅速提升其行动能力，社会组织对政策过程的影响力也会随之提升。

民间社会组织的资金来源通常来自于三个渠道：一是国际机构的经济资助；二是组织会员会费的收入；三是社会捐赠。通常情况下，后两个渠道的经济收入与民间社会组织的实际需求之间的距离很大。可以说，资金成为中国民间社会组织生存和发展的首要障碍。对于新生的、草根的民间社会组织而言更是如此。因此，在这种背景下，来自国际机构的经济资助成为许多民间社会组织建立和发展的关键。

全球公民社会的迅速扩展及其在国际政治中与日俱增的作用，以及中国走向世界的自身需要促使政府对国际机构的经济资助采取的开放政策等，成为民间社会组织能够获取海外资金的前提条件。近三十年来，国际机构在社区发展、扶贫抗灾、生态环保、艾滋病防治、妇儿保健和生育健康等多个领域均与中国民间社会组织展开了广泛的合作。

国际机构对中国民间社会组织的经济资助当然有其导向。亚洲基金会华盛顿总部主任南希·袁曾解释："大量国际援助涌入中国是对中国在世界经济中地位的明确认可，亦表明捐助者鼓励中国向被预知和增加透明度发展的愿望。与此同时，（捐助者）强调人权关注。"①

基于上述背景，研究会自成立以来一直与国际机构保持着良好的合作关系。与研究会合作过的国际机构包括福特基金会、香港乐施

---

① N. Yuan. *Statement*, *Promoting the Rule of Low in China*, *Roundtable before the Congressional Executive Commission on China*, May24, 2002: 34.

会、美国全球妇女基金会、亚洲基金会等多家国际机构，资金来源渠道广泛。由于研究会所关注的领域关乎妇女问题和妇女地位的改善，这些领域与国际机构强调人权关注恰好吻合。加之研究会在项目的申请执行过程中项目瞄准度高，能够出色完成预期目标。因而在合作过程中逐渐获得了国际机构的信任与支持，活动资金较为充足。在陕西反家暴政策制定中，研究会共接受多家国际机构资助的金额折合人民币上百万，充足的活动资金保证了执行项目的顺利完成。陕西妇女研究会接受的国际机构资助及项目名称如表 3－1 所示。

**表 3－1　　陕西妇女研究会接受的国际机构资助及项目名称**

| 序号 | 项目起止时间 | 国际机构名称 | 项目名称或内容 |
|---|---|---|---|
| 1 | 1998—1999 年 | 亚洲基金会 | 针对家庭暴力的调研、倡导、培训与立法。 |
| 2 | 1999 年 | 香港乐施会 | 成立妇女法律服务中心，为受虐妇女提供法律援助。 |
| 3 | 1999—2000 年 | 香港乐施会 | 四家民间妇女组织联合成立反对家庭暴力工作小组。 |
| 4 | 2000 年 4—10 月 | 亚洲基金会 | 举办西安市派出所所长社会性别与家庭暴力培训班。 |
| 5 | 2001 年 8 月—2003 年 4 月 | 荷兰大使馆、全球妇女基金会 | 建立县、乡级反家庭暴力的支持性环境。 |

资料来源：作者自制。

### （二）技术资源

对于民间社会组织而言，拥有雄厚的专业技术力量是该组织的安身立命之本。具体到政策倡导上，为了保证政策的有效性，使政府决策者接受自己的政策方案或政策要求，民间社会组织必须具备高度的专业性。

如前所述，研究会自成立以来，秉承“关心妇女在贫困、健康、教育及参与社区事务中面临的困难和障碍，向妇女赋权，提高妇女地位”的目标，强调行动导向理念，在社会性别与妇女能力建设方面有着多方面的尝试和实践，共计执行了约 100 个项目。在多年的项目一线运作过程中，研究会不仅培养了一批具有理论素养的学者，形成了一个具有社会性别敏感性的执行团队。更为难得的是，研究会深入了解决定民间社会组织成长与发展的中国本土情境中的诸多要素，在行动实践中逐渐提高了自身的复合型专业化能力。

研究会主要通过以下方式获得技术资源：

1. 利用业务主管单位的组织体系，广泛接触和团结专家学者。对于民间社会组织而言，业务主管单位不仅仅是一个名义上的挂靠单位，事实上，它也为民间社会组织提供了各种潜在的组织和社会资源。

研究会成立之初，主管单位是陕西省妇联，办公地点也设在省妇联里。省妇联的工作性质决定了它能够接触到大量从事妇女研究的专家学者。由于省妇联和研究会所关注的领域和目标人群高度相似，这就给研究会广泛接触和团结专家学者提供了便利。挂靠在省妇联下，研究会可以获得更多联系相关领域专家学者的机会。

2. 利用重要的社会活动，召集专家学者成为组织志愿者。研究会的成员很多是社会学、妇女学、心理学、法学等学科领域的研究者、教学工作者、妇女活动家及公检法执法部门的工作人员，她们都是妇女问题的关注者。这些不同领域的社会精英是如何聚拢在研究会周围呢？95 世妇会就是一个非常重要的历史机遇。在世妇会召开的前后几年间，陕西的许多女性专家学者之间因为工作机会而彼此认识熟悉，这为研究会壮大专业技术力量奠定了重要基础。对此，研究会会员、法学专家 L1 是这样描述的：

> 刚才我讲的这个世妇会，这个在国外已经很普遍，可以说已经轰轰烈烈了，在中国没有做起来，作为中国的这些女性，有志向的女性来讲这个真的是一个遗憾。我没做出来不是我没这个能力，我们是有这个精神，有这个能力，愿意去奉献的。可能就是在那种情况下，一说这个事，大家就一拍即合了，向心力就来了。这个组织（研究会）也就恰好给了大家一个可以发挥的平台，研究会刚好提供了这样的一个平台。然后大家刚好有这么一个意愿，这之后为什么说有一茬一茬的人呢，这个（世妇会）就是带起来了，就是我们说的星星之火可以燎原么。[1]

① 访谈记录 LJ—02。

从上述表述中可以看到专家学者对于研究会这个平台把握社会活动的态度。很清楚，对于重要的社会活动，民间社会组织应当扮演积极主动的活动者。通过这样的平台，民间社会组织可以宣传自己的愿景和主张，获得社会的承认、专家学者的认可和支持。

3. 发挥组织领导者的作用动员社会关系吸纳专家学者。民间社会组织的领导者对于组织的发展具有相当重要的意义。组织的领导者可以凭借自身的社会影响力和人格魅力号召具有爱心和社会责任感的相关领域的专家学者参与组织的活动，直接为组织吸纳专家学者。

研究会会长高小贤老师长期从事妇女学的研究和实践活动，在陕西省乃至全国具有相当的社会影响力。多年来，高小贤老师凭借自己对妇女问题的高度热情和持续关注感染了身边许多相关领域的专家学者，很多专家学者都是因为她的社会影响力和人格魅力而聚拢在研究会。可见，民间社会组织的领导者对于组织吸纳专家学者能够发挥相当重要的作用。

研究会的技术资源优势主要体现在以下两个方面：

第一，具备复合型专业化能力。通常我们理解的专业化能力指学术型专业化能力。具备学术型专业化能力的专家学者多以高等院校、科研院所的教授或研究员为主。事实上国内很多民间社会组织都重视学术型专业化能力的建设，拥有很多专家学者做后盾。这些不同领域的专家为各自的社会组织提供专业性咨询和服务。这一点固然重要，但我们从研究会的成员构成中看到，研究会对于专家学者实行研究和实践的跨界组合，因而具备了复合型专业化能力。这样一来大大提高了研究会技术资源的丰富性和立体性。在访谈中，研究会会员，法学专家 G2 回忆当初组织成员的构成时说：

后来我们定了一个模式，在陕西是一个志愿者模式，然后高校跨界的一个结合，就是高校还有妇女工作者，公检法，我们那时候把陕西的公检法所有的精英都搂来了……公检法的精英还有高校的，在这方面有一点兴趣能力的我们都弄来了，那时候我们这个志愿者队伍特别庞大。①

对另一位研究会会员、法学专家 L1 的深度访谈也能印证 G2 上述的说法：

> 我们的人，这个队伍资源非常的丰富。咱从具体做实践，做研究，包括最后给他做立法的论证，都是由一些非常专业的人来做。②

概括起来，上述 G2 和 L1 所说的可以归纳为研究会具备复合型专业化能力。这种复合型专业化能力既包括以高校、科研院所为主的学术型专业化能力的专家学者，同时也包括从事实践工作的专业化人才，我们不妨称之为"实践型专业化能力"。之所以称之为"实践型专业化能力"这是因为他们能够给研究会提供现实的、可行的专业性技巧。研究会将学术型专业化能力与实践型专业化能力进行跨界组合，这种复合型专业化能力大大提升了研究会在政策参与中的行动能力。

第二，研究会的项目瞄准度高。基于妇女研究的批判性和行动性，以及民间社会组织的民间表达性，研究会自下而上地进行政策倡导，更加关注和妇女生活息息相关的问题，因此项目的瞄准度高。对此，研究会负责人 G1 这样评价：

> 我想说我们的特点，我们是从妇女的现实感受开始做的，所以你看我们每个阶段都和妇女的需求特别贴切。我们始终跟这个人群是非常近的，你看我们的热线，我们的服务、咨询，我们的法律援助都跟这个人群在一起接触，所以我们能根据他们的需求在调整，我们比较接地气。③

---

① 访谈记录 GHM—01。

② 访谈记录 LJ—01。

③ 访谈记录 GXX—01。

可以看出，研究会这种基于科学研究、面向真实世界的项目，在开展过程中具备了更强的科学性与更好的针对性。因此，项目瞄准度高使得研究会在执行反家暴相关项目时取得了相当的社会影响力。这对于推动上层决策者的政策出台奠定了良好的社会氛围。

（三）信息资源

民间社会组织所拥有的信息成为其介入政策制定的重要资本。因为政策制定是一个信息高度密集的过程，当外部环境变得越来越复杂的情况下，准确和尽可能全面的信息收集成为科学决策的保障。民间社会组织拥有了丰富的信息资源就相当于拥有了与决策者议价的能力。

研究会自成立以来，有着开阔胸襟与全球化视野的会长高小贤老师采取“走出去，请进来”的战略，通过鼓励支持成员参加国际会议、出国考察，或邀请国内外专业人士举办讲座和培训等多种形式，积极学习国际上的新概念和新工作手法。在这一过程中，研究会把在其他国家，特别是发展中国家有关民间社会组织参与反家暴政策制定中积累起来的倡导经验、摸索出来的操作模式与本土情境相结合，为决策者带来了他们所需要的决策信息，这些决策信息成为决策者所倚重的重要资源。研究会参与国际交流相关活动见表 3－2 所示。

**表 3－2 陕西妇女研究会参与国际交流相关活动**

| 序号 | 时间 | 陕西妇女研究会在反家暴政策制定中的国际交流相关活动 |
|---|---|---|
| 1 | 1993 年 | 参加在马尼拉召开的亚太地区妇女 NGO 论坛。 |
| 2 | 1999 年 | 参加在芝加哥召开的美国反家庭暴力培训。 |
| 3 | 2000 年 | 参加在美国圣地亚哥召开的第五届反家庭暴力的法律培训。 |
| 4 | 2001 年 | 邀请美国律师协会反家庭暴力委员会主任贝蒂·加勒女士进行反家庭暴力的培训和交流。 |
| 5 | 2003 年 | 邀请美国专家斯潘·伯格来研究会进行反家庭暴力的法律培训。 |
| 6 | 2001 年 | 组团赴菲律宾考察民间妇女组织及反对家庭暴力经验。 |
| 7 | 2001 年 | 与泰国清迈大学妇女研究中心合作，举办“妇女研究方法：家庭暴力”培训班。 |

资料来源：作者自制。

省妇联权益部的 Z1 这样评价研究会的信息资源：

> 人家（研究会）的这些想法很超前，有很多我们还没有想起的事情，人家立马就提起来了，比如说反家暴，省妇联还没灵醒（注：陕西方言，明白的意思）呢，（研究会）建议稿就出来了。如果人家不是理念超前的话，人家咋能提起来。这是信息，国际信息人家掌握的快，因为这些都受国际信息的影响嘛，国际上反家暴都提了很多年了我们国家才刚开始，我们省上还没灵醒人家研究会就提出来了。①

可以发现，研究会在与国际社会的学习交流中获得了民间社会组织参与政策过程的重要资本——信息资源。丰富的信息资源使研究会在政策制定中与决策者的议价能力得到了迅速提升。

（四）关系资源

“关系”（Guan xi）是华人社会的重要社会资本类型。“关系”在我国具有感情、人情、面子、回报等丰富的行为内涵。社会学家边燕杰认为，“中国文化条件下的关系为行动者之间特殊的、带有情感色彩的、具有人情交换功能的社会纽带”。② 在中国，非正式的社会关系包括同乡、血亲、姻亲、朋友、同学等关系。中国自古以来就是一个“关系型”的社会，“中国传统文化十分重视关系。梁漱溟在把中国社会和西方社会进行了比对之后断言，中国社会既不是社会本位，也不是个人本位，而是关系本位”。③ 在现代社会中，非正式的社会关系成为一种重要的资源形式。“非正式社会关系资源由于能够牵动诸多资源的流动，影响其流向，因而它早已不仅仅是一种有经济意义的资源，而是一种具有资源配置功能的资源”。④ 那么，“关系”作为中国公共政策特有的人与人之间的联结方式是如何影响政策网络结构的

① 访谈记录 ZYY—01。

② Bian, Y., “Guan xi,” In J. *Beckert & M. Zafirovski* (*Eds.*), *International Encyclopedia of Economic Sociology*, London: Routledge, 2006.

③ 转引自陆学艺等《中国农村现代化道路研究》，广西人民出版社 1998 年版，第 60 页。

④ 何清涟：《现代化的陷阱》，今日中国出版社 1998 年版，第 122 页。

呢？本案例中研究会关系资源的运用方式能够为我们解开这一谜团带来一些启示。

与中国刚开始兴起的大多数民间社会组织领导人相同，研究会会长高小贤老师也具备“双重身份”，即在她担任研究会会长期间，也曾担任陕西省妇联研究室主任，这种“双重身份”为研究会链接关系资源带来了极大便利。研究会领导的“双重身份”有利于组织之间进行体制内外的转换。事实上，省妇联的干部和研究会成员多有身份交叉现象，即研究会中的核心人物是省妇联的干部。省妇联的很多干部又是研究会的会员。人员身份的交叉融合有利于组织间结盟联动。通过这些人身份的交叉也可以链接起很多的资源。组织与组织之间有利于形成不同类型的关系网络。在访谈中，研究会成员 G2 在评价研究会的发展时，就曾说到省妇联是研究会的无形资产，即是指研究会领导的“双重身份”便于链接组织间资源，省妇联与研究会人员身份的交叉融合有利于研究会借力于省妇联，加速机构发展壮大。

与此同时，民间社会组织经常动用组织成员的私人关系以完成组织工作，这在圈内已不是特例，研究会亦是如此。在反家暴政策参与的过程中，研究会领导及成员充分利用同学、同事、老乡、朋友、师生等私人关系，并使这种非正式的个人关系逐步转变为正式的组织之间关系，为执行反家暴相关项目提供便利。这一点在与研究会领导的访谈中多有体现。比如，在谈到 1999 年研究会成立陕西省妇女法律援助中心成立的背景时，研究会负责人 G1 所说的情况就是这样一种典型：

你看法律中心成立的时候，其实当时在那个年代，正是“法轮功”的高潮期间，一个民间机构又要做法律援助又要做法律维权其实也是个蛮敏感的东西。那怎么做呢，我就觉得我其实是充分利用了我在妇联的这个角色。为了成立这个，我当时给司法厅有一个报告，获得司法厅的批准。当时我们找到 Z 某某（注：省妇联干部，与 G1 是同事关系）的丈夫，她的丈夫是司法厅的副厅长，就是看很多的关系在里面。既有公对公的，又有私对私的，所以那个法律援助中心在那个背景之下能够成立。[①]

很显然，上述现象及显现出来的过程可以用一个词很精辟地概括出来，即“交叠型公私关系”。在上述访谈资料中，研究会想成立法律援助中心找到省司法厅，希望获得司法厅的批准，这应当是纯粹的公对公的关系。研究会负责人 G1 想到利用私人关系能够有助于法律援助中心成立。G1 的另一个身份是省妇联的干部，她利用自己的同事关系找到 Z 某某，这是第一层私人关系。而 Z 某某又与省司法厅的副厅长是夫妻关系，这是第二层私人关系。就这样，公共关系与私人关系相互交叠，最终促成了法律援助中心获批。由此可见，“交叠型公私关系”的最大特征在于私人关系中带有公共关系，公共关系中又带有私人关系，正式关系与非正式关系互相嵌套，互相促进。

那么，这种“交叠型公私关系”又是如何运作的？在接下来的访谈中，研究会负责人 G1 以 2000 年研究会与市妇联合作培训派出所所长为例，她将这种关系的运作机制诠释得非常形象：

这就是你看，其实是靠我们研究会和市妇联的关系并没有上下级的关系，但有私交的关系。但是市妇联和公安局就是一个横向的关系，机构对机构的关系，这样中间就把我们加进去了。加进去之后，就是我们的这个楔子就打进去了。[②]

对这种联合状态及过程做进一步分析，可以发现“交叠型公私关系”的运作机制。通过上述访谈内容，我们觉察到研究会为了达到培训派出所所长的目的，理所当然地想到只有派出所所长的上级行政单位即市公安局出面，才能叫得动派出所所长。但是研究会作为一个民间社会组织，自然不可能对市公安局有如此大的影响力。研究会利用市妇联和市公安局的横向关系，通过由市妇联出面，发挥中介作用来

① 访谈记录 GXX—03。

② 访谈记录 GXX—02。

协调市公安局。到此，研究会、市妇联、市公安局之间的关系都是组织与组织之间的公共关系。那么，如何开启这些组织之间的公共关系呢？诚如研究会负责人 G1 而言，研究会虽然同市妇联没有上下级关系，但有私交关系。这种私交关系即指 G1 作为省妇联干部的身份，这个身份与兄弟单位市妇联的干部是同事关系。可以看出，“交叠型公私关系”中私人关系做先导，通过私人关系切入组织之间的公共关系，然后再逐步扩展联结公共关系，如此一来把民间社会组织的政策参与空间扩展开来。在这个过程中，充分发挥了“交叠型公私关系”中私人关系“木楔效应”的特殊作用。

通过分析可以发现，中国本土情境下反家暴政策制定中的政策网络比西方社会的政策网络在内涵上更加丰富。西方政策网络理论基于理性选择视角，强调社会组织与政府形成的“利益契合”。即政府的政策目标与社会组织所代表的群体利益之间的契合程度。利益契合程度越高，国家为社会组织政策参与所开放的空间越大。在我国这样一个“强国家—弱社会”的背景下，政府的支配地位可以有力控制社会组织的政策参与，以使社会组织的利益诉求与政府的政策目标相一致。因此，政府与社会组织的“利益契合”在我国同样具有适用性。

然而，上述分析让我们看到了中国本土情境下反家暴政策制定中的政策网络除了具备“利益契合”之外，还存在明显的“情感契合”。通常我们将情感视为一种生理或心理现象。但即便是生理上的情绪反应也是人们与外部世界或与他人交往的产物。因此，社会学意义上的情感是一种可以在社会交往中形成的能够影响到个体行动的实质性力量。“情感契合”是指政策网络中的参与者之间情感交往的契合程度。这种契合程度既可体现在参与者之间的公共关系中，也可体现在参与者之间的私人关系中。通过上述对研究会的案例分析可以看出，在中国本土情境下，“情感契合”更多是通过“交叠型公私关系”体现出来。“交叠型公私关系”的特征在于私人关系中带有公共关系，公共关系中又带有私人关系，正式关系与非正式关系互相嵌套，互相促进。“情感契合”通过“交叠型公私关系”使得政策网络中参与者之间的关系变得丰富而多元。在这其中，私人关系做先导，发挥其“木楔效应”开启组织间公共关系，从而达到扩展民间社会组织政策参与空间的目的。政策网络中的参与者之间情感交往的契合程度越高，社会组织政策参与的空间就越大。

## 四 参与策略：政策网络中的行动选择

社会组织的参与策略是指社会组织使用其优势资源参与公共政策制定的方式与方法。社会组织参与公共政策制定过程需要选择和使用合适的参与策略。这些策略的选择取决于组织所拥有的资源禀赋。

不同类型的社会组织对政策制定的参与策略选择具有显著差异，研究会在陕西反家暴政策制定中所运用的参与策略可分为结盟联动、利益整合、议题包装、意识提升以及社会动员等。

### （一）结盟联动

政策网络中的参与者为了特殊目标和利益的实现，有可能在行动过程中与其他参与者选择结盟联动的方式。结盟联动的前提在于组织之间是否有共同的利益基础和行动基石，同时也取决于组织的资源禀赋及行为偏好以及它们在过往政策过程中所形成的行动经验。

民间社会组织之所以选择结盟联动，是因为在政策网络中，参与者体现出多元化使政策网络变得越来越庞杂。为了提升组织自身在政策参与中的博弈能力和行动能力，民间社会组织借力于其他个体或组织形成政策参与合力，汇聚了多重优势资源的联合体将具备更大的议价与和谈判能力，从而能够在政策博弈过程中占据先机。在本案例中，研究会的结盟联动主要体现在以下三个方面。

1. 研究会与省妇联的结盟联动，以提升民间社会组织的行动能力，实现其影响公共政策的目的。省妇联组织作为潜在的政策过程入口，在政策制定中具备天然的政治优势。研究会在政策过程入口处借助妇联的政治优势，可以拉近与决策核心层的权力距，获得接近决策者的便利性，从而提升自身机构的政策参与能力。比如研究会在1998年借力于省妇联在省人大常委会上做反家暴的专题发言，才使得家暴问题很快进入决策者的视野，并被列入1999年省人大的立法计划。可以想象，假如研究会没有选择和省妇联结盟联动，在中国现有的政治体制和政策环境下，民间社会组织政策参与的制度性设计还不完备的背景下，研究会关于家暴问题的相关调研数据，以及针对反家暴的强烈呼吁很难进入决策者的视野。

此外，在访谈中，研究会负责人G1还提到1999年立法未通过后研究会培训人大女代表的情况也是研究会与省妇联结盟联动的另一种典型：

> 当时因为这个立法条约没通过，没通过我就知道我们现在的研究也很有限，所以后来我们就通过推动省妇联组织部，向乐施会申请了一个项目，专门培训省人大的代表……所有的培训也是研究会做的，尽管项目是省妇联申请的，也是我拉着他们做的，只是项目建议书我们不是执行方而已。这是我们的一个策略，他们执行起来这个项目比我们更有利，让他们也认识到这个，所以一直是他们来出面组织。但是每次的技术培训都是我们。大概是2002年之前做的这个社会性别培训。参加培训的主要是人大代表，但不是人大代表都能通知来，有工会的。也是四期，大约培训了100个人左右。①

从上述表述中也可以看出研究会与省妇联结盟联动的原因。很显然，只有与省妇联盟，借力于省妇联组织部对省人大女代表的影响力，研究会才能顺利培训省人大代表。当然，在结盟联动中，不仅仅是研究会借力于省妇联，省妇联也需要依靠研究会的技术力量来提高自身的行动能力。这两者基于优势资源互补形成了政策参与中的资源供给链条。

研究会在与省妇联结盟联动中体现出了高超的联盟技巧，其中有两点尤为引人注目。

第一，学会荣誉分享。研究会在与省妇联结盟联手推动反家暴政策制定的过程中，从不把荣誉归为己有，而是将获得的荣誉分享给合

① 访谈记录GXX—03。

作方，让大家都有拥有感。甚至有时需要一种风度，甘愿把荣誉让给对方作为政绩，而自己在幕后默默耕耘。对此，研究会会长高小贤老师在说到研究会与省妇联合作推动农村妇女参政时，曾有过这样的解释："做得好，不在于在一线；做得好，不在于到处张扬；做得好，就是要让妇联、民政厅都动起来。这样做项目很累。钱我们来找，培训我们来做，宣传画我们来设计，把这些东西都弄好提供支持。然后推动我们的培训进入民政系统，推动市妇联去培训，我把我的讲稿都给他们。一线并不是我们去出面。这就是我们的策略。"①

第二，为实现实质性沟通之策略，学会话语体系沟通。很多时候，由于所处行业，所在系统不同，我们各自使用的语言表达方式会有很大差别。研究会和省妇联就有两套话语体系。研究会的话语体系偏向"民间"，并且由于受到国际机构传播新理念的影响，偏向"洋化"；省妇联靠近体制内，具有官办背景，因此话语体系偏向"官方"。因此研究会与省妇联交流时，如果只停留在"各抒己见"的阶段，往往不会摆脱"形式性沟通"的束缚。这样一来就会影响到结盟联动的效果。研究会在与省妇联沟通时，主动把自己的话语体系转换成省妇联的话语体系，熟练地理解和使用"官话"，以实现与省妇联的"实质性沟通"，提高结盟联动效果。表 3－3 是笔者根据访谈资料，整理出来的官办社会组织和民间社会组织话语体系转换表。

**表 3－3　官办社会组织和民间社会组织话语体系转换表**

| 官办社会组织 | 民间社会组织 |
| --- | --- |
| 基层 | 草根 |
| 社团 | NGO |
| 调查摸底 | 基线调研 |
| 男女平等 | 性别平等 |
| 共建 | 参与 |

① 转引自康晓光等《NGO 与政府合作策略》，社会科学文献出版社 2010 年版，第 124—125 页。

续表

| 官办社会组织 | 民间社会组织 |
| --- | --- |
| 统一思想 | 提升公民意识 |
| 乘势而上 | 造势 |
| 严格管理，加强监督 | 治理、善治 |
| 大力推进 | 倡导 |
| 健康发展 | 生存 |
| 适应社会主义现代化建设的需要 | 满足社会需要 |
| 贯彻……的精神 | 提倡……的理念 |

资料来源：作者自制。

2. 研究会与专家学者之间的结盟联动，以增强民间社会组织在公共政策制定过程中的话语权。如上所述，在反家暴政策制定中，研究会成员的另一个身份是法学、社会学、妇女学等相关领域的专家学者，这些专家学者为研究会在立法和执行项目过程中提供了有力的技术支撑。因此，在研究会与专家学者之间的结盟联动过程中，这些研究会成员凭借专家学者的身份和作用为研究会扩展政策参与空间提供了极大的智力支持。在访谈中，研究会成员、法学专家 G2 也认同研究会这一行动策略在中国政策参与中具有的可行性：

> 推立法，我现在的身份经常是两个身份，我们在项目里的身份其实是没人认的，人家（立法者）认的是你高校专家的身份。就是你比方说他的这个立法，你得进入到他的这个专家库里面。我认为这是国家的一个政治举动，你从 NGO 旁边提这个建议，你要是没有这个身份就很难……在中国你的这个身份很重要，要不然你就没有发言权，你一个 NGO 就没有发言权，而且你得是法学的，你不是法学的，人家得要你的这个名头，你是什么什么，我们请来的专家组都有谁谁谁，所以我们现在推动就方便了。①

① 访谈记录 GHM—03。

在上述访谈记录中，被访者的一句话“在中国你的这个身份很重要”十分耐人寻味，它背后隐含的意思是，研究会作为一个民间社会组织，其政策参与空间是十分有限的。如果单凭一个民间社会组织成员的身份，很难接近决策层。但是，在目前我们重视专家学者在立法中专业化作用的背景下，民间社会组织就可以借力于专家学者，提升自己的政策参与空间。因此，民间社会组织与专家学者结盟联动不失为一种有效的行动策略。

3. 研究会与其他民间妇女组织之间的结盟联动，以提升组织自身在公共政策制定过程中的社会影响力。民间社会组织之间基于共同的行动目标和各自利益考量，选择结盟联动。

1999 年 10 月到 2000 年 3 月，在香港乐施会的资助下，北京大学妇女法律研究与服务中心、北京红枫妇女心理咨询服务中心、中华女子学院社工系女性咨询与发展中心和研究会四家联合成立了反对家庭暴力工作小组。“工作小组”成立后，主要完成了如下工作：第一，2000 年 1 月 12 日工作小组的一些成员参加了由联合国妇女发展基金会召集的妇女组织消除暴力联手活动大会。第二，工作小组曾两次召开座谈会，撰写报告《中国民间组织（NGO）反对家庭暴力回顾》、《中国政府反对家庭暴力行动回顾》。第三，工作小组一行四人得到乐施会的资助，出席了从 2000 年 2 月 28 日至 3 月 17 日召开第 44 届妇女地位委员会和 Beijing + 5 特别联大第 3 次筹备会议。①

这次研究会与国内其他三家知名的民间妇女组织结盟联动反对家暴的活动，引起了多家媒体的关注，新华社、北京法制报、人民日报、中国日报、中国妇女报、北京青年报、北京时报等分别与工作小组中三个单位的参加者进行了采访，并在报上刊登了有关文章，对反家暴起了进一步的宣传作用，同时也增强了研究会在反家暴中的社会影响力。另外，经过一系列的活动与参加联合国两次大会，研究会对反家暴的认知理念与操作手法也有了很大的提升。这也提高了研究会在政策参与中的行动能力。

---

① 《反对家庭暴力工作小组总结报告》，陕西省妇女理论婚姻家庭研究会资料。

总体而言，研究会在反家暴政策制定中分别与省妇联、专家学者与民间妇女组织形成行动联盟，建立行动联合体，从而发挥了更大的作用。当然，在与合作方结盟联动的过程中，研究会始终保证了独立性和自主性。正因为如此，才能实现结盟联动的预期效果。研究会结盟联动关系结构如图3－2所示。

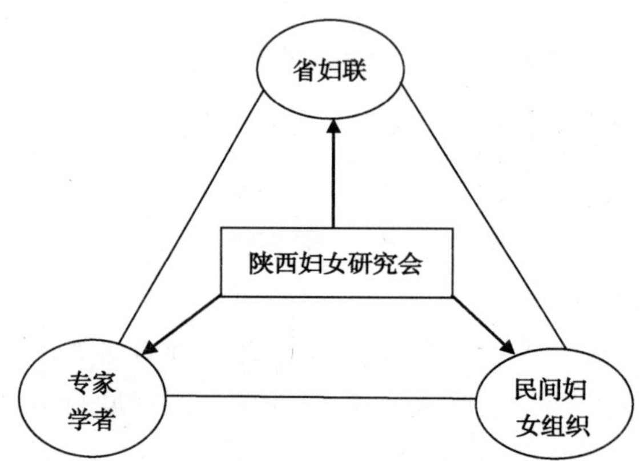


**图3－2 陕西妇女研究会结盟联动关系结构图**

（二）利益整合

按照唯物史观，利益关系是人类社会中人与人之间最本质的关系。人类社会中人与人之间的所有关系，都是人类在创造历史的社会活动中形成和发展的。所谓利益整合是指：“通过多种方式，在保证各群体利益的基础上，使各个部分合理、有序的组合起来，构成一个利益共同体。”① 具体到本案例中，利益整合即指协调政策网络中参与者间的利益关系，寻找利益交叉点，整合各方利益诉求，从而提高民间社会组织的政策参与能力。利益整合是参与者合作的结合点、落脚点和动力源泉。

民间社会组织首先需要了解网络中各个参与者的利益诉求，然后确定参与者间的利益交叉点。这个利益交叉点往往不是一次性找到的，需要民间社会组织反复寻找，参与者间不断磨合才能够准确定位。因此这条参与策略也体现了持续改进的原则。

① 王长江：《现代政党执政方式比较研究》，上海人民出版社2002年版，第63页。

利益整合首先需要了解参与者的利益诉求。在访谈中，谈到决策者的利益诉求时，研究会成员、法学专家 G2 一针见血地指出：

然后我说，如果咱们省人大把这个放进去之后，咱们省人大为国家做点贡献，然后也可以作为咱们的亮点。这一条对他们最有用。你要知道，这个立法不仅要对妇女有用，而且要对立法者有用，要对他们有好处，要平衡这个利益，立法就是分配利益。①

上述访谈记录中，被访者的一句话："立法就是分配利益"十分耐人寻味。民间社会组织在政策参与中，往往易于将注意力集中在服务人群的利益诉求上，而忽略了决策者的利益诉求。根据理性人假设，决策者也是有利益诉求的。比如政绩需要，受到上级单位的认可和表扬等。因此，民间社会组织在政策参与中，应当充分考虑将决策者的利益诉求与其他参与者的利益诉求整合起来，形成参与合力，增强参与效果。

又如，研究会负责人 G1 在访谈中谈到与各级妇联组织的合作时，也强调了利益整合的基础是对合作方利益诉求的充分了解，她说：

我知道体制内想要什么，想要点政绩，想要点钱，有时要点机会，要点别的什么资源，出去看看呀什么的。②

在充分了解参与者的利益诉求之后，接下来要做的就是积极寻找利益交叉点。比如，在与媒体合作的过程中，研究会意识到政策参与中媒体形塑舆论的巨大作用，因而想方设法地满足媒体的利益需求，积极寻找研究会与大众媒体的利益交叉点，以充分实现利益整合。研究会负责人 G1 在访谈中曾这样描述与媒体合作的细节：

① 访谈记录 GHM—03。

② 访谈记录 GXX—01。

那几年跟电视台很好，他们经常来找我们协商，我们给他们出主意，他们就做过家暴的这样的几期谈话节目。在做这个谈话的时候，他们到女监去做的，我们说的故事他们去录，把我们说的故事录下来。还有我们接待的时候，我们法律中心成立了，有几个案件也特别典型，媒体他们也来拍。当时跟市电视台关系特别好，他也来经常找素材，所以我们跟电视台的关系都比较好。①

很显然，研究会在与媒体合作的过程中，充分注意到了媒体关注收视率，扩大社会影响力的需求。因此，当媒体来研究会找素材，寻求典型案例时，研究会都给予了积极的配合。

对于民间社会组织有效运用利益整合这一策略来达成组织目标，研究会成员、法学专家 G2 解释得十分精辟：

我们现在在中国做 NGO，它要在交叉点上做事，这个交叉那个交叉，各种利益。有一种理论叫多方利益理论，经济学里面，还有一个是协同合作。协同合作你得给人家利益，你得知道人家是奔着什么来的，他要什么你给他什么，你得满足了他。②

事实上，在反家暴政策参与的过程中，处处体现出研究会对政策网络中决策者、妇联组织、专家学者、大众媒体以及国际机构等参与者间各自利益诉求的充分了解，并将这些来自各方的利益诉求整合在一起，最终提高自身机构在政策参与中的影响力。

陕西反家暴政策网络中参与者间的利益整合如下页图 3－3 所示。

（三）议题包装

议题包装是指如何解释和推动反家暴议题使其逐步为公众和决策者接受，特别是对于中国这样一个传统社会而言，接受“家暴”这样的新概念尤其需要议题包装策略，即用什么方法使公众转变观念，使

① 访谈记录 GXX—02。

② 访谈记录 GHM—03。

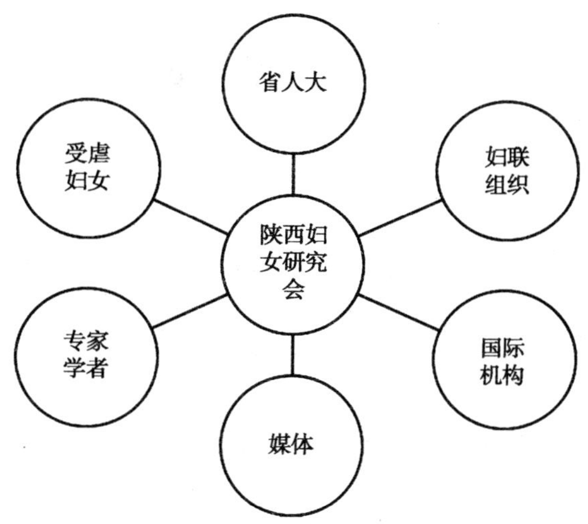


**图 3-3　陕西反家暴政策网络中参与者间的利益整合图**

决策者立法时能够回避敏感性。如果把公共政策议程分为公共议程与政策议程的话，那么议题包装也相应地分为公共议题包装与政策议题包装。

1. 公共议题包装。20 世纪末，“家暴”作为一个外来概念，公众普遍对这个新名词并不十分了解。如何能够使“家暴”这一新概念被公众所理解，并提高公众对反家暴的知晓度和认识，研究会运用的策略是在宣传新概念时，充分考虑到基于本土地域、风俗文化和目标人群的差异而灵活选择相应的包装技巧。研究会权益部部长 L3 长期在社区进行反家暴宣传，在访谈中，她深有感触地说：

> 如果我们在里面（社区）提到的人权太多，我们的工作也就没法做。在实际工作中就要有一些策略。有时候在社区工作就得包装，比如（要宣传）家庭和谐才能社区和谐，然后再提到家庭暴力，因为你有家庭暴力就没办法和谐。所以这个前提下再进入，从正面再进入就比较好一点。社区它就喜欢这些。①

① 访谈记录 LL—01。

同样在社区进行反家暴宣传，研究会的公共议题包装策略又会因具体地域差异而灵活调整。2001 年 8 月，研究会在合阳县开展了题为“建立县、乡级反家庭暴力的支持性社会环境”项目。研究会根据农村当地实际情况，因地制宜地使用了编排地方戏、宣传张贴画、标语、黑板报等符合农村实际发展情况的宣传方式。在标语的设计上，研究会考虑到当地农村的社会性别关系和婚姻状况，如果在农村社区开展反家暴活动策略不当会受到男性和老年人的反对。研究会经广泛讨论后将主题口号定为：“建设五好文明家庭，让家庭暴力远离咱村。”事实证明，这个主题口号一方面能够使大家共同参与到预防和制止家暴的行动中；另一方面，也将反家暴的活动和理念整合进文明家庭建设之中，使之具有持续性。[①]

培训也是将家暴这一社会问题上升为公共议题的一条有效途径。在培训中，研究会考虑到培训对象的职业特征，灵活选择相应的包装策略。在访谈中，研究会负责人 G1 说起对西安市派出所所长进行社会性别意识与家庭暴力培训时，就是公共议题包装的另一种典型方式：

> 我觉得我们 2000 年那场培训其实是蛮成功的……我当时就想我必须找到一个切入点，让他们觉得反家暴是他们自己的本职工作。所以我在举家暴、反家暴的例子当中，不仅举了联合国通过的那一些什么家暴宣言，还有一个就是联合国一个关于类似于警察执法的一个宣言，这是我找到的一个支撑点……我们从他们的职业方面入手，这是我们的成功点。不是说给他们讲女权主义什么的，而是你当警察，就必须要这么做。[②]

可见，在对警察进行培训工作时，研究会有效运用了公共议题包装策略，使培训对象从职业角度提升了对反家暴的认识水平。很多警

① 高小贤：《整合资源，建立县、乡级反家庭暴力的支持性社会环境》，《妇女研究论丛》2003 年第 4 期。

② 访谈记录 GHM—03。

察在培训前认为家暴是家务事，与其他案件相比是小事。在培训后，警察们意识到“家暴不是小事，它侵犯了妇女儿童的合法权益”，“家暴如不及早制止，会使暴力升级，危害社会治安”。[①]

2. 政策议题包装。当反家暴从公共议题进入决策者的视野，变为政策议题之后，研究会也注意对其进行议题包装，以提高决策者对家暴问题的重视程度。比如在1999年的《条例》以及2002年提交给省人大常委会的《决议》正式稿中，均着重强调了反家暴的社会意义在于“促进社会、家庭的文明和进步”、“维护社会稳定，促进两个文明建设”等，将反家暴与决策者所关注的“构建社会主义和谐社会”的目标联系起来。强调一个幸福和谐的家庭，正是构建和谐社会的基本单位。这种政策议题包装的策略引起了决策者对家暴问题的高度重视，从而有力推动了反家暴立法。

（四）意识提升

意识提升是指通过何种方式提升决策者对政策议题的意识水平。通常对权力的解释，可以分为三个层次：强制、控制以及影响。所谓强制，就是通过一种暴力手段要求服从；控制可以通过暴力机构，也可通过建立法律法规、行政管理、利用高科技技术进行监督等方式；影响则是通过外部的因素，致使自身产生一种驱动力，从而依照影响者的行为行事。可以看出，对决策者的意识提升属于权力的影响层次。

反家暴立法能否通过在很大程度上取决于决策者对于家暴问题及反家暴立法的思想认识。在访谈中，参与了《决议》出台的原省人大内务司法委员会办公室主任W1也承认：

> 咱们在家暴这个方面，在家暴的这个立法的选题上合适不合适，这个当时与我的思想认识有关系……我们对家暴研究的这个深度还不够。[②]

---

① 《西安归来的反思：如何完善对警察社会性别和反家庭暴力培训》，陕西省妇女理论婚姻家庭研究会资料。

② 访谈记录WJX—01。

研究会深知立法者的思想认识对于推动立法至关重要。研究会负责人 G1 在访谈中明确表示：

> 我们一定要让立法中位置很重要的人能够认识支持理解这个东西，能和我们有共识。①

但是如果仅仅提升决策者的意识水平，那么提升的效果必定是有限的。家暴作为一个社会问题，需要引起全社会各相关部门的重视，形成一个社会整体的意识提升。在具体的意识提升方式选择上，培训显然是改造意识的一条重要途径。因而，研究会采取的策略是自下而上地针对不同目标人群通过开展社会性别培训，以形成全社会整体反家暴意识的提升，最终达到决策者意识的提升，促使政策出台。如前所述，研究会举办了多次社会性别意识提升的培训活动。具体细分，可分为自我培训、社区干部培训、司法干部培训以及立法者培训等几个层次。

在对自我进行培训中，研究会 2000 年 2 月邀请北京大学法学院白桂梅教授给成员进行培训；2001 年 6 月，研究会邀请美国律师协会反家庭暴力委员会主任贝蒂·加勒女士进行反家庭暴力的培训和交流；2001 年 10 月，研究会与泰国清迈大学妇女研究中心合作，举办"妇女研究方法：家庭暴力"培训班。经过一系列的自我培训，研究会成员的社会性别意识和反家暴培训技术得到提升，为培训其他目标人群做好准备。

在对一线社区干部培训中，2002 年 10 月，研究在西安市雁塔区共举办了三期"社会性别与家庭暴力培训班"，共有 85 名社区干部参加了培训。培训活动为推动社区内反家暴工作的开展、建立反家暴的社会支持性环境奠定了基础。

在对司法干部培训中，1998 年 11 月，研究会为 90 余名司法工作者举办了社会性别培训班；2000 年 2 月，研究会为陕西省司法干部共

① 访谈记录 WJX—01。

25 人开展了培训；2000 年 4 月，研究会又对西安市 100 名派出所所长等进行了培训。

在对立法者培训中，2001 年研究会对部分人大女代表进行社会性别培训。①

研究会开展的自下而上的、多层次的培训活动方式有效提升了社会整体反家暴意识的提升，这其中当然也包括了对立法者的意识提升。研究会对决策者的意识提升路径如图 3－4 所示。

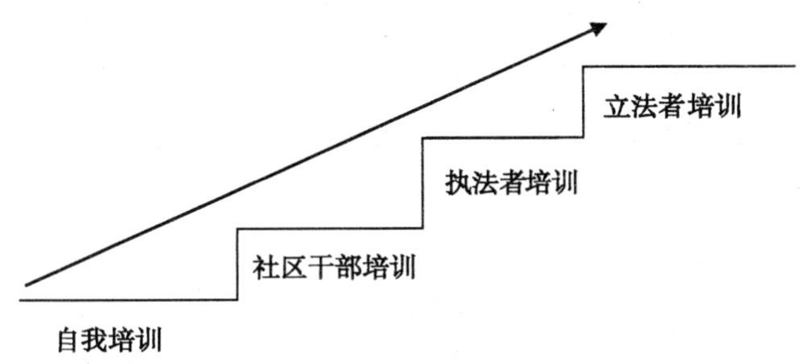


**图 3－4　陕西妇女研究会自下而上式意识提升路径**

（五）社会动员

法律是适应社会需求而产生的，目的在于规范人们的行为。社会需求并不是完全客观的事物，往往需要通过需求说服创造需求，对于某些问题，在一定社会发展阶段，需要通过宣传和教育才能改变社会意识，让人们意识到“有必要进行相应的立法”，从而开发社会的立法需求。因此，单纯的立法推动离不开整体社会环境的改造。

反家暴并不是一件简单的事情，而就反家暴进行政策参与也不是一件单一的事情。推动法律出台，除了直接参与影响政府立法，更为广泛的是，通过宣传和倡导，改变社会整体对于家暴的理解和认识，让社会认识到对反家暴进行立法的必要性和重要性。同时，通过公共舆论来对政府施加一定的压力。研究会主要是通过媒体宣传及倡导、开展公众教育等方式改变社会整体的认知。

① 以上培训活动记录参见《陕西省妇女研究会 1995—2005 年干预家庭暴力系列行动》，陕西省妇女理论婚姻家庭研究会资料。

1. 媒体宣传及倡导。研究会进行媒体宣传及倡导的方式多种多样。如前所述，研究会对反家暴进行宣传及倡导时在城市社区主要通过报纸、广播、电视等方式。如与陕西电视台《经济生活点评说》栏目合作，推出婚外情、家庭暴力个案，热线咨询员点评；西安电视台采访报道了妇女热线，让社会公众了解妇女热线；受陕西广播电台、西安广播电台邀请，研究会做了“女权主义及社会性别观念”、“介绍妇女热线”等谈话节目。研究会还曾分别在陕西经济广播电台、西安经济电台多次做专题节目，剖析研究会所处理的一些典型案例，为社会上的女性提供法律支持与应对策略。①

研究会在农村社区主要通过当地群众喜闻乐见的地方戏、宣传张贴画、标语、黑板报等方式。如在合阳县研究会编写了反家暴简报，并制作了15000张宣传画张贴到各个乡镇、村庄以及村民家中。县妇联还组织在公路两旁、村庄周围刷写了标语，换写了反家暴板报。②研究会帮助筹备组建了三支反家暴文艺演唱队，以农村妇女身边发生的人和事为题材，编写了快板、地方戏等节目在全县16个乡镇24个村庄进行巡回演出，观看群众涉及50个村庄3万余人，让人们在寓教于乐中了解了家庭暴力的危害。

针对媒体宣传及倡导在民间社会组织政策参与中的作用，研究会负责人G1这样评价道：

> 影响立法不是对哪个人就能有用，你可能外围做了很多的工作，你潜移默化的做了包括报纸电视电台，慢慢的让家暴这个话题不成为敏感话题，大家都接纳了这个话题。③

可以看出，研究会通过各种形式积极宣传提升了社会整体的社会性别意识和反家暴意识，使“家暴”这个陌生的词汇逐渐被社会理解

① 《反对家庭暴力工作小组总结报告》，陕西省妇女理论婚姻家庭研究会内部资料。

② 高小贤：《整合资源，建立县、乡级反家庭暴力的支持性社会环境》，《妇女研究论丛》2003年第4期。

③ 访谈记录GXX—03。

和关注。这对推动立法营造了良好的社会认知环境。

2. 开展公众教育。为了让全社会行动起来预防和制止家庭暴力，研究会广泛开展公众教育，努力营造一个谴责和制止家暴的社会氛围。研究会每年利用三八妇女节、“11 月 25 日国际消除对妇女暴力日”等重要节日，组织有关部门上街宣传咨询，打出了“打老婆不是家务事”、“女人错了也不能打”等反家暴口号，散发宣传资料，制作宣传版面，并向过往群众进行咨询服务。义务咨询地点通常选择在繁华商业街地区、人流最大的大型超市门前、女工集中的地区等，通过散发热线工作卡、反家庭暴力宣传折页等方式开展公众教育。经过研究会的大力宣传，当地妇女群众的法律维权意识显著提高，社会公众对家暴问题的理解与认识也逐步深化，有效开发了社会的立法需求。

## 第四节　小结

本章主要讨论民间社会组织在反家暴政策制定中的参与模式选择。研究中以陕西妇女研究会参与 2002 年陕西省第九届人民代表大会常务委员会通过的《关于预防和制止家庭暴力的决议》为研究个案，依据反家暴政策制定中社会组织参与模式的分析框架，从参与者及角色、参与者间关系、参与资源与参与策略等四个维度进行分析。

在分析参与者及角色中，本章将案例中的参与者分为以陕西省人大及其常委会、陕西省人大内务司法委员会、陕西省人大法制工作委员会等立法部门等构成的“决策核心层”；以陕西省妇联、陕西省妇女儿童工作委员会等构成的“决策协调层”；和以陕西妇女研究会、陕西省司法部门、专家学者、大众媒体以及国际机构构成的“决策参与层”。“决策协调层”与“决策参与层”二者形成合力，通过各种行动策略联手影响“决策核心层”，共同实现预防和制止家庭暴力的立法目标。

在分析民间社会组织与其他参与者间关系中，本章重点分析了研究会与其他参与者间形成的动态关系，具体包括与各级妇联组织形成的合作关系、与省人大立法部门形成的妥协关系、与国际机构和大众媒体形成的适度对抗关系。

在分析民间社会组织的参与资源中，本章分析了研究会在反家暴政策制定中所表现出来的优势资源，分别是经济资源、技术资源、信息资源与关系资源。这四种主要优势资源组合成一定的网络结构序列，为研究会的参与策略奠定资源基础。其中，关系资源中本章提出与西方政策网络单纯的“利益契合”不同，中国本土情境下的反家暴政策网络结构除了具备“利益契合”之外，还存在明显的“情感契合”。在中国本土情境下，“情感契合”更多是通过“交叠型公私关系”体现出来。“交叠型公私关系”使得政策网络中参与者之间的关系变得丰富而多元。在这其中，私人关系做先导，发挥其“木楔效应”开启组织间公共关系，从而达到扩展民间社会组织政策参与空间的目的。

在分析民间社会组织的参与策略中，本章分析了研究会在陕西反家暴政策制定中所运用的参与策略可分为结盟联动、利益整合、议题包装、意识提升以及社会动员等。研究会通过有效运用上述策略实现了反家暴政策制定有效参与的目的。

# 第四章

# 官办社会组织在反家暴政策制定中的参与模式分析

## ——以湖南省妇联为例

上一章本书以陕西妇女研究会为例，对民间社会组织在反家暴政策制定中的参与模式进行了分析，这一章以湖南省妇联为例，对官办社会组织在反家暴政策制定中的参与模式进行分析。如果说陕西妇女研究会具有比较浓厚的草根性或者民间性，那么，湖南省妇联就是另外一种类型的社会组织的代表，它的成立与运作具有比较强烈的官方背景。相对于民间社会组织，这类官办社会组织在公共政策制定的过程中参与机会更多，参与广度更大。因此，研究这一类型的社会组织对于拓宽认识社会组织在政策制定中的参与模式，以及更进一步把握中国国家与社会的关系不无裨益。为了回答官办社会组织的政策参与模式，本章选取了湖南省妇联参与制定2000年湖南省人民代表大会常务委员会《关于预防和制止家庭暴力的决议》这一典型案例进行深入研究，试图通过对代表性案例的分析具体考察官办社会组织在政策制定阶段中的参与模式。本章继续以政策网络理论为理论视角，根据反家暴政策制定中社会组织参与模式的分析框架，分析反家暴政策网络中参与者的角色、参与者间关系、参与资源与参与策略等问题。

## 第一节　案例背景与介绍

湖南省妇联全称为“湖南省妇女联合会”，成立于1953年2月，隶属于中华全国妇女联合会。中华全国妇女联合会是在周恩来同志倡导下，经中共中央政治局决定于1949年3月24日正式成立。其章程规定："中华全国妇女联合会是全国各族各界妇女在中国共产党领导下为争取进一步解放而联合起来的社会群众团体，是党和政府联系妇女群众的桥梁和纽带。"妇联的基本职能是维护妇女权益，促进男女平等。和所有活跃在中国政治、社会舞台上的人民团体组织一样，妇联起到了广大妇女参政议政渠道；妇女运动的重要组织者和领导者；社会主义政权的重要社会支柱；革命和建设的重要力量等重要作用。①

1995年，第四次世界妇女大会在北京召开，大会将家庭暴力列入12个密切关注的领域之一。家暴问题开始成为妇女维权领域重点关注的问题。从那时起，推动制定预防和制止家暴决议，规范反家暴的立法、执法和守法环节，使之逐步成为相对完整的单项立法，维护妇女的婚姻家庭权利，促进社会稳定，是妇联组织致力开展的工作。

在湖南省妇联的推动下，湖南省反家暴工作一直走在全国前列。当地党委、人大、政府、政协以及各职能部门、妇联组织敢于创新、勇于实践，湖南省反家暴工作取得可喜成绩，到目前为止已在全国实现八个"第一"，即第一个于1996年出台了关于预防和制止家暴的市级规范性文件《关于预防和制止家庭暴力的若干规定》；第一个于2000年出台了全国第一部反家暴的地方法规《关于预防和制止家庭暴力的决议》；第一个创建"零家庭暴力社区"工程，政府主导开展社区综合干预；第一个将反家暴工作纳入社会治安综合考评体系；第一个制定涉及家暴案件审理的指导性文件；第一个对全省派出所所长开展反家暴培训；第一个围绕"人身安全保护裁定"出台政法委专门文件；第一个由省级公安机关发布的警察处理家暴案件规范性文件，提高了基层民警接处家暴案件的能力和效率。目前由湖南省妇联主推的湖南预防和制止家暴工作已成为全国反家暴的品牌工作。

湖南反家暴工作得到上级领导、兄弟省份和国际社会的高度肯

① 参见康晓光《权力的转移——转型时期中国权力格局的变迁》，浙江人民出版社1999年版。

定。全国人大常委会副委员长、全国妇联主席等多位领导曾到湖南指导反家暴工作。全国先后有10多个省市，50多个市州、县区到湖南考察交流。湖南省高院、省公安厅的成功经验写入《“北京+15”中国非政府妇女组织报告》。2010年，时任省妇联主席参与了在美国华盛顿举行的国际会议，介绍湖南反家暴经验。

在湖南省反家暴工作取得的八个“第一”中，2000年湖南省人大常委会出台的《关于预防和制止家庭暴力的决议》尤为引人注目。它是我国第一部由省级人大出台的预防和制止家庭暴力的地方性法规；第一次从法律定义上诠释了家庭暴力的概念；第一次对我国现有法律涉及家暴行为条款进行了集中表达；第一次明确了要对家庭暴力当事人给予帮助；第一次明确了家暴责任人该负的责任。《决议》的出台把涉及家暴的行为纳入了司法程序，对切实保护妇女，人身权利，维护家庭和社会的稳定，具有十分重要的意义。[①]

这项地方法规的出台与省妇联的大力倡导以及省政府决策者的高度支持密切相关。在该政策制定过程中，湖南省妇联充分展示出了官办社会组织作为政策倡导者的便利性与组织能动性，就影响内容进行多层次立体式的博弈，从而实现了所设定的预期目标。本章以湖南省妇联参与2000年湖南省《关于预防和制止家庭暴力的决议》的出台为研究案例，对其政策网络结构与政策网络行为进行深入分析。

## 第二节　湖南反家暴政策制定过程回顾

从1996年1月，湖南省妇联向省人大常委会呈送《关于请求将制定我省反家庭暴力法规纳入1996—1997地方立法规划的报告》，到2000年3月31日，湖南省人大常委会第14次会议表决通过《关于预防和制止家庭暴力的决议》（以下简称《决议》），时间整整过去了四

① 参见肖百灵《预防和制止家庭暴力的探索和实践》，湖南人民出版社2013年版，第21页。

年。《决议》的顺利出台离不开湖南省妇联的不懈努力，湖南省妇联参与《决议》的制定过程可大致分为如下几个阶段。

## 一 政策议题的提出与推进

1995 年北京第四次世界妇女大会之前，虽然在中国颁布的《宪法》、《刑法》《婚姻法》、《治安管理处罚条例》等法律法规中有对家庭暴力的规定，但是在各级立法中都没有采用“家庭暴力”这一概念。在这种背景下，湖南省妇联反家暴这一新政策议题的提出与推进也是一波三折，艰难前行。

### （一）立法缘起：多重因素共同作用

在 20 世纪末的中国，家暴问题未被当做一个独立的社会问题来对待，还未引起社会公众和立法机关的普遍重视。湖南省妇联反家暴的立法设想可以说是多重因素共同酝酿了反家暴政策议题的提出。

首先，第四次世界妇女大会在我国的召开给省妇联开展反家暴工作提供了良好的社会环境。1995 年，第四次世界妇女大会在北京召开并通过了《北京宣言》和《行动纲领》。《行动纲领》明确把对妇女的暴力和人权基本自由联系在一起，称“对妇女的暴力侵犯，损害或剥夺了妇女享有的人权和基本自由”。自此，对妇女的家庭暴力问题在我国开始提出，“家庭暴力”一词敏感地出现在大众媒体上，并逐渐被社会公众关注。同时，湖南省妇联也借大会召开之际，学习吸收了国际上有关反家暴的一些经验和做法，这其中就包括了针对家暴的立法，这在无形中给省妇联提供了新的工作思路。

其次，长沙市委、市政府出台反家暴政策为省妇联提供了有效借鉴和思考。20 世纪 90 年代初，长沙市妇联通过信访渠道敏锐地发现了这一带有倾向性和普遍性的问题，将预防和制止家庭暴力作为重要课题，通过详细的调查研究，撰写出调查报告《来自无数家庭的呼唤——制止家庭暴力》，引起市委市政府的高度重视。几经论证和修订，1996 年 1 月 10 日长沙市委办公厅、市政府办公厅颁发了《长沙市预防和制止家庭暴力的若干规定》。这一文件的出台在湖南全省引起了极大的反响。该文件是我国第一个由党委、政府出台的反家庭暴力的地方性文件。这一市级规范性文件对省妇联的反家暴立法工作起到了积极的促进作用，不但为省妇联提供了反家暴地方立法的宝贵经验，也大大增强了省妇联的立法决心和信心。

再次，当家暴逐渐成为中国一个显性的社会问题时，1996 年 1 月 4 日，湖南长沙市发生一起震惊省内外的“高楼抛妻案”，这一家暴恶性案件可被视为引发政策制定的关键事件。37 岁的居委会主任姚亿召，因不堪忍受丈夫长期的家暴提出离婚，被丈夫从六楼抛下摔死。这一案件在湖南引起极大震动，省委、省政府高度重视此案，强调从政策上预防和制止此类事件。这与省妇联反家暴立法的工作思路刚好不谋而合。从 20 世纪 90 年代初，省妇联开始关注家暴信访案件。从县以上妇联来信来访案件看，1995 年至 1996 年共接待有关婚姻家庭的来信来访 29388 件次，其中涉及家暴问题的 7876 起，占 26. 8% 。[①] 长期从事信访和妇女维权工作的省妇联权益部干部逐渐意识到了应当从立法的高度来解决这个问题。省妇联把“高楼抛妻案”作为又一起家暴典型案件，经过详细调研之后写出了《关于谭自忠高楼抛妻致死案的情况分析》。在省妇联的影响下，湖南省人大内务司法委员会妇女儿童工作组也给省人大常委会办公厅提交了《家庭暴力问题应引起高度重视》的报告。一时间，反家暴立法的呼声在湖南骤然而起。

（二）议程设定：反家暴政策多次纳入立法规划

在上述因素的共同作用下，1996 年 1 月，湖南省妇联主席支持召开主席办公会，专题研究反家暴地方立法一事，决定向省人大递交专题报告。在妇联主席的带领下，湖南省妇联向省人大常委会呈送了《关于请求将制定我省反家庭暴力法规纳入 1996—1997 年地方立法规划的报告》。同时，省内务司法委员会向省人大常委会提出制定家庭暴力地方性法规的建议。省人大常委会将之列入当年的立法规划，省妇联承担起禁止家庭暴力法规试拟稿的起草工作。随后，省人大内务司法委员会与省妇女儿童工作委员会进行了反复论证。当时，“该不

---

① 参见肖百灵《预防和制止家庭暴力的探索和实践》，湖南人民出版社 2013 年版，第 5 页。

该立”、“能不能立”的争论非常激烈。“否”论认为，全国尚无先例，立法依据不足；“立”论认为，出台反家庭暴力地方性法规势在必行。“否”论和“立”论意见分歧很大。因此，尽管《预防和制止家庭暴力》的提案在1996年、1997年两次被列为省人大立法计划，但在家暴问题还没有被当做一个独立的社会问题的年代，提案被反复搁置。在这一过程中，省人大内务司法委员会继续加大调研和典型案例反馈，先后多次向省人大汇报情况。

在此期间，长沙市委办公厅、市政府办公厅出台的《长沙市预防和制止家庭暴力的若干规定》开始显现出了遏制家暴的积极作用，这更加坚定了省妇联和省人大内务司法委员会的立法信心。

1998年1—6月，省妇联组织全省各级妇联通过接待来信来访，入户调查，座谈讨论，发放问卷等形式，对全省123个区县的家暴情况进行了调查。省妇联撰写了《制定反家暴地方性法规势在必行——对254起家暴案件的分析与思考》调研报告。省妇联对254起家暴典型案例进行分析，254名受害妇女中，有165人鉴定为轻微伤；48人鉴定为轻伤；27人受重伤。但是，254起案例中，仅有55个施暴者受到处罚，占总数的21.7%。[①] 通过对家暴的详细调查，省妇联痛切地感到制止家暴迫在眉睫，进一步增强了向家暴宣战、维护妇女人身权益的责任感和使命感。这份调研报告为2000年《决议》的出台起到了关键的佐证与支持作用。

调研报告呈送省委、省人大、省政府及相关部门及省人大代表，建议加强对家暴问题的关注与防治，省妇联以此为起点再次开始推动立法。经媒体报道，家暴问题引起了社会各界强烈反响。省委、省人大常委会领导高度重视，省委分管这项工作的副书记在专题报告上批示：“坚决遏制家庭暴力！”家暴再次成为社会各界广为关注的焦点。

1998年1月，湖南省九届人大议案组收到来自永州代表团、怀化代表团分别提交的两份题目相同、内容大体一致的议案《尽快制定惩

① 参见肖百灵《预防和制止家庭暴力的探索和实践》，湖南人民出版社2013年版，第258页。

治家庭暴力地方性法规》。对此，省人大领导高度重视。4 月，省人大常委会办公厅以湘发办［1998］5 号文件，确定湖南省预防和制止家庭暴力地方性法规拟于 1999 年出台。

1998 年 12 月，中共湖南省委办公厅向各地、市、州、县委各部委、省直机关各单位、各人民团体党组（党委），以湘发办［1998］34 号文件转发了省妇联党组《关于进一步重视和解决当前妇女工作几个突出问题的报告》。专门就抓紧制定禁止家暴的地方性法规作了阐述，"为了有效地制止家庭暴力行为，打击家庭暴力犯罪，必须根据《中华人民共和国宪法》和《中华人民共和国刑法》的法律，结合我省实际情况，抓紧制定反家庭暴力的地方性法规。这既是解决家庭暴力问题的治本之策，又是适应不断发展的新形势，与国际上保障妇女权益的一些有效做法接轨的重要措施。对已列入我省'九五'立法规划的《湖南省禁止家庭暴力若干规定》，有关部门要抓紧草案的修改定稿工作，尽快报省人大常委会审议，争取在 1999 年内出台。在《湖南省禁止家庭暴力若干规定》中，应明确施暴者必须承担的刑事责任、民事责任、行政责任，并规定对施暴者进行恰当的惩罚。在《湖南省禁止家庭暴力若干规定》未出台之前，各级党委、政府和政法部门要采取有力措施，预防和制止家庭暴力事件的发生"。湖南省党务例会纪要［1998］第 6 次指出："关于省妇联请求尽快制定我省反家庭暴力法规的问题，省人大常委会已将此项纳入 1998 年调查论证范围，请有关部门继续做好前期准备工作。"①

1999 年底，肖芝泉等 11 位省人大常委会委员联名向常委会提出建议："提议省人大高度重视妇女人权问题，早日制定《湖南省关于保护妇女人身权利，预防和制止家庭暴力的决议》。"省人大常委会主任会议研究会后交省人大内务司法委员会办理。这标志着反家暴立法再次进入省人大立法决策者的视野。

---

① 参见肖百灵《预防和制止家庭暴力的探索和实践》，湖南人民出版社 2013 年版，第 19—20 页。

### 二 政策方案的选择与规划

在反家暴政策议题推进的过程中，立法提案被反复论证，争论与搁置。争论与搁置的主要原因是省妇联与省人大内务司法委员会就反家暴政策的级别意见不一。期间省妇联和省人大内务司法委员会就政策方案进行了多次的修改，历经1996年4月9日《湖南省预防和制止家庭暴力条例》（第一稿）、1996年5月7日《湖南省预防和制止家庭暴力条例》（第二稿）、1996年7月19日《湖南省禁止家庭暴力条例》（试拟稿第三稿）、1996年12月8日《湖南省禁止家庭暴力暂行规定》（试拟稿第四稿）。直到1999年底，省妇联将第6次修改后的《决议》稿呈送给了省人大内务司法委员会司委和法制工作委员会。在1999年底，肖芝泉等11位省人大常委会委员联名向常委会提出建议，提议早日制定反家暴地方性法规，省人大常委会主任会议研究会后交省人大内务司法委员会办理之后，省人大内务司法委员会、省妇女儿童工作委员会对草拟稿进行修改，省妇联配合人大内务司法委员会对草拟稿进行了多次反复修改。多次论证后，省人大内务司法委员会向省人大常委会提出议案。

### 三 政策方案的出台

2000年3月31日，湖南省第九届人民代表大会常务委员会第14次会议以57票赞同、2票弃权、1票反对，表决通过了《关于预防和制止家庭暴力的决议》。全文52行，13个序号，1560字。至此湖南省《关于预防和制止家庭暴力的决议》的政策制定告一段落。

## 第三节 官办社会组织参与反家暴政策制定的政策网络分析

《决议》的出台，使反家暴工作逐渐从“清官难断家务事”、“不诉不理”的状态，走向了依法治理、政策干预的新局面，为湖南乃至全国的反家暴工作奠定了坚实的基础。作为官办社会组织的省妇联在其中发挥了非常重要的作用。本书认为，这次湖南省妇联的政策参与活动是官办社会组织参与公共政策制定的经典案例。决策者与官办社会组织共同实现了预防和制止家庭暴力的立法目标。湖南省人大及其常务委员会、湖南省人大内务司法委员会、湖南省人大法制工作委员会、湖南省政府、湖南省委、湖南省妇联、湖南省妇女儿童工作委员会、湖南省司法部门、大众媒体以及专家学者等多元行动者直接或间接参与了《决议》的出台过程，形成了官办社会组织参与反家暴政策制定的政策网络。

## 一　参与者及角色：政策网络中的行动主体

按照我国政治体制，结合湖南省反家暴政策制定的具体情况，本书将湖南反家暴政策网络中的参与者划分为三个层次：决策核心层、决策协调层与决策参与层。其中，湖南省人大及其常委会、湖南省人大内务司法委员会、湖南省人大法制工作委员会等立法部门构成了“决策核心层”，负责修改、审议并表决政策的出台；湖南省政府、湖南省委、湖南省妇联、湖南省妇女儿童工作委员会等构成了“决策协调层”，负责与立法部门协调相关工作；湖南省司法部门、大众媒体以及专家学者等构成了“决策参与层”。“决策协调层”与“决策参与层”二者形成合力，通过各种行动策略联手影响“决策核心层”，共同实现预防和制止家庭暴力的立法目标。

### （一）决策核心层

在反家暴政策制定中，湖南省人大及其常委会、湖南省人大内务司法委员会、湖南省法制工作委员会等立法部门参与了政策制定过程。它们在立法过程的角色和作用各不相同。大体如前，省人大内务司法委员会在立法前期发挥着立法调研、起草等重要任务；省人大及其常委会、省人大法制工作委员会在修改和审议过程中起着决定性的作用，最终通过则是省人大常委会来完成的。它们之间的角色分工是中国政治制度结构和决策体制所决定的。在政策制定过程中，这些制度化决策主体之间存在复杂的互动沟通，在立法的不同阶段就立法思路相关议题和条款进行探讨、辩论及修正。总体而言，作为立法过程的制度化主体，它们大多数时候是代表国家意志参与立法过程的，它们的立法行为体现出“公共利益”的取向。

根据我国人民代表大会制度分层次的立法体制，地方省一级人大的组织结构具有同一性。同时，根据各地方人大常委会制定颁布的《地方性法规制定条例》（也有的地方称之为办法、规程、暂行规定），地方法规的起草均遵循了“谁主管、谁负责”；“谁立项，谁起草”的工作模式。即法规草案由提出立法建议案的主体组织起草，而起初法规案的主体，通常就是提出立项的主体。谁提出立项，谁就负责该法规草案的具体起草工作。因此，湖南反家暴政策网络中“决策核心层”的参与者湖南省人大及其常委会、湖南省人大内务司法委员会、湖南省人大法制工作委员会等立法部门的角色作用以及工作内容与陕西反家暴政策网络中“决策核心层”的参与者基本相同，限于篇幅的关系，故在此不再赘述，可参考同前。

（二）决策协调层

在湖南反家暴政策网络中，湖南省政府、湖南省委、湖南省妇联、湖南省妇女儿童工作委员会等构成了“决策协调层”。因各地方政府的妇女儿童工作委员会的组织结构和工作职能基本相同，且在反家暴政策网络中均发挥了同妇联组织相似的作用。因此，在湖南反家暴政策网络中本书将其与省妇联一道并入决策协调层，主要发挥协调督促的作用，且对其组织架构和工作职能不再赘述。此处重点阐释湖南省妇联、湖南省政府、湖南省委的角色与作用。

1. 湖南省妇联。同陕西省妇联一样，湖南省妇联同样隶属于全国妇联，因而在组织性质、结构体系以及工作内容等方面与陕西省妇联基本相同。并且在反家暴网络中，两个妇联组织发挥的功能均体现在为“决策与核心层”与“决策参与层”搭建交流平台，向决策层传递信息。故而，本书仍将湖南省妇联置于“决策协调层”。与民间社会组织的政策参与不同之处在于，湖南省妇联作为人民团体之一，享有人民团体作为体制的“内部人”参与国家立法活动的资格。所谓“内部人参与”是指妇联组织作为国家政治和立法体制的组成部分，根据法律或执政党的政策，通过体制内的渠道参与法律政策创制的立法参与方式。妇联参与立法不仅包括与立法者的游说活动，而且可以直接参与到立法过程中。在立法参与效果方面，“内部人”参与更加直接有效。

在湖南反家暴网络中，湖南省妇联提出政策议题，并参与了政策方案的选择与规划。因而，作为反家暴的核心力量，由于在联系妇女方面的性质和官方化的组织特征，省妇联在家暴政策制定过程中发挥了重要作用。省妇联在反家暴政策网络中起到了核心枢纽的协调作用，在实际工作中，省妇联起着联系各方的纽带作用。

2. 湖南省政府。这里所指的政府是指某一行政级别上的人民政府，负责执行和贯彻国家法律、组织国家事务的“行政机关”，区别于具体的“厅”、“局”等具体的政府职能部门。

关于地方人民政府对地方人大立法的法定参与权，我国法律和相关法规在政府立法提案权、立法正式过程中参与都有一定的规定。一是在法案到法的阶段，政府有法定的提案权、政府有列席审议法规会议的权力；二是在法的完善阶段，政府有提出法规解释案的权力、对法规进行解释的权力、制定配套文件的权力、提出法规清理建议的权力。

在湖南反家暴政策网络中，湖南省政府在政策制定中充当协调动员的角色，即提出反家暴立项建议，并协调相关职能部门共同构建反家暴干预体系。比如 1995 年 1 月，湖南邵东县发生一起恶性家暴案件，省妇联了解案情后立即向省政府领导汇报。时任副省长的潘贵玉指出：“肆意摧残妇女已成为严重的犯罪趋向，必须狠狠打击”，并督促市、县政法部门严惩凶手。在中国压力型的政治体系下，省政府的协调力量对于家暴干预起着重要的作用。

3. 湖南省委。从世界范围看，立法体制与政党制度是相互依存的。立法是国家政权最重要的活动之一，因而为政党所特别关注。各国政党要对政权活动发生作用，必须也必然涉足立法活动，这是由政党的性质和任务所决定的。[①] 在我国，2000 年出台的《立法法》在总

---

① 参见周旺生《立法学》，北京大学出版社 1988 年版，第 386 页。

则第三条中对立法应当坚持四项基本原则作了规定，即“立法应当遵循宪法的基本原则，……坚持中国共产党的领导……坚持改革开放”。

在本案例中，妇联是“党领导下的群众组织”，因此党委与妇联有着密切的联系。具体而言，同级妇联必须对同级党委负责，组织领导人的变更也必须报同级党委批准，有时甚至是由地方党委或组织人事部门直接任命。可以说，党委是妇联工作背后有力的政治支撑。因此，在反家暴政策网络中，同湖南省妇联所发挥作用相同，湖南省委主要发挥协调督促的作用。比如，1998 年 12 月，中共湖南省委办公厅向各地、市、州、县委各部委、省直机关各单位、各人民团体党组（党委），以湘发办［1998］34 号文件转发了省妇联党组《关于进一步重视和解决当前妇女工作几个突出问题的报告》。专门就抓紧制定禁止家暴的地方性法规作了阐述，要求结合本省实际情况，抓紧制定反家庭暴力的地方性法规。对已列入立法规划的反家暴法规，湖南省委督促有关部门要抓紧草案的修改定稿工作。

（三）决策参与层

在湖南反家暴政策网络中，湖南省司法部门、大众媒体以及相关领域的专家学者直接或间接参与了政策制定过程。

1. 司法部门。在本案例中，省公安部门、省法院、省检察院等司法部门参与了省妇联举办的各种反对家暴的培训或研讨会等活动，这有利于在立法调研和咨询论证过程中向决策者提供有价值的立法建议。此外，在省妇联的引导下，公检法部门推动了一批家暴大案要案的查处，依法保障了妇女合法权益，有效遏制了家暴的蔓延。司法干部等执行者在工作中的一些经验和启发也积极影响了立法者反家暴立法工作。

2. 专家学者。在本案例中，省妇联在反家暴政策制定过程中就政策方案进行了多次的修改。从最初的“条例”，到之后的“暂行规定”再到最后出台的“决议”，省妇联咨询了省内外知名的法学、社会学和妇女学等相关领域的专家学者，充分借助了专家学者的专业知识技能。专家学者对于政策方案为反家暴政策出台提供了坚实的技术支撑。

3. 大众媒体。在本案例中，省妇联在调查研究、掌握案情的前提下，采取适时召开新闻发布会，借助大众媒体推荐典型案例，让家暴典型案例在媒体披露，聚焦报道。大众媒体的作用主要体现在舆论氛围的塑造以及社会观念的引导上，进而营造反家暴立法的良好社会氛围。

总体来看，湖南反家暴政策制定的过程中，决策核心层、决策协调层和决策参与层相互联系、彼此影响，构成一个有机整体，协同促进了《决议》的出台。湖南反家暴政策网络中的决策核心层、决策协调层和决策参与层形成了有序的反馈和互动，类似于罗茨的“议题网络”。政策网络结构如图4－1所示。

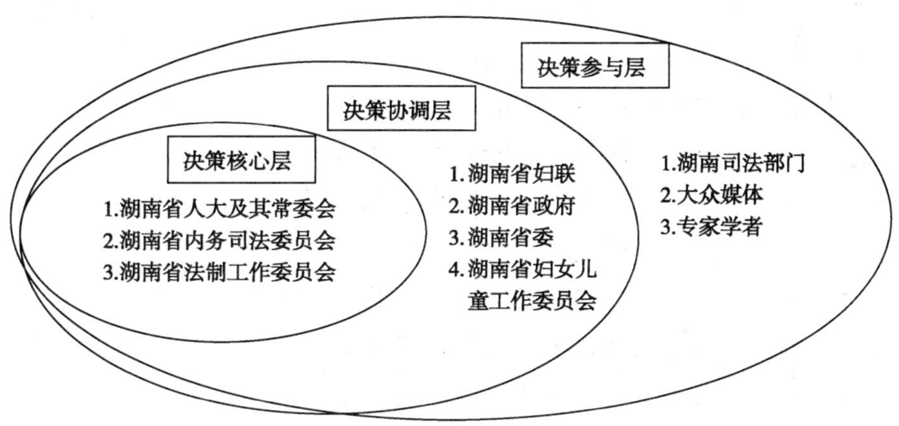


**图4－1　湖南反家暴政策制定中的政策网络结构图**

## 二　参与者间关系：政策网络中的行动网络

在湖南反家暴政策网络中，本书在这一节重点分析省妇联与其他参与者间形成的动态关系，其他参与者间关系暂不讨论。省妇联与其他参与者间形成的动态关系具体包括合作关系与妥协关系。

### （一）合作关系

在反家暴政策制定过程中，湖南省妇联充分发挥了妇联组织协同配合的特点，与其他众多参与者形成合作关系，借助这些合作关系推动政策出台。

1. 湖南省妇联与省人大内务司法委员会的合作

省人大内务司法委员会的主要职责是负责维护妇女合法权益的立法工作。由于中国政策制定中的“部门立法”原则，在立法过程中，湖南省妇联与省人大内务司法委员会一同进行立法调研和法案起草等工作。所谓“部门立法”，根据2000年的《立法法》规定，“国务院的所属部门可以根据法律和国务院的行政法规、决定、命令，在本部门的权限范围内制定规章，部门规章规定的事项应当属于执行法律或国务院的行政法规、决定、命令的事项”。这就赋予了国务院有关部门的部分立法权。此外，中国很多国家法律和地方法规也都是由某一（或少数几个）部门起草制定，然后提交人大进行表决通过的。因此，作为以妇女权益保护为基本宗旨的妇联来说，同省人大内务司法委员会的合作，共同进行反家暴的立法工作也是题中之义。

在反家暴政策出台的过程中，湖南省妇联与省人大内务司法委员会进行了多次合作。从利益分析的角度来说，省妇联与省人大内务司法委员会之间并不存在天然的利益分歧和矛盾，但是仍然会有细微的价值和利益差别，这也决定了它们之间在合作的基础上会有些微的不一致。因此，省妇联与省人大内务司法委员会合作的过程中也会存在博弈。在法案起草的过程中，省妇联将家暴主要集中在丈夫对妻子的家暴行为，而省人大内务司法委员会则提出应当从更宽泛的角度来界定家暴，除了丈夫对妻子的家暴行为外，还应当包括成年人对老人以及儿童的家暴行为。针对省人大内务司法委员会的这个意见，省妇联的意见如何呢？在访谈中，参与了当年《决议》出台的省人大内务司法委员会X1回忆到：

> 这里（指省人大内务司法委员会上述意见）妇联也都接受了，要不这个他们不接受我们也就没法过了。我们也要在很多问题上跟他们去博弈……这个我们也要和他们争论。所以这里也是一种博弈。就是在这个过程中，我们要使他们不能仅站在妇联你一个方面的角度上，这个东西我们的社会公民都是平等的，家庭也是平等的，应该在更广阔的层面上把这个关，来把他们的很多

观念更加公正客观的定义下来。①

对原湖南省妇联权益部部长 R1 的深度访谈基本上能够印证 X1 上述的说法和看法：

他（指省人大内务司法委员会）这个跳出了我这个妇女的层面，因为我是代表妇女讲话，到了他那里就变成了老人、儿童、残疾人，他的要全面，人家这个角度不一样。②

当面对“如何评价省妇联与省人大内务司法委员会的合作”的问题时，原省妇联权益部部长 R1 作出了肯定的回答：

他们发挥了很大的作用，也是齐心协力，反正我们跟他们商量什么事，双方合作的也都挺好，也没有你说什么人家跟你唱反调的事情，人家都跟你很愉快……要是制定法律就必须要和人大去合作。③

在上述访谈记录中，被访者的一句话“要是制定法律就必须要和人大去合作”十分耐人寻味。它背后体现出了妇联的行动逻辑：妇联没有立法权力，但拥有与立法部门相对接近的优势，可以利用体制内的合作关系借助立法部门的行政权力来实现组织自身的行动目标。

2. 湖南省妇联与省司法部门的合作

湖南省妇联在与立法者合作参与立法过程的同时，也与省公安部门、省检察院、省高院等执法部门保持了密切的合作。这种合作关系也推动了政策的出台。省妇联与省司法部门的合作体现在以下两个方面。

一是邀请省司法部门参加反家暴座谈会。省妇联多次邀请公检法

① 访谈记录 XH—01。

② 访谈记录 RXQ—01。

③ 访谈记录 RXQ—02。

司等部门参加反家暴座谈会，听取司法部门针对反家暴立法的专业意见。原湖南省妇联权益部部长 R1 在说到省妇联在起草法案时，曾多次听取公检法司等部门意见：

> 我们就是到基层上去开座谈会。把人家公检法司的人都叫过来，人家都是专业人员，召开座谈会，就左一个座谈会右一个座谈会不断地听这些人的意见。还算好，因为不管到哪里人家都挺支持你。①

从上述表述中可以看到省司法部门与省妇联合作中的态度。很显然，尽管省妇联属于社会组织，但是“官办”的这一背景拉近了与体制内相关职能部门的关系，因此双方不仅能够合作，而且合作效果良好，省司法部门支持省妇联的工作。

二是同相关司法部门合作，查处家暴大案要案。家暴大案要案往往严重伤害了受虐人的利益，较易引起人大立法者和党政领导的关注、重视。同时也引起社会公众的公愤，对于反家暴具有较强的社会宣传作用，能够提高社会公众对家暴的知晓度和认识，为反家暴立法营造良好的社会氛围。

省妇联特别注重加强与公检法部门的联系和配合，争取让大案要案进入他们的工作圈，以形成强大的打击力度和维权合力。省妇联采取主动上门反映情况、请公检法部门干部来妇联商量工作、联合下基层调查研究、共同探讨执法过程中的一些问题，推动了一批大要案件的处理。

1995 年至 1997 年，湖南省各级人民法院共审理各种侵犯妇女权益的家暴刑事案件 4000 余件，依法保障了妇女合法权益，遏制了家暴的蔓延。同时，省妇联也征求了各级法院针对立法的相关建议，促进了反家暴立法工作。

3. 湖南省妇联与专家学者的合作

反家暴法规在起草过程中会遇到大量的相关专业知识，而这一点

---

① 访谈记录 RXQ—01。

显然不是省妇联的强项。因此，省妇联积极借力于专家学者，积极同省内外知名的法学、社会学和妇女学等相关领域的专家学者合作，充分借助了专家学者的专业知识技能，促成了法规在专业学术知识上的逐步完善。省妇联先后与中国法学会反家暴网络负责人陈明侠教授、北京的法律专家王德意教授、龙翼飞教授及省内刑法专家马长生教授等知名专家学者合作，这些专家学者为反家暴政策制定提供了宝贵的专业意见。专家学者提供的专业知识为《决议》的出台提供了坚实的技术支撑。

（二）妥协关系

在反家暴政策议题推进的过程中，立法提案曾被反复论证，争论与搁置。争论与搁置的主要原因是省妇联与省人大内务司法委员会就反家暴政策的级别意见不一。期间省妇联和省人大内务司法委员会就政策方案进行了多次的修改，从最初的《湖南省预防和制止家庭暴力条例》（第一稿）、《湖南省预防和制止家庭暴力条例》（第二稿）、《湖南省禁止家庭暴力条例》（试拟稿第三稿）、《湖南省禁止家庭暴力暂行规定》（试拟稿第四稿），直到2000年第六稿《决议》出台。对此，省人大内务司法委员会X1这样解释：

> 对我们人大来说，也要进行一个立法规范化的处理……用我们的角度研究我们的立法怎么出台……从一稿二稿三稿四稿五稿六稿这么原来的一个表达，体例，原来的这么一个过程，完了最后我们就用这么一个决议来表达，既是一个宣言也是一种倡导，也不会对国家法律形成一种什么样的阻碍。①

那么，对于立法者的意见，省妇联采取了什么样的态度呢？原湖南省妇联权益部部长R1参与了政策方案不断修改的整个过程，她深有体会地说：

---

① 访谈记录XH—01。

> 后来我就起草，搞了一个湖南省预防家庭暴力的相关规定，这是我最开始的时候。若干规定搞了二十多条，我的本意就是你通过你起草的这二十多条把你所了解的问题全都解决，本意是这个样子的，就是想把所有的问题都解决……后来我也就松口了，决议就决议吧，我就不搞那个规定了，既然你们觉得很难我就先搞一个决议。回来之后就开始搞决议。①

针对省妇联对省人大立法者这种妥协态度及过程做进一步地分析，可以发现两个问题：一是政策直接的利益相关者都希望政策能够更加有利于自身，而显然反家暴政策级别越高，政府对于省妇联工作支持的力度也就越大；二是省妇联在与省人大立法者进行博弈时，作为一个社会组织，它的行为首先就受制于制度对它的规定性，即无法直接进行公共政策的制定，只能通过权力机关才能启动或中止某一项动议，表达妇联组织的意愿。因此尽管具备“官办”背景，但是由于没有更多的权力与资源，省妇联在决定政策定位方面仍然表现得相对弱势，不具备与决策者议价的能力。

### 三　参与资源：政策网络中的行动资本

作为官办社会组织的妇联在政策参与中具备的优势资源，与民间社会组织的优势资源具有相当大的差异。在湖南反家暴政策网络中，省妇联所表现出来的优势资源可分为政治资源、组织资源、技术资源与经济资源。这四种主要优势资源组合成一定的网络结构序列，为省妇联的参与策略奠定资源基础。

#### （一）政治资源

妇联在国家政治生活中享受一定的政治地位，使用行政编制或事业编制，接受国家财政拨款，直接确定其工作任务、机构编制和领导职数。可以说，妇联具有丰厚的政治资源。本书界定妇联的政治资源是指在社会领域存在的，与国家、政府关联的资源总和。这种内生

---

① 访谈记录 RXQ—01。

的、丰富的政治资源成为妇联组织政策参与中的首要优势资源。具体而言，妇联的政治资源主要包括以下三种资源。

1. 代表性资源。妇联享有独特的代表地位。根据制度安排，人民团体类的社会团体代表着某一个阶层所有人的利益。妇联代表和维护妇女权益，是它与生俱来的神圣职责，也是它最恰切的角色定位。① 根据《立法法》等法律的规定和历来立法惯习，立法机关在组织起草或者修改直接涉及妇女群体切身利益的法律、法规、规章时，需要征求妇联组织的意见和建议。因此，妇联组织能够凭借其特殊的政治地位与社会地位，代表妇女儿童影响决策与执行决策，缓和社会矛盾，将冲突减少到最低的程度，以维护社会的稳定和发展。

2. 合法性资源。妇联在中国政治体系结构中处于特殊的地位，一是能够参与国家事务的咨询活动，对政策制定、行政执法与司法公正具有较大的影响力；二是与共产党具有天然依存关系。妇联产生的组织渊源是中国共产党内的妇女工作委员会，尽管后来成立了独立性组织，但与党的关系没有发生重大变化，是党的实质意义上的下属机构；三是与政府的紧密关系。尽管妇联不是政府的组成部门，但由于它拥有执政党的这一层关系，能够与同级政府部门进行来往，提供政策建议，对政府政策制定与执行活动施加其影响。在访谈中，原省妇联权益部部长 R1 就明确表示：

> 我们这个妇联组织，他的性质，就是代表党和政府设立这么一个机构，所以你说你要求搞一个红头文件，要求搞一个法律，都是我们能够做到的事情。②

很显然，由于妇联是“党和政府联系妇女群众的桥梁和纽带”，因而妇联与政府的关系具备一定程度的合法性。同时，这种“血缘”关系使得政府对妇联具有天然的信任和认同。在当下的中国，这种特

① 雷水贤：《双重角色对妇联履行职能的影响》，《妇女研究论丛》2002 年第 6 期。

② 访谈记录 RXQ—02。

殊关系和天然认同很大程度上决定了妇联在政策过程中的影响力。这是因为，社会组织政策参与的空间与国家主动让渡空间具有密切联系。在这一逻辑下，政府与社会组织的关系及信任程度直接决定了社会组织政策参与作用的发挥与力度。可以看出，妇联天生具备合法性并享有分享党政机关资源的天然优势。因而，在具备合法性资源的特殊背景下，妇联的政策参与取向更容易获得政府等部门的认同和政策过程的有效吸纳。

3. 制度性资源。妇联可以凭借与党和政府的密切关系，利用选举制度对妇联、女性代表和委员的比例安排，鼓励女代表、女委员的强力参与，使妇联能够在党委、政府、人大、政协决策活动中发挥出特殊的作用。比如，按照制度安排，各级妇联主席或副主席一般都是同级人大或政协的常委，可以直接对政府工作递交议案提案，政府必须办理并回复。这种双重身份的制度性规定为妇联的政策参与提供了极大的便利：从省人大的角度来看，在讨论性别权益保障与性别政策时，这些委员往往会以较强的性别意识关注对妇女儿童的探讨，这成为一项政治原则和政治惯例在政治权力格局中得以充分体现；从妇联的角度来看，妇联在政治格局中的制度安排，从总体上规定了妇联政策参与的地位和身份。它为妇联参与公共政策过程创设了制度性的条件，是组织与个体发挥作用的基础和前提。

基于上述分析可以得出，在湖南反家暴政策网络中，正是由于湖南省妇联在政治体系中的政治地位以及制度安排，使其形成了对政策制定过程的影响力并具有一定持续性。省妇联充分运用了代表性资源、合法性资源以及制度性资源等优势政治资源，独特的政治地位保证了它能够推动其他参与者，最终达到了博弈网络运行的最佳效果。

### （二）组织资源

除了政治资源外，湖南省妇联的组织资源也在反家暴政策参与中发挥了巨大的作用。省妇联的组织资源主要体现在组织化程度高、动员外部资源的能力以及创新型组织领导力。

1. 组织化程度高。从组织网络体系来看，妇联堪称中国最大、最有影响力的妇女组织，妇联的组织结构表现为树状，既有纵向结构又有横向结构。

从纵向结构来看，由于在政治体系中的特殊地位，中国妇联组织系统内部形成了全国组织、地方组织（含省、市、县三级妇联）、基层组织（含乡镇、村妇联、各类妇女代表会、妇女委员会、妇女工作委员会）等三个等次六个层级。与此同时，妇联的每个层级都附属于各级党委政府，接受各级党政的领导，仅在业务上接受上级妇联领导。整个体制运行都贯彻高度集权的自上而下的运作模式。[①] 妇联的纵向组织结构如图 4－2 所示。

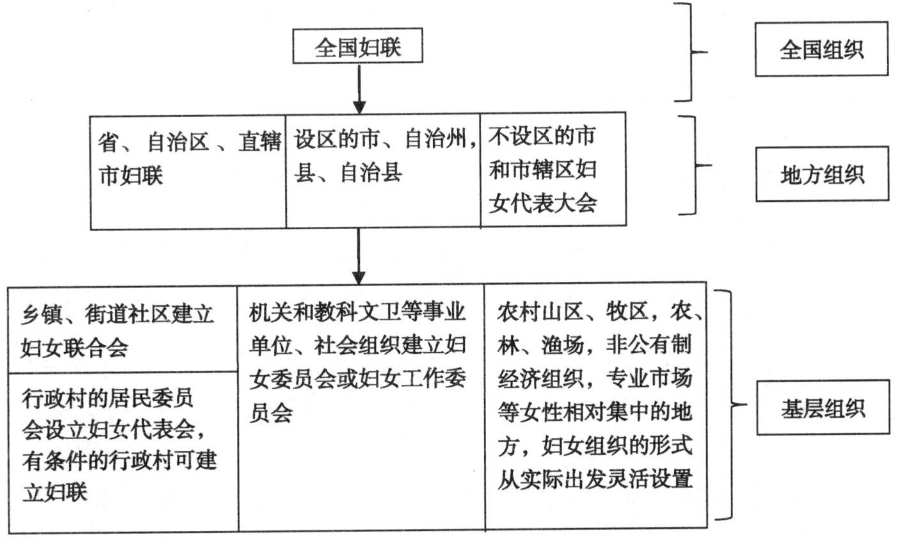


**图 4－2　妇联组织纵向组织结构图**

与同属人民团体的工会和共青团相比，妇联是唯一依托政府行政建制设立，即在县级以下地方仍设有机构的组织，因此也是在社会基层扎根最深的官办社会组织。在反家暴立法工作中，各级妇联能够真实了解受虐妇女的真实状况以及强烈的立法需求，发挥出信息沟通的积极作用。在访谈中，原省妇联权益部部长 R1 深有体会地说：

首先很多案例都来自基层，我就把我想要的那些案例让每个

① 金一虹：《妇联组织：挑战与未来》，《妇女研究论丛》2000 年第 2 期。

> 县妇联搞，我们省上有两百多个县市。这个我也有要求，这些案例必须是你们在信访中办的真实的案例。第二个，很多呼声来自于基层，很多很现实的材料的一些东西我们也是根据一些调查报告，也反映出一些问题，也是来自基层。还有，最开始立法的时候，我们的一些条文也是来自基层，各个地市妇联来几条。要求质量不要求数量……就这样每个地市给我一条两条三条，我就在这个基础上把它们汇总。①

可见，健全的纵向组织结构很大程度上提高了省妇联在反家暴政策制定中的行动力。

从横向结构来看，妇联的横向结构包括紧密层和松散层两种情况。紧密层横向结构包括妇联内设部门和下属机构。以湖南省妇联为例，其内设八个部门，分别是办公室、组织联络部、机关党委、宣传部、事业发展部、权益部、儿童部和妇女工委。此外，湖南省政府妇女儿童工作委员会办公室也设在省妇联。湖南省妇联下辖三个直属单位，包括湖南省妇女儿童发展基金会办公室、湖南省妇女儿童活动中心、今日女报社。湖南省妇联还有两个协管单位，分别是湖南女子学院和湖南省妇女干部学校。

松散型横向结构中包含与三类组织的关系：一是妇联与党政机关的妇女工作机构的往来。包括政府的妇女儿童工作委员会，人大内务司法委员会的妇女儿童工作组，政协的妇女工作委员会等机构；二是妇联与团体会员间的往来；三是与民间妇女组织的往来。新型民间妇女组织大多挂靠在妇联下面。以湖南省妇联为例，湖南省妇联的横向组织结构如下页图 4－3 所示。

由上分析可看出，湖南省妇联这种自上而下、纵横交错、功能健全的组织结构体系是其政策参与的优势资源，这种优势资源为省妇联推动立法工作提供了切实的组织保障。

2. 动员外部资源的能力。由于妇联是党和政府联系妇女群众的桥

① 访谈记录 RXQ—02。

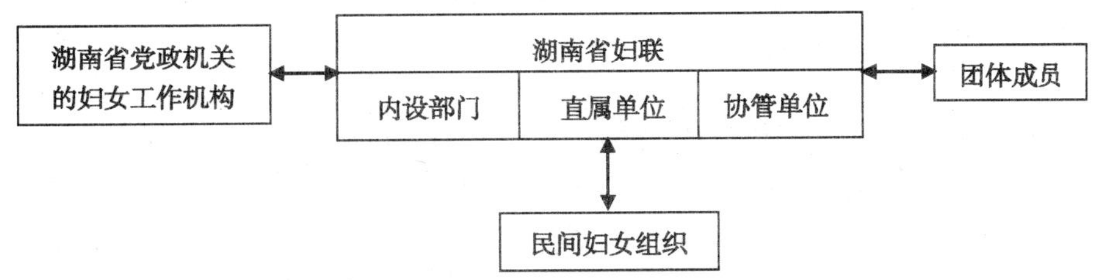


**图 4-3　湖南省妇联横向组织结构图**

梁，湖南省妇联就具备与同级别的行政机关一定程度的横向协调关系。这样一来，省妇联也就具备了动员外部资源的能力。在访谈中，当被问及省妇联在反家暴政策制定中是否有横向协调其他行政机关时，原省妇联权益部部长 R1 给出了肯定的回答：

> 对，什么事情都可以去商量。比如说农村妇女的一些问题你就可以去找农办，这个事情你找政法委，别的事情你又可以找哪里。是吧，总是有地方找。①

事实上，作为一个官办社会组织，妇联既没有行政权力和立法权力，也没有足够的资源，但它具备协调政府部门的便利，因此可以利用体制内的横向系统关系动员外部相关资源，从而推动政策制定。

3. 创新型组织领导力。湖南省妇联之所以能够推动全国第一个反家暴省级地方法规出台，这与省妇联领导及相关部门干部具备创新型的组织领导力是分不开的。这种创新型的领导力主要体现在以下两个方面。

第一，超前的立法意识。在长期的妇女维权和处理家暴案件的过程中，省妇联的领导干部逐渐意识到处理家暴问题不应当仅仅停留在解决单个案件的层次上，而是应当上升到立法的高度，从法律制定的角度来预防和干预家庭暴力，这充分体现了省妇联具备超前的立法意

① 访谈记录 RXQ—01。

识。原省妇联权益部部长 R1 回忆当初的立法设想时说：

办案子必定要费很大的劲，你办一个也就一个，十个也就十个。你费那么大的劲，要是从立法的层面上去解决，那这个作用显然就不一样……你能够推动一个法律出台，下面人就可以依法维护妇女权益，那肯定就是顺风顺水，那就快的多了。①

原省妇联权益部部长 R1 在接受《中国妇女报》记者采访时，也曾表示：

《决议》出来的时候，我们称作“五年磨一剑”，其实，远远不止五年。80 年代就有这个想法，但条件不成熟。等到 1994 年，各省都在搞一个《妇女权益保障法》实施办法，我们省的这个过程自始至终我都参与进去了。当时，我提出把制裁家庭暴力内容加进去，但是大家想来想去，觉得住房问题、责任田问题本来讲得非常具体，突然钻出一个家庭暴力，不合适呀，哪个省里都没有。被打回去了，没搞成。②

第二，对立法机遇的敏锐把握。在 1996 年，家暴问题还不是一个被广泛关注的社会问题。而湖南省人大常委会在当年就将反家暴地方立法列入当年的立法规划，这种对重大机遇的敏锐性正是创新型组织领导力的一个重要内容。对此，原省妇联权益部部长 R1 这样描述当年提交立法报告的细节：

后来到了九六年的一月份，到了关键的时候，我们的 M 主席让我们权益部的小 H 急急忙忙的写了一个立法建议的报告。那时候一边写一边改一边送去打印，加班加点，就像救火一样，连夜

① 访谈记录 RXQ—01。

② 张祺：《暴力篇：五年磨一剑》，《中国妇女报》2003 年 5 月 20 日第 3 版。

在搞。工作要踩在点子上，要赶上那趟车，结果后来递上去以后就进入程序了。①

总之，湖南省妇联凭借健全的组织结构体系，充分调动所有组织内部与外部的资源，并具备了创新型组织领导力，就影响内容进行立体式多层次的博弈，从而实现了立法预期目标。

（三）技术资源

湖南省妇联拥有一支长期从事妇女维权工作的专业人才队伍，这种人才优势增强了其政策参与的效能。官办社会组织所具有的浓厚行政色彩的编制、仕途和待遇，使其在筛选、吸纳和储备社会各阶层精英人士中占绝对优势。妇联拥有的专业人才优势为反家暴政策议题的提出提供了强大的推动力。

如果说从事妇女维权工作的专业人才是省妇联反家暴技术资源"软件"的话，那么，拥有一套完善的信访渠道则可以看成其"硬件"。妇联组织具有一套自上而下，覆盖到镇/村、社区的五级信访网络。通过信件、网上邮箱和来访等渠道接受妇女投诉。因此，湖南省妇联能够真实了解当地家暴问题以及受虐妇女的真实状况。对此，原湖南省妇联权益部部长 R1 介绍道：

我们对妇女群众迫切要求解决的问题，他们实实在在存在的问题，要求你妇女组织去解决什么问题，我们是最直接的。因为我们有这么一个信访渠道，全省都在搞这个事。全省都在反映的问题，我们有这么一个渠道，我们一天到晚都接待这个事情，所以对妇女要求解决的问题，我们能够看得比较透彻。②

湖南省妇联递交的反家暴调研报告，其中的典型案例有相当大一部分都是来自于长期的信访工作。调研报告能够为立法者提供可靠的

① 访谈记录 RXQ—01。

② 访谈记录 RXQ—02。

佐证和支持，为立法提供重要的决策依据。通常具有官方背景的部门提供的关于家暴的统计数据及案例描述是政策制定者最为可信的证据来源。因此，省妇联递交的数据准确、资料详细的调研报告可以看成是其重要的技术成果。

1998 年，省妇联对全省 123 个区县的家暴情况进行了调查，撰写了《制定反家暴地方性法规势在必行——对 254 起家暴案件的分析与思考》调研报告。这份调研报告为 2000 年《决议》的出台起到了关键的佐证与支持作用。在访谈中，原湖南省妇联权益部部长 R1 这样描述这份调研报告典型案例收集的过程：

> 九八年我们搞了这么一个调查，因为要说服人大的同志你必须要有一个很有说服力的东西……我就把我想要的那些案例让每个县市妇联跟我搞，我们省上有两百多个县市。既然是真实案例那你们在信访过程中就有一个记录，我的表要求你们统计哪些方面哪些案子，你就按照这些要求给我搞过来……一共是 254 份。要让省妇联去搞这些工作量也太大了，我就是用这种方法搞的。就是两百多个案例到了我这里来汇总，就形成了这样一篇（调研报告）。这篇文章对我的工作来讲起到了非常重要的作用。[①]

对这一过程做进一步的分析，可以印证省妇联所具备的上述技术资源。一是妇联组织内从机关到基层有大量的从事妇女维权的专职干部；二是妇联组织具有一套结构体系完备的信访制度，有关家暴的典型案例能够通过信访记录来获取。在此基础上，进一步分析访谈记录，可以用一个词很精辟的概括这一过程，即“扎根本土情境的专业化能力”。这种“扎根本土情境的专业化能力”是指对于本土情境充分了解和掌握，在此基础上发展而来的专业化能力。很显然，调研报告中深入本土基层的家暴典型案例以及相关数据的真实性最能打动决策者，从而推动立法程序的进行和顺利通过。这种扎根本土情境的专

① 访谈记录 RXQ—01。

业化能力的生成有赖于组织化程度高的官方社会组织，一般的民间社会组织难以达致。

（四）经济资源

作为“官办”色彩浓厚的社会组织，妇联的资金来源自然也与政府有着密切的联系。政府的财政拨款就是妇联主要的经费来源，列入政府预算。妇联干部的工资参照公务员标准。妇联“组织活动的资源都是来自体制内部，而不是来自社会”。① 据此，在反家暴政策制定的过程中，拥有这笔稳定而相对充裕的活动资金的湖南省妇联就有能力花费更多的人力、财物、时间资源等来表达和传递自己的政策意愿，同时也为拓展组织自身政策参与空间提供了便利。

## 四　参与策略：政策网络中的行动选择

基于上述优势资源，湖南省妇联在反家暴政策制定中所运用的参与策略可分为多重游说、意识提升、议题包装以及社会动员等。

（一）多重游说

游说是指利益集团为了影响政府决策，使政策的制定和实施能够反映本组织的利益和要求，与决策者进行沟通和交流等活动。在西方国家，游说往往成为利益集团表达政策偏向、争取良好发展空间的主要方式。

湖南省妇联为了有效参与反家暴政策制定过程，提高对政策制定的影响力，就必须提供有说服力的调研材料，与省人大立法者进行沟通与协调，通过游说活动直接施加对法律制定的影响。具体而言，省妇联对决策者的游说主要通过以下两种方式来进行。

1. 多层次接触和影响决策者。在反家暴政策制定中，省妇联采取多重方式，对决策者进行多层次接触，以影响决策者政策制定。这一行动策略主要包括以下几点。

第一，与决策者进行多元化方式接触。省妇联对决策者分别采取

① 孙立平、晋军等：《动员与参与——第三部门募捐机制个案研究》，浙江人民出版社 1999 年版，第 19 页。

直接接触和间接接触的方式来进行游说。直接接触就是通过提交反家暴建议报告来阐释本组织的立法主张。比如1996年1月，在省人大立法意见听取的会议上，省妇联向每一位人大常委分发了关于反家暴立法建议的报告，促使决策者积极关注本省的家暴问题。

对于2000年《决议》的出台而言，最有影响力的并不是如上方式的直接接触。省妇联采取间接接触的方式，巧妙地游说立法者。对此，原湖南省妇联权益部部长R1这样描述了间接接触决策者的细节：

> 我们这个院子里（指湖南省委）有几个人大常委会委员，我说给我们院子里的人大常委以权益部的名义写了几句话，在那个调研报告上盖了章之后就寄给他们，就想让他们支持我们立法。结果没有想到这个效果还挺好，人家那个委员看我这个东西，都马上给我回函了。意思就是他们的立场非常坚定，会坚决支持你们的立法。后来我就突然想我这个东西是很有用的，这个比我上门去给他们做宣传有用多了，你说我一个个去找他们人大委员我要费多少工夫，那也不可能。我就突然开窍了。我就问人大内司委的X某某，能不能把人大常委会委员这六十个人的名单复印一份给我，工作单位什么的寄给我。她说可以啊就寄给我了。之后六十个人里面有那么两三个人，我没给他寄。绝大部分的人我都是每个人一份，而且以权益部的名义都写上了几句话，把我们的意图给人家写清楚，把章子一盖，最后给那几十个人全部都邮出去了，有了这个东西确实就不一样了，后来我觉得这一步是走得非常明智的，也非常的有效。①

访谈中被访者说到“寄信”这一细节时表情愉悦。可以看出，这一间接接触决策者的游说活动产生了良好的效果。间接接触决策者进行游说最大的优势在于它的灵活机动性。省妇联向立法者“寄信”并内附调研报告这一行动与最终促成《决议》出台有紧密的联系。

---

① 访谈记录RXQ—01。

第二，出席省人大组织的立法意见听取的座谈会并发言呼吁。省人大在出台地方性法规之前会举办立法意见听取的座谈会，邀请相关部门来提出立法建议。这是游说决策者的一个好时机。访谈中，原湖南省妇联权益部部长 R1 说道：

> 那是 2000 年的三月份，人大开会期间的六十个会员分三个组，每个组都二十多个人。我们（省妇联）一把手 F 主席参加一个组，我参加一个组，权益部的小 Z 参加一个组。每个人在这个组上抽空都要发言，每个小组都要在会上讨论好几个法律。你这个法律只是其中一个，你一定要抓紧时机宣传你的……我记得最后第一个就是说如果这个法律能够通过，我们妇联将代表三千万妇女向你们表示感谢。我们就是在这个会场抓紧一切机会给委员们做工作。①

第三，通过组织代言人直接游说。按照制度安排，各级的妇联主席或副主席一般都是同级人大的常委，因此这种双重身份的制度性规定就为妇联向人大常委游说提供了极大的便利。在《决议》出台过程中，湖南省妇联主席也是充分利用自己妇联组织代言人的身份，在省人大的立法会议上向其他常委游说。这种组织代言人游说带有明显的直接性和便利性，因此游说工作取得了良好的效果。

2. 寻求社会同盟联合游说。省妇联在游说立法者的过程中，还积极寻求与其他社会团体或立法中的关键人物结成联盟，进行联合游说。在访谈中，原湖南省妇联权益部部长 R1 描述了这样一段游说细节：

> 我们妇联找到一个民主党派的人大女常委……我们把来意告诉人家，起草的东西给她，麻烦你在人大开会期间，能够给我们沟通说服几个委员。不管是男委员女委员，能够在这个事情上起

① 访谈记录 RXQ—01。

到作用的都行……是她帮我做的工作，（她）本身就是个女委员，而且我们搞这一块她也很支持。我们就把这个光荣的任务就交给她，就是利用（人大）会议期间帮我们签字。后来她还挺痛快告诉我们已经找了十一个人签字了。[①]

在上述访谈中，省妇联与民主党派的人大女常委结盟进行联合游说。很明显，这种与决策核心层中的关键人物进行联合游说显然比省妇联单独游说的效果要好很多。

（二）意识提升

决策者对于家暴问题及反家暴立法的思想认识对于政策顺利出台具有重要影响。对此，原省妇联权益部部长 R1 在接受《中国妇女报》记者采访时就直接指出："还有一个就是基层妇联只要有详细的调查报告、案例就要把信息传过去，让立法机关知道这些事，宣传工作一定要到位。他们的环境不可能像我们这样接触到大量的受虐妇女，窥见大量的人间不平事，要拿出有足够说服力的东西，把足够的信息传达给他们。你认识到的东西一定也要别人认识到，这就是推动立法的诀窍。"[②] 省妇联对于决策者反家暴立法意识的提升主要通过以下三个渠道。

1. 邀请决策者参加反家暴座谈会及研讨会。省妇联多次邀请省人大内务司法委员会的干部参与反家暴座谈会或者研讨会，把关于家暴的调查报告、典型案例以及大案要案及时与决策者进行信息传递与沟通。这种方式对于提升立法者对家暴问题的思想认识发挥了重要作用。

2. 联合决策者参与调研活动。由于省妇联是一个官办社会组织，具有群众团体的特性。因此，为了对反家暴立法产生直接影响，省妇联往往协助省人大内务司法委员会展开相应的调查，为政策出台提供直接的依据。在联合决策者参与调研活动的过程中，决策者经常会被

① 访谈记录 RXQ—02。

② 张祺：《暴力篇：五年磨一剑》，《中国妇女报》2003 年 5 月 20 日第 3 版。

亲身调研的真实案例所打动，进而提升自身对反家暴立法的思想认识。在访谈中，参与了联合调研的省人大内务司法委员会的 X1 说：

> 我们跟妇联一起参与了很多地方的调研，了解了很多案例，我们针对这个立法的草案脱离开本本，回到实践中来。作为立法者，亲身感受到现实中我们妇女的状况，这个典型生活的案例是我们作为妇女感同身受的。所以多多少少，也带了一份性别的角色，感情的意义，感情的分量，如果是没有感情的话很难有动力去推动这个事情。①

3. 利用工作报告汇报家暴大案要案。家暴的大案要案往往会引起决策者的关注。这些家暴案件往往都是非死即残的恶性案件，这种恶性案件经媒体披露后极易引起社会公众的极大愤慨，对决策者的思想认识也产生比较大的影响。比如，1994 年湖南省新化县发生一起恶性家暴案件。省妇联随即组织调查并报告给时任省人大常委会副主任朱东阳。他看到报告后当即提笔写下 230 多字的批示："由于历史的原因，我国妇女在目前还处于弱势地位，党和国家权力机关要特别注意支持、关心妇女权益保障法的贯彻，妇联的同志更要为此多说话。妇女占我国人口的一半，保护妇女合法权益就是保护党的权益、国家的权益和人民的权益，是加强民主与法制建设的必须。"② 由此可见，利用工作报告汇报家暴大案要案能够有效提升决策者的思想认识。

（三）议题包装

当反家暴议题进入决策者的视野后，湖南省妇联也注意对其进行议题包装，以提高决策者对家暴问题的重视程度。比如在起草修改反家暴法案的过程中，省妇联着重强调了反家暴的社会意义在于"维护家庭和社会稳定，促进我省社会主义精神文明和物质文明建设"、"加强法治湖南建设"等，将反家暴与决策者高度关注的"构建社会主义

---

① 访谈记录 XH—01。

② 肖百灵：《预防和制止家庭暴力的探索和实践》，湖南人民出版社 2013 年版，第 13 页。

和谐社会”与“法治建省”的目标紧密联系起来，强调一个幸福和谐的家庭，正是构建和谐社会的基本单位。反家暴立法是法治湖南建设中的重要内容。这种政策议题包装的有效策略能够引起决策者对家暴问题的高度重视，从而促成反家暴立法的早日出台。可以看出，官方组织的议题包装处理过程更具有权威性、规范性、目标性、明示性等特点。

（四）社会动员

通过宣传和倡导，提升整体社会对于家暴的理解和认识，让社会公众认识到对其进行立法的必要性和重要性，这是反家暴政策制定中重要的一个环节。省妇联主要是通过广泛发动媒体、进行公众教育等方式进行社会动员。

1. 广泛发动媒体，引导社会舆论导向。媒体报道是政策制定过程中的重要证据。为营造全社会反家暴氛围，湖南省妇联在调查研究、掌握案情、实事求是的前提下，采取适时召开新闻发布会，向新闻媒体推荐典型案例的形式，让家暴典型案件在媒体披露，聚焦报道。在发动媒体方面，《今日女报》作为省妇联的机关报，在推进性别平等，宣传反家暴立法方面发挥了重要作用。同时，省妇联与省内的广播、电视等媒体积极合作。在访谈中，原省妇联权益部部长 R1 回忆道：

> 媒体嘛，我们自身有一个《今日女报》，下去调研什么的，都要把它的记者带上。每办一个答案，搞成功了，都要登出来。还有湖南卫视电视也做过几档家暴典型案例的节目。那时候在省妇联，我作为权益部部长，我的上镜率比他们谁都多，就那样上去当嘉宾，说一下案子。①

省妇联通过广泛的媒体报道增强了社会公众对于家暴的认识程度，从而极大地推动了反家暴政策议程的设定以及后续的政策制定过程。

---

① 访谈记录 RXQ—02。

2. 进行公众教育。省妇联为了让全社会行动起来预防和制止家庭暴力，通过进行社会宣传与全民大讨论等方式，努力营造一个谴责和制止家暴的社会氛围。省妇联除了每年利用重要节日，组织有关部门上街宣传咨询之外，还组织进行社会公众广泛参与的全民大讨论等活动。比如，1997 年 4 月，湖南攸县县政府严肃处理了原县环保局长打骂妻子事件，给予施暴者免除职务的处分。《今日女报》进行系列报道，反家暴舆论高潮迭起。省妇联决定以《今日女报》为平台，在全省开展一次反家暴的全民大讨论。反家暴全民大讨论引起了强烈的社会反响，十日之内，《今日女报》收到省内省外读者来信 300 余件。①

省妇联通过组织反家暴全民大讨论，《今日女报》通过对部分读者来稿的登载报道，对社会公众进行大力宣传，社会公众对家暴问题的理解与认识得到了迅速提升，从而有效开发了社会公众对反家暴的立法需求。

## 第四节　小结

本章主要讨论官办社会组织在反家暴政策制定中的参与模式选择。以湖南省妇联参与 2000 年湖南省第九届人民代表大会常务委员会通过的《关于预防和制止家庭暴力的决议》为研究个案，依据反家暴政策制定中社会组织参与模式的分析框架，从参与者及角色、参与者间关系、参与资源与参与策略等四个维度进行分析。

在分析参与者及角色中，本章将案例中的参与者分为以湖南省人大及其常委会、湖南省人大内务司法委员会、湖南省人大法制工作委员会等立法部门构成的“决策核心层”；以湖南省妇联、湖南省政府、湖南省委、湖南省妇女儿童工作委员会等构成的“决策协调层”；和以司法干部、专家学者、大众媒体等构成的“决策参与层”。“决策协

① 肖百灵：《预防和制止家庭暴力的探索和实践》，湖南人民出版社 2013 年版，第 17 页。

调层”与“决策参与层”二者形成合力，通过各种行动策略联手影响“决策核心层”，共同实现预防和制止家庭暴力的立法目标。

在分析官办社会组织与其他参与者间关系中，本章重点分析了湖南省妇联对与其他参与者间形成的动态关系，具体包括与省人大内务司法委员会、省司法部门以及专家学者形成的合作关系，与省人大立法部门形成的妥协关系。

在分析官办社会组织的参与资源中，本章分析了湖南省妇联在反家暴政策制定中所表现出来的优势资源，分别是政治资源、组织资源、技术资源与经济资源。其中，省妇联的政治资源主要包括代表性资源、合法性资源与制度性资源；组织资源主要体现在组织化程度高、具备动员外部资源的能力以及具备创新型组织领导力；技术资源主要指省妇联的专业人才与信访渠道，以及在此基础上生成的“扎根本土情境的专业化能力”；经济资源主要指稳定而相对充裕的政府对省妇联的财政拨款。

在分析官办社会组织的参与策略中，本章分析了湖南省妇联在反家暴政策制定中所运用的参与策略可分为多重游说、意识提升、议题包装以及社会动员等。湖南省妇联通过有效运用上述策略实现了反家暴政策制定有效参与的目的。

# 第五章

# 社会组织参与反家暴政策制定的案例比较分析

本书上两章分别以陕西妇女研究会和湖南省妇联为例，主要借助理论演绎和案例研究的方法，在事实层面对民间社会组织和官办社会组织在反家暴政策制定中的参与模式进行了较为全面的分析。本章将在上两章分析的基础上归纳概括两个实证政策案例参与模式的内涵和特征，并从参与视角、参与资源、参与策略、参与方式以及参与效果等方面，系统比较民间社会组织和官办社会组织在反家暴政策制定中的参与模式，通过深入挖掘和凝练社会组织参与反家暴政策制定的关键因素以及更为微观的一些参与特征，进而厘清影响社会组织参与反家暴政策制定的若干变量、参与机制等内在逻辑，为结论章节提出主要研究结论提供分析基础。本章试图回答的问题是：民间社会组织和官办社会组织在反家暴政策制定中参与模式的内涵和特征各是什么？不同类型社会组织的参与广度和深度有何不同？因何不同？哪些变量对社会组织参与公共政策制定构成影响？不同类型的社会组织在反家暴政策制定中的参与机制各是什么？

## 第一节　两个实证政策案例的参与模式归纳

通过上两章对陕西妇女研究会和湖南省妇联在反家暴政策制定中参与模式的分析可看出，民间社会组织和官办社会组织政策参与模式的内涵和特征具有明显差异。本小节试对其进行归纳概括。

## 一　民间社会组织参与模式的内涵与特征

在陕西妇女研究会参与反家暴政策制定的政策网络中，作为民间社会组织典型代表的研究会距离决策核心层较远，在政策参与合法性不强的前提下，研究会充分体现了民间社会组织政策参与的个体能动性。其参与模式具有立法先行、服务支持的内涵。具体而言，该参与模式体现出了综合性、联动性、敏锐性以及复合性的特征。

### （一）服务支持型参与模式的内涵

作为民间社会组织典型代表的研究会具有民间表达性，在政策参与中体现为一种自下而上的进入路径。即从影响公众的意识水平、提高反家暴社会舆论的外围入手，通过提供社会性别培训、反家暴咨询、法律援助以及多项干预措施的社区整合等综合立体的反家暴服务供给，借力于官办社会组织的政策参与合法性，从而间接迂回地影响决策核心圈中的官僚精英，以提高组织自身在政策参与中的影响力。

本书所界定的服务支持型参与模式是指民间社会组织在政策参与中，敏锐发现目标人群的现实需求，凭借多元复合式专业化能力，借力于官办社会组织的政策参与合法性，实施综合干预式政策参与的行动路径，即政策倡导是其行动主线，配套的社会服务供给作为其后台支撑。民间社会组织将政策参与置于社会服务发展的大背景下，能够有效提高组织自身政策参与影响力并增强其可持续性。这种参与模式在民间社会组织政策参与中具有相当程度的普遍性，尤其对于稳妥型的政策生态环境而言更有必要。下面结合服务支持型参与模式的显著特征来对其内涵进行深入分析。

### （二）服务支持型参与模式的特征

1. 综合性。不同于官办社会组织具备天然的政策参与身份准入资格，民间社会组织的生成和发展缺乏体制内资源，现阶段其政策参与的合法性不强，因而政策参与的行动空间与渠道相对狭窄。而同时，民间社会组织因其贴近服务人群，向目标人群提供多样化的公共服务能力较强。因此，民间社会组织通过依靠其高效提供社会服务的组织强项，通过向目标人群提供综合立体式的专业服务干预措施，以促进政策倡导的功能发挥，整体推进社会问题的解决，从而提高组织自身的社会影响力，获得决策核心层对于其政策参与行为的认可，提高其在政策制定中的影响力。在访谈中，研究会负责人 G1 谈起研究会政策参与的思路时深有体会地说：

> 我觉得我们的干预，其实我们不是想为立法而立法，我们就是想预防和消除家庭暴力，这个就是个社会问题么，我们的目的就是解决这个社会问题。我的方案立法只是其中之一，我是一个综合性的，所以针对干预办法，法律只是我的其中之一。那我走的过程中也一直没有忘了法律，我们经常遇到立法中的问题，就像刚才总结的有点迂回有点波折的东西，然后可能不同的时期的重点不一样，我们这时候这四个方面可能都在往前走，一个是对立法者，执法者警察的培训等，还有就是公众教育和宣传，再有一个就是说我们给妇女的赋权，这里面包括我们提供了很好的服务在里面，我们是整个往前一块走着。①

按照这一行动思路，研究会在反家暴政策参与中所体现出的综合干预特征如下页图 5－1 所示。

对研究会这种政策参与的过程做进一步分析，可以发现，服务支持型参与模式下的民间社会组织在政策参与中不能仅仅实施单一的政策倡导行为，而是应当高于政策倡导本身，通过提供综合多样化的社会服务作为政策倡导的支托，就像沃土一样不断培植与滋养政策倡导，即政策参与先行、社会服务支持。民间社会组织只有提供大量综合的社会服务，才能使政策参与具有可持续性，也就是圈内人常说的民间社会组织的政策倡导是“闪一个火花就去促动一下”，利用其高效的社会服务供给能力来支持政策参与行为，从而持续性地影响公共政策制定。

2. 联动性。在研究会的政策参与中，研究会与陕西省妇联形成结

① 访谈记录 GXX—02。

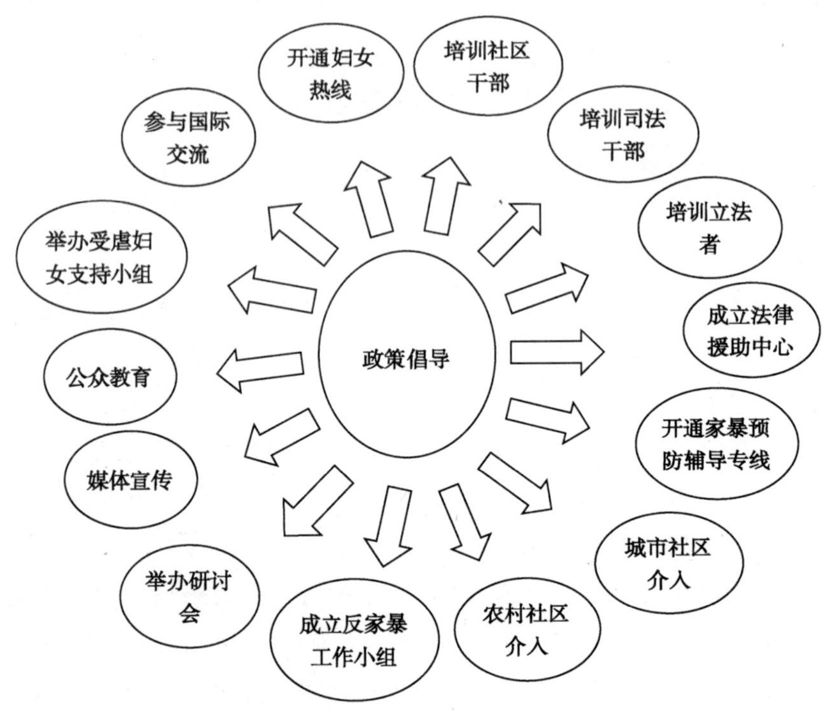


**图 5－1　陕西妇女研究会参与模式中的综合干预结构图**

盟联动，充分借助官办社会组织政策参与中的制度便利性，迂回间接地实现了其政策参与的目的。作为民间社会组织的研究会，最明显的特征是对政府的独立性，所以它和决策核心层中的官僚精英关系很松散，与决策核心层的“权力距”较长，如果仅凭组织自身与决策核心层进行有效的沟通与对话，在现阶段而言仍然具有相当的难度。难以像官办社会组织那样借助政府的行政体系来运作。而与民间社会组织相比，官办社会组织与决策核心层的“权力距”明显缩小，有利于参与到公共政策过程之中。因此，民间社会组织能够借助官办社会组织政策参与的合法性，将官办社会组织的合法性传递给组织自身，来有效弥补自身合法性不足的天然缺陷，以达到有效扩展组织自身政策参与空间，切实增强政策参与能力的目的。对于民间社会组织这种与官办社会组织的联动特性，研究会负责人 G1 评价道：

妇联具有合法性，和其他机构有联系……我们的合法化又是

> 需要他们的帮助，其他部门帮助我来实现这个合法化，另外有些渠道网络也借用一下，往下走……妇联以前是自上而下的，我们是自下而上的，都是在过程中影响它，在这一过程中取的一个取长补短的效果。在中国现实的情况下这还是可以取得双赢的。①

民间社会组织政策参与中的联动这一特性最大程度地整合了体制内外的不同资源，促使民间社会组织成功参与了公共政策制定过程。要强调的是，在公共政策制定过程中，民间社会组织虽然积极同官办社会组织形成结盟联动，但是同时也十分注意保持自身的独立性和自治性。可以想见，如果民间组织在参与过程中完全听从于或委身于官办组织，民间组织的特殊作用和对官办组织缺陷的弥补功能就会大打折扣。对于民间社会组织而言，与官办社会组织联动影响政策制定过程具有明显的工具性，这种联动能够有效增强自身政策参与中的影响力，便于进行政策参与的相关活动。

3. 敏锐性。基于民间社会组织的民间表达性，研究会具备了敏感的社会性别视角和以妇女为本的理念。民间组织与社会公众的联系往往是无缝对接的，没有官办组织那样的势能性的心理障碍和政治层级的隔阂。加之与国际社会多样化的交流学习机会，造就了研究会开拓的全球视野与超前的立法理念。在20世纪90年代后期，家庭暴力还是一种沉默的文化，研究会在1998年即开始着手针对反家暴的一系列调研活动，进行了广泛的数据收集与大量的舆论宣传，为1999年的政策参与做好了充足的准备。当年陕西省妇联在解决家暴问题时，仍然囿于针对受虐妇女与相关部门进行协调的层次，研究会已经想到从立法的高度来预防和制止家暴。可以说，相比于官办社会组织对于反家暴的立法理念与干预措施，研究会显然更快一步，而这得益于研究会对于家暴问题的敏锐发现的能力。在访谈中，研究会负责人G1评价道：

① 访谈记录GXX—03。

> 我想说我们的特点，我们是从妇女的现实感受开始做的，所以你看我们每个阶段都和妇女的需求特别贴切……我们始终跟这个人群是非常近的，你看我们的热线，我们的服务、咨询，我们的法援（法律援助）都跟这个人群在一起接触，所以我们能根据她们的需求在调整，我们比较接地气。[①]

由于民间社会组织来自基层，比起政府机构或者官办社会组织更加“接地气”，因此民间社会组织更有机会发现服务人群的现实需求，在对于政策议题发现的敏锐性方面具有天然优势。可以看出，民间社会组织对政策议题的敏锐性是其参与模式的又一重要特征。

4. 复合性。对于民间社会组织而言，具备专业化能力是其参与政策制定过程的重要前提。由于民间组织进入和参与门槛低，自愿状态下能有效吸收大量志同道合者或共同意愿者加入，造成了不分职业、地位、在职与非在职的大量专业或兴趣人士的广泛聚拢，特别是一些学有所长的民间人士，更愿意在无拘无束的非正式群体中大显身手，这就使得民间组织有特殊的人才凝聚力。朋友套朋友，熟人拉熟人，老乡传老乡，邻里唤邻里，就形成了民间特有的聚拢效应。在研究会的政策参与模式中，其专业化能力具有明显的多元复合性，即学术型专业化能力与实践型专业化能力兼而有之。这种专业化能力的复合性大大提高了民间社会组织的政策参与中的行动能力。在这种复合型专业化能力中，实践型专业化能力内生于民间社会组织贴近服务人群需求，具备良好的行动干预能力等基本特征。这种专业化能力无法从书本中直接获取，而是通过现场的，长期的经验积累才能够一点一滴地构建出来。相比于官办社会组织容易具备的学术型专业化能力而言，实践型专业化能力恰恰是民间社会组织政策参与中的专业化技术知识的独特体现。

通过以上对研究会政策参与模式内涵及其特征的归纳，结合之前对其参与模式的综合分析，以研究会政策参与为例，民间社会组织服

① 访谈记录 GXX—02。

务支持型参与模式如图 5－2 所示。

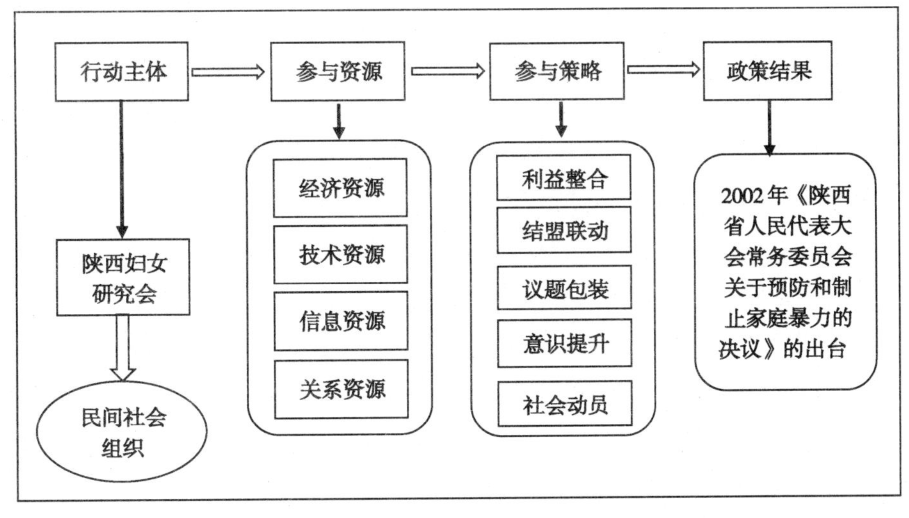


**图 5－2　民间社会组织服务支持型参与模式**

## 二　官办社会组织参与模式的内涵与特征

在湖南省妇联参与反家暴政策制定的政策网络中，作为官办社会组织典型代表的湖南省妇联距离决策核心层较近，具备了政策参与的合法性。湖南省妇联的参与模式具有省妇联引导先行，湖南省委、省政府协同配合，决策核心层与决策协调层合作共治的内涵。具体而言，其参与模式体现出了协同性、便捷性、广泛性以及权威性的特征。

### （一）协作共治型参与模式的内涵

作为官办社会组织典型代表的湖南省妇联具备了合法的影响政策制定的制度性渠道，在政策参与中表现为一种体制内的参与。即通过深入基层调查研究，提交当地家暴现状的调研报告，为反家暴立法提供相关数据信息；多层次接触决策者进行多重游说；与立法者合作起草法案草案，广泛发动媒体，引导社会舆论导向等多种方式，从而直接影响决策核心圈中的官僚精英，以提高组织自身在政策参与中的影响力。

本书所界定的协同共治型参与模式是指官办社会组织在政策参与

中，凭借与国家、政府高度关联的政治优势，健全的组织结构体系以及动员外部资源的能力等，引导并主推相关公共政策制定，决策者和政府相关行政部门积极回应，协同配合，官办社会组织与政府合作共治，合力推动政策出台。这种参与模式在官办社会组织政策参与中具有相当程度的普遍性。下面结合协作共治型参与模式的显著特征来对其内涵进行深入分析。

（二）协作共治型参与模式的特征

1. 协同性。在湖南省妇联参与反家暴政策制定的过程中，可以看到，省妇联冲在第一线引导立法工作，省委、省政府在其背后大力支持，协同配合，湖南省人大对于省妇联的立法提议积极回应，决策核心层与决策协调层合作共治，官办社会组织、政府行政机关与人大立法者合力推动反家暴政策出台。因此，官办社会组织在政策网络中与其他参与者的协同性是其参与模式的一个重要特征。这种与政府部门的协同性显然与官办社会组织的“官办”背景具有紧密联系。在访谈中，原湖南省妇联权益部部长R1在谈到与政府部门合作时，深有感触地回忆道：

> 我的印象就是从分管的副主任到内司委，都是很细心，很支持你的工作的。我们做这个事情的过程中都是比较顺的，分管的领导都比较支持……整个过程中我觉得还是很重视的、很支持的，就是这个妇女的维权问题。①

由此可见，湖南省妇联作为“党和政府联系妇女群众的桥梁和纽带”，天然享有官办社会组织作为体制的“内部人”参与国家立法活动的资格。“内部人”的身份准入资格使得省妇联能够比较容易获取政府部门的信赖与支持，继而在政策制定中多个参与者协同配合，合作共治，这对提高官办社会组织的政策影响力大有益处。湖南省妇联在政策参与中所体现出的协同特征如图5－3所示。

① 访谈记录RXQ—02。

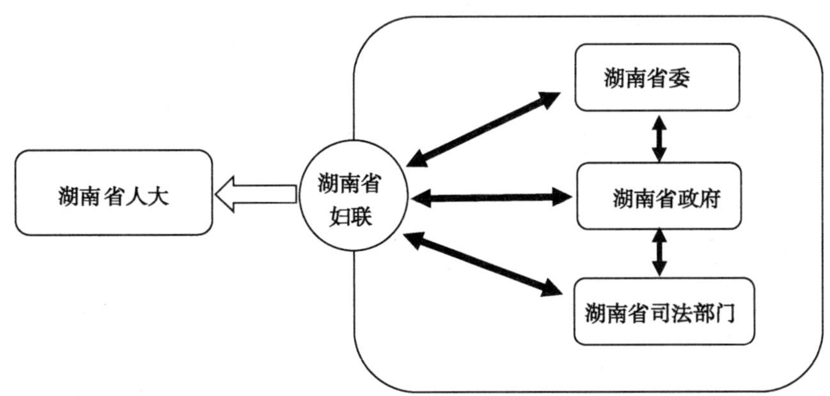


**图 5－3　湖南省妇联政策参与中的协同特征结构图**

2. 便捷性。以妇联为典型代表的官办社会组织与决策者的“权力距”较短，自上而下型的政策参与路径体现了其参与的便捷性。官办社会组织的生长和发展得到了政府的政策支持，因而掌握的体制内资源较为丰富，政策参与的渠道较为畅通。它们在相关政策领域向政府提出意见、建议，或对立法行为进行监督，或协助有关部门起草法律和政策。由于官办社会组织在政治体系中政治地位的制度性安排，以及“亲政府”的组织特性，使得这些社会组织“总是在一定政治和政府环境中运作的。上述这些因素正是通过与这一环境的联系和相互作用而使利益集团获得实际的权力”。[①] 由于当前中国社会仍呈现出政府主导性特征，官办社会组织具备丰厚的政治资源增强了其对政策过程的影响效能。

3. 广泛性。由于官办社会组织具有“亲政府”的组织特性，因此，通常官办社会组织具备健全组织结构体系，以及与其他同级政府部门横向协调的广泛性。以妇联组织为例，可看出其组织资源突出，具备了纵向到底，横向无边的组织结构，以及与其他同级政府部门横向协调有关妇女维权的能力。这些渗透于社会之中的官办社会组织，

① ［美］托马斯·戴伊：《理解公共政策》，谢明译，北京大学出版社 2011 年版，第 18 页。

“构成了国家对社会成员进行控制和贯彻意志的一种重要的组织依托”,[①] 它们谋求共同利益的认知度高，而且“行为方式类似于政府部门，强调领导权威和等级制度”,[②] 组织表达政治主张的意识强，社会影响力大，有足够的能力把特定的问题纳入国家政策议程，并有效发动政府相关部门积极参与其中，因而在政策参与中具有显著的广泛性。

4. 权威性。在参与公共政策活动中，作为官办社会组织的湖南省妇联仅仅具备政治实力是不够的，还需要具备一定的数据实力。这就需要省妇联在表达自己意愿的时候，必须拿出有分量的，基于当地实际情况的有效的实证材料，来说明组织的意见确实来源于客观实际生活，反映受虐妇女的真实利益和要求。

通常情况下，决策者在政策制定中偏好采信具有官方背景的组织提供的相关数据，认为其数据资料具备一定程度的权威性与有效性。而这正是官办社会组织提供调研数据时的优势所在。具备了专业人才以及制度保障的官办社会组织能够切实掌握本土实际情况，提供基于本土情境的政策制定数据支持，这种数据支持的有效性能够增强组织自身在政策参与中的数据实力，从而提高其政策参与的影响力。同时，在我国目前的政治文化背景下，一项公共政策议题的推动，没有作为准政府的权力型机构作支撑，合法性会大打折扣。而准政府组织的出面协调虽然经常是低效率的过程，但一旦有效，往往具有较大的权威性影响和作用。

通过以上对湖南省妇联政策参与模式内涵及其特征的归纳，结合之前对其参与模式的综合分析，以湖南省妇联政策参与为例，官办社会组织协同共治型参与模式如图 5－4 所示。

① 孙立平、晋军等：《动员与参与——第三部门募捐机制个案研究》，浙江人民出版社 1999 年版，第 19 页。

② 王名：《中国民间组织 30 年——走向公民社会》，社会科学文献出版社 2008 年版，第 291 页。

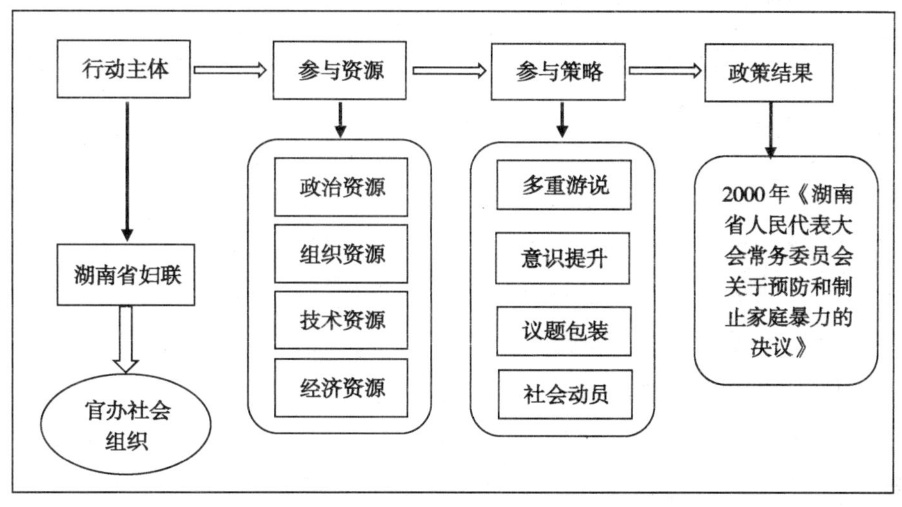


**图5－4　官办社会组织协同共治型参与模式**

## 第二节　社会组织政策参与模式比较

通过上述对两个实证政策案例参与模式内涵与特征的归纳概括，可以发现在政策制定过程中民间社会组织和官办社会组织的参与模式具有显著差异。对其参与模式基于多视角进行系统比较，能够深入挖掘和凝练社会组织参与反家暴政策制定的关键因素以及更为微观的一些参与特征。

### 一　参与视角

陕西妇女研究会和湖南省妇联在反家暴政策制定中的参与视角不同。研究会带有明显的民间学会性质，因此在政策参与中采用的是妇女研究视角。研究会自成立之初就强调运用女性主义行动研究的思路来解决目标群体的实际问题。行动研究作为一种调查研究方法，是指要针对拟解决的问题设计一个方向，然后行动、干预、评估，再进行不断地调整、改正，也即持续性的干预、评估、调整，再干预、再评估、再调整的螺旋式上升，最后解决这个妇女问题。具体到反家暴这一社会问题，研究会在着手政策倡导之前就制定了系统的行动计划框架，政策倡导只是这个框架中的一部分，在这个行动框架中，还包括其他的咨询、个案、法律援助以及紧急庇护等内容。在针对反家暴的行动研究过程中，研究会将反家暴的相关服务做到了本土化、日常化、机制化，这也增强了其政策参与的持久性。也就是说，研究会的政策参与是基于对家暴的深入研究，站在一个研究者的角度为了改变现实，推动家暴这个社会问题的解决。因此，研究会基于妇女研究的参与视角进行政策参与视野更加宏观、全面与综合立体，这样大大提高了民间社会组织政策参与的可持续性。

与研究会妇女研究的参与视角不同，作为官办社会组织代表的湖南省妇联采用的是妇女工作视角。作为专门从事妇女工作的群团组织，湖南省妇联在预防和制止家暴的过程中有效利用了体制内资源，从妇女工作的角度提出反家暴立法的问题。每年的妇联工作中都有提出针对维护妇女权益相关法案提案的工作内容，这是其妇女工作性质要求的。因此，湖南省妇联基于妇女工作的参与视角进行政策参与视野更加微观、局部与单一，反家暴立法的聚焦性良好，有利于提高政策制定的效率。

## 二　参与资源

陕西妇女研究会和湖南省妇联在反家暴政策制定中所拥有的参与资源不同。研究会在政策参与中主要运用了经济资源、技术资源、信息资源与关系资源。也就是说，较为充足的资金来源、专业化的技术知识、全新的反家暴理念与工作手法、基于领导人的个人能力和社会背景，以及组织自身社会网络的组织非正式关系构成了民间社会组织政策参与的优势资源禀赋。可见，民间社会组织没有官办社会组织所拥有完备的制度资源，参与空间与渠道狭窄，因此在政策参与中就要充分发挥组织本身具备的独特资源，用自己的优势资源来扩展政策参与的行动空间。

湖南省妇联在政策参与中主要运用了政治资源、组织资源、技术资源与经济资源。也就是说，与国家、政府的高度关联、健全组织结构体系、扎根本土情境的专业化能力、稳定而相对充足的财政拨款等构成了官办社会组织政策参与的优势资源禀赋。在这些优势资源中，官办社会组织所拥有的政治资源与其他三种资源具有逻辑上的因果关系。只有在垄断的政治地位保证下，官办社会组织才相继推动了组织、技术与经济方面的制度安排。这种制度安排下各种优势资源具有因果循环的累积作用。

## 三　参与策略

陕西妇女研究会和湖南省妇联在政策网络中的位置和角色决定它们运用的参与策略不同。研究会在政策参与中主要运用了结盟联动、利益整合、议题包装、意识提升与社会动员等策略。湖南省妇联在政策参与中主要运用了多重游说、意识提升、议题包装与社会动员等策略。可以看出，从数量来看，民间社会组织比官办社会组织所运用的策略更加多元化。相比而言，民间社会组织需要更加智慧地发挥出组织的个体能动性；从内容来看，不同类型的社会组织在政策参与中均运用了议题包装、意识提升与社会动员等策略，可见解释和推动政策议题使其逐步为公众和决策者接受，影响决策者的思想认识，广泛发动社会公众，形塑舆论环境等都是社会组织在政策参与中的重要策略。民间社会组织运用的结盟联动和利益整合策略反映了其政策参与的合法性不足，体制内资源欠缺，需要借力于其他参与者以达到参与目的，而官办社会组织运用的多重游说策略说明了其在政策网络中能够直接接触和影响决策者，具有天然的制度安排优势。从社会组织与政府的互动关系上来看，陕西妇女研究会与政府的互动关系是一种制度化较低，策略性较强的关系；而湖南省妇联与政府的关系则是一种制度化较高，策略性较弱的关系。

## 四　参与方式

陕西妇女研究会和湖南省妇联在寻求利益表达空间、进行政策参与的方式方面也不同。从社会组织参与政策过程的制度化与否角度看，湖南省妇联多采用制度化参与方式。湖南省妇联提出政策议题的方式似乎更多是内参方式，省妇联更多地扮演智囊的角色，直接上报立法者，推动立法者关注反家暴议题。在此省妇联很好地利用了“双重身份”，利用其体制内的资源为受虐妇女代言，这具有浓重的自上而下色彩，但在整个社会性别觉悟不高的情况下，这种内参方式不但可以强行推动政策制定，反过来也可提高社会公众对家暴的认识。而研究会则更多采用了非制度化参与方式。研究会在参与过程中更多体现了舆论参政与人格化参与等。即通过大众媒体使其政策见解逐渐为公众所感知，进而获得公众支持形成政策制定的社会压力。人格化参与作为一种非制度参与方式，对私人关系的依赖程度较高。需要指出的是，这种参与方式并不是一种稳定的、具有预见性的参与方式。

从社会组织参与政策制定的主体性角度看，湖南省妇联采用直接参与方式，即自愿参与政策议题的提出、政策方案的选择和规划等政策制定环节；研究会采用间接参与方式，即通过借助官办社会组织，间接参与政策议题的提出、政策方案的选择和规划等政策制定环节。

从社会组织在政策过程中联合方式的角度看，湖南省妇联采用单独参与方式，即湖南省妇联自身为了影响政策制定单独展开活动；研究会采用联合参与方式，即研究会与陕西省妇联联手开展影响政策制定过程的活动。

## 五 参与效果

陕西妇女研究会和湖南省妇联在反家暴政策制定中的参与效果存在较为明显的差异。研究会作为体制外参与，其参与效果迂回间接。凭借民间社会组织的民间表达性，研究会敏锐发现社会问题，并积极促成使其转变为公共议题，进而上升到政策议题。民间社会组织在公共政策制定过程的前半段发挥了非常重要的作用，即在政策制定的过程中对议题的发现及形成起到了显著的推进作用。但是由于民间社会组织与政府的“权力距”较远，在反家暴政策制定的后半段，作为民间社会组织的研究会在参与的深度与广度上明显减弱，更多的是依靠陕西省妇联在政策议题上的推进工作，其政策参与的后续影响力较为有限。可以说，民间社会组织在政策过程中由于缺乏完善的政策参与制度性保障，因而形成可持续性的参与发展还需要政府与民间社会组织双方的共同努力。

反观湖南省妇联，作为体制内参与的湖南省妇联在政策参与过程中，其参与效果比较直接有效。在湖南省妇联的主推下，地方政府对反家暴政策的制定大力支持与积极响应，最终促成了我国第一部反家暴地方性法规的出台。在政策出台的整个过程中，作为官办社会组织的湖南省妇联与政府的"权力距"较近，加之凭借"部门立法"的制度性优势，湖南省妇联在公共政策制定的整个过程中发挥了非常重要的作用。即在政策制定的过程中，对公共议题的发现及形成，以及政策议题的推进均起到了显著作用。特别是在政策议题的推进阶段，凭借着"制度性参与"的优势，湖南省妇联在政策参与的深度与广度方面要明显优于陕西妇女研究会，参与的后续影响力也更加具有可持续性。2000 年《湖南省人民代表大会常务委员会关于预防和制止家庭暴力的决议》通过以后，全国各地的妇联不断到湖南省妇联学习取经。2002 年，全国人大和国务院妇女儿童工作委员会召开纪念妇女权益保障法颁布 10 周年座谈会，湖南的反家暴立法工作受到了李鹏委员长的表扬。

在湖南省妇联的主推下，湖南省又相继出台多部反家暴政策。影响力较大的政策主要包括：2009 年湖南省高级法院制定了涉及家暴案件审理的指导性文件《关于加强对家庭暴力受害妇女司法保护的指导意见（试行）》，这是在全国省级法院中首个围绕"人身安全保护裁定"出台的政法委专门文件；2013 年湖南省公安厅出台《湖南省公安机关办理家庭暴力案件工作规定》，这是全国首个由省级公安机关发布的警察处理家暴案件规范性文件。目前由湖南省妇联主推的湖南预防和制止家暴工作已成为全国反家暴的品牌工作。可以看出，官办社会组织在公共政策制定的整个过程中发挥了非常重要的作用，政策的后续影响力较为显著。

陕西妇女研究会，湖南省妇联在反家暴政策制定中的参与过程对比如下页表 5－1 所示。

**表 5－1　陕西妇女研究会和湖南省妇联政策参与过程对比**

| 参与过程对比 | 陕西妇女研究会 | 湖南省妇联 |
| --- | --- | --- |
| 参与视角 | 妇女研究视角 | 妇女工作视角 |
| 参与资源 | 经济资源、技术资源、信息资源、关系资源 | 政治资源、组织资源、技术资源、经济资源 |
| 参与策略 | 结盟联动、利益整合、议题包装、意识提升、社会动员 | 多重游说、意识提升、议题包装、社会动员 |
| 参与方式 | 非制度化参与；间接参与；联合参与 | 制度化参与；直接参与；单独参与 |
| 参与效果 | 间接迂回，对公共议题形成有推进力 | 直接纵向，对政策议题形成有推进力 |

资料来源：作者自制。

如果我们把政策制定过程中民间社会组织和官办社会组织的参与模式差异做一个系统整理分析，即有表 5－2 结果。

**表 5－2　政策制定中民间社会组织和官办社会组织参与模式优势比较**

| 参与过程对比 | 民间社会组织优势 | 官办社会组织优势 |
| --- | --- | --- |
| 参与视角 | 兴趣和意愿研究视角 | 特定职能工作视角 |
| 参与资源 | 经济资源充裕、技术资源充足、信息资源畅通、关系资源广泛 | 政治资源稳定、组织资源齐备、技术资源充足、经济资源有力 |
| 参与策略 | 结盟联动、利益整合、意识提升、议题包装、社会动员 | 多重游说、意识提升、议题包装、社会动员 |
| 参与方式 | 间接参与；社会化参与 | 直接参与；组织化参与 |
| 参与效果 | 间接迂回，呼吁促动 | 直接有效，实质推进 |

资料来源：作者自制。

## 第三节　社会组织参与反家暴政策制定的逻辑

通过上一节对陕西妇女研究会和湖南省妇联在反家暴政策制定中的参与模式对比，可以看出社会组织参与反家暴政策制定的关键因素以及更为微观的一些参与特征。本小节在前文分析的基础上，进一步厘清影响社会组织参与反家暴政策制定的若干变量、参与机制等内在逻辑。

## 一　影响社会组织参与的若干变量

反家暴政策网络存在若干具有不同行动目标的参与者，本书认为这些参与者及其主要特征就是直接、间接影响反家暴政策制定的变量，而这些变量决定了社会组织参与政策制定的方式、过程和最终的参与效果。这些变量中有些变量对参与进程以及参与效果起到重要的决定性作用，主导着整个社会组织政策参与过程，如当地政府的认知与态度、社会组织的专业化能力，在本书中把这些变量称为核心变量。还有一些变量可能出现在政策网络之中，也对参与过程起到了一定的作用，如专家学者、大众媒体与国际机构等，我们把这些变量称为外围变量。

### （一）核心变量

1. 当地政府的认知理念与政策态度。这里的“政府”是广义上的理解，即泛指依法行使国家权力的一切机关。尽管社会组织政策参与的影响力愈发显著，但是通过分析仍然可以看出，我国反家暴政策制定过程具有中心突出的特点，政府部门处于决策制定中的核心层。因此，现阶段我国政府对反家暴政策制定具有绝对的主导性作用，当地政府的认知理念与政策态度是影响社会组织参与反家暴政策制定的核心变量。

具体而言，当地政府的认知理念包括对相关议题的意识形态和价值取向。对某一议题的意识形态是指对该议题的理解与认知。不同的意识形态对同一议题的理解与认知不同。当地政府的价值取向是指基于政府自身的价值观，针对某一议题所持的基本价值立场、价值态度等。比如，在反家暴政策制定中，立法者对于家暴现状及危害性的理解与认知属于意识形态部分，对于反家暴中有没有必要通过专门立法的形式来解决这个社会问题属于价值取向部分。原省妇联权益部部长R1在接受《中国妇女报》记者采访，谈到反家暴立法的经验之谈时明确表示：“经验之谈就是要看人大的态度，如果人家说，这个挺难，不行，你就赶快去掉，如果没说什么，你就赶快争取能上。”[①] 这里所

① 张祺：《暴力篇：五年磨一剑》，《中国妇女报》2003年5月20日第3版。

说的态度主要是指当地政府的认知理念。可见，当地政府的认知理念对于社会组织的政策参与具有重要作用。

与此同时，当地政府的政策态度也对社会组织政策参与具有相当大的影响力。政策态度可以分为稳妥型政策态度与创新型政策态度两种形式。如果当地政府偏向于稳妥型政策态度，那么新政策出台就具有一定难度；如果当地政府偏向于创新型政策态度，将会大大有利于新政策制定。在陕西和湖南两地反家暴政策出台的过程中，当地政府的政策态度的分野表现得相当明显。在陕西反家暴政策制定中，参与了《决议》出台的原省人大内务司法委员会办公室主任 W1 强调：

> 我就是认为，（针对反家暴立法）就是全国就是处于这样一个探讨阶段，包括现在也是在探讨阶段，也是争议很大。越是在这样的情况下，我觉得咱们越是做一些细致的研究。①

从上面立法者对于反家暴立法的表述中可以看出，陕西的反家暴政策态度趋于稳妥型，当地政府的这种政策态度在很大程度上决定了政策出台的时间，同时也在无形中提高了政策出台的难度。

而在湖南反家暴政策制定中，参与了《决议》出台的省人大内务司法委员会 X1 让我们体会到了另一种政策态度：

> 我们绕了很多弯，也想了很久，但是我们总有曲径通幽的方法，就在石头缝里面搞了一条路，我们硬是走一条路出来……内司委在这个参与过程中大力推动，还想了很多的办法，就是说有开创性还有开拓性，要敢于吃螃蟹，走前人没有走过的路。②

湖南在反家暴政策制定中，当地政府无论是立法机关还是行政机关，都体现出了创新型的政策态度，湖南省委、省政府包括立法机关

① 访谈记录 WJX—01。

② 访谈记录 XH—01。

省人大都对省妇联的反家暴立法建议给予了积极回应与大力支持。在此过程中当地政府“敢为天下先”的创新型政策态度对于出台我国第一部反家暴地方性法规起到了决定性作用。

2. 社会组织的专业化能力。从社会组织的角度来讲，社会组织的专业化能力是促进其政策参与的另一个核心变量。随着科学技术的发展和公共政策复杂性的提高，社会组织政策参与中对于其专业技术要求也进一步提高。社会组织只有具备专业知识和技术，才能保证政策倡导的有效性、有利于政府决策部门接受其政策方案或要求，进而保证制定高水平的公共政策。

在我国，政府因其具有权威、合法性与组织等行动资源处于绝对的政策制定中的核心位置，也是政策活动的主导者。但是，政府无法掌握不同类型的政策领域在制定过程中所需的专业技术知识，而社会组织高度的专业化能力恰恰弥补了政府在政策制定中的这一缺陷与不足，有助于政府获取更加专业可靠的信息，成为政府所需要的一个外在辅助条件。比如，以本书案例中社会组织的专业化能力为例，研究会利用多种方式有效聚拢了相关领域的专家学者，增强了组织自身的“学术型专业化能力”；同时，研究会长期在基层执行相关项目，深入了解了中国本土情境中的诸多要素，逐渐具备了现实的、可行的“实践型专业化能力”。这种复合型专业化能力大大提升了研究会在政策参与中的行动能力。与之相似，湖南省妇联具备的“扎根本土情境的专业化能力”，这种专业化能力优势在于能够对湖南本土家暴现实状况做到充分的了解与掌握，以为决策者提供有效信息。可以看出，上述两个案例中社会组织具备推进反家暴立法的技术资源，即扎根本土情境的，丰富的项目经验等专业化能力是社会组织的优势资源，而这正是政府在制定相关政策时所欠缺的。

因此，只有当社会组织具备了高度的专业化能力，才能够最大程度地整合体制内外的不同资源。基于资源优势互补原则，政府乐于同社会组织建立合作关系，以促进社会组织的政策参与，实现社会善治的根本目标。

（二）外围变量

1. 专家学者。作为知识精英的专家学者是社会组织政策参与中重要的外围变量之一。美国学者丹尼尔·贝尔认为，后工业社会是一个知识社会，其主要问题是要有足够的受过训练的具有专业技能的人才，“科学家、专业人员、技术人员和技术官员在社会的政治生活中起到主导作用”。[①] 在案例中可以看到，民间社会组织的大多数成员即是相关领域的专家学者，而官办社会组织在政策方案制定时也需要求教于相关专家学者。专家学者在政策制定中的作用体现为以下两个方面：一方面，专家学者能够利用系统的专业知识理性应对社会问题，并且以独立的价值判断，基于学术立场对事件进行客观分析，还原事实真相，对政策制定提出有效的政策制定建议；另一方面，专家学者对相关政策议题的研究有助于公众快速了解事实真相，提高公共政策制定的有效性。在反家暴政策制定中，专家学者为社会组织政策参与得以顺利进行提供了坚实的技术支持。可以说，专家学者的支持是社会组织实现参与绩效的助推器。

2. 大众媒体。一般而言，社会公众主要通过媒体的宣传来获取公共政策制定中的重要信息。因而，媒体能够切实提高公共政策制定中的透明度，推动相关公共议题进入政府的决策视野。媒体的报道可以提高公众对某一公共议题或是政策议题的关注度，有利于加快将公共议题上升到政策议题，并且对政府的政策制定产生一定的社会压力，提高公共政策的公正性。一方面，大众媒体为政策制定者及时提供信息，使他们及时交接公众的现实需求；另一方面，为公众提供信息使他们了解政治制定进展情况等具体信息，从而有助于实现公众有序政策参与。可以说，大众媒体是保证社会组织政策参与顺利进行的催化剂。

3. 国际机构。国际机构偶尔出现在社会组织政策参与的过程中，因而可看做是一个外围变量。国际机构对于社会组织特别是民间社会组织的政策参与，最明显的作用就是跨越国界的影响。通过提供资金支持、举办培训以及研讨会、执行自己的项目，国际机构把在世界其

---

① ［美］丹尼尔·贝尔：《后工业社会的来临》，高铎译，商务印书馆1984年版，第91页。

他地区形成的理念、经验和办法带到了中国，帮助中国本土的社会组织与世界同行接轨，这是中国社会组织走向世界、融入全球公民社会不可缺少的一步。在陕西妇女研究会政策参与的案例中，众多国际机构为研究会进行反家暴的系列干预活动提供了新观念、新思路和新方法，这些思想和方法不但开拓了研究会的反家暴的视野，也为研究会提供了具体的操作模式，例如，研究会在对警察开展反家暴培训时所运用的参与式培训方法就是经由国际机构传播过来的。因而，国际机构在一定程度上也影响了社会组织的政策参与效能。

## 二　反家暴政策制定中社会组织的参与机制

本书根据不同类型社会组织的动态参与流程，将反家暴政策制定中的社会组织的参与机制具体分为民间社会组织的“可见—联盟—支持”机制与官办社会组织的“引导—咨询—论证”机制。

### （一）民间社会组织政策参与机制：“可见—联盟—支持”机制

在民间社会组织“可见—联盟—支持”的参与机制中，研究会基于敏锐的社会性别视角与以妇女为本的行动理念，通过大量细致的调查研究，敏感地发现了家暴问题的现实状况以及危害性。在经过对家暴深度研究的基础上，研究会制定出了反家暴行动干预框架。其中反家暴的政策倡导是其重要的一个部分内容。根据中国现阶段政策制定过程的现实状况，研究会知晓身为民间社会组织，政策参与的合法性天然不足，政策参与的渠道较为狭窄。如果单凭研究会一家社会组织，将会很难进入到反家暴的政策网络中。因此，研究会和官办社会组织的陕西省妇联结成联盟，借助于官办社会组织的政策参与中丰厚的政治资源以及组织资源，基于资源优势互补理论，形成反家暴政策制定中的合作治理关系，构成了一条优势资源供给链条。这样一来，大大扩展了身为民间社会组织政策制定中的行动空间。在与官办社会组织联盟的过程中，研究会充分发挥自身高效提供社会服务的组织强项，通过向目标人群提供综合立体式的专业服务干预措施，以促进政策倡导的功能发挥，整体推进社会问题的解决，从而提高组织自身的社会影响力，获得决策核心层对于其政策参与行为的认可，提高其在政策制定中的影响力。

(二) 官办社会组织政策参与机制:“引导—论证—回应”机制

在官办社会组织“引导—论证—回应”的参与机制中，湖南省妇联基于长期的信访工作以及扎根本土情境的调查研究，开始着手引导并主推反家暴立法工作。在政策制定的过程中，湖南省妇联有效运用官办社会组织政策参与的优势资源，积极横向协调相关政府行政部门，使其形成合力共同参与到政策制定之中。在反家暴政策议题推进的过程中，立法提案被反复论证，争论与搁置。争论与搁置的主要原因是湖南省妇联与决策者就反家暴政策的级别意见不一。最终省妇联向决策者妥协，听从决策者的立法建议。在反家暴政策议题不断论证的过程中，当地政府部门对于反家暴的思想认识逐渐得到提升与深化，给予了湖南省妇联政策制定建议的积极回应与大力支持，体现出了创新型的政策态度。经过湖南省政府部门与湖南省妇联的协同共治，我国第一部反家暴地方性法规得以顺利出台。

## 第四节 小结

本章主要讨论社会组织参与反家暴政策制定模式案例比较。首先对民间社会组织和官办社会组织政策参与模式的内涵和特征进行归纳概括。民间社会组织的政策参与模式表现为服务支持型，即民间社会组织在政策参与中，敏锐发现目标人群的现实需求，凭借多元复合式专业化能力，借力于官办社会组织的政策参与合法性，实施综合干预式政策参与的行动路径。其政策倡导是行动主线，配套的社会服务供给作为其后台支撑。服务支持型参与模式具有综合性、联动性、敏锐性以及复合性等特征。官办社会组织的政策参与模式表现为协同共治型，即通过深入基层调查研究，提交当地家暴现状的调研报告，为反家暴立法提供相关数据信息；多层次接触决策者进行多重游说；与立法者合作起草法案草案，广泛发动媒体，引导社会舆论导向等多种方式，从而直接影响决策核心圈中的官僚精英，以提高组织自身在政策参与中的影响力。协同共治型参与模式具有协同性、便捷性、广泛性以及权威性等特征。

继而从参与视角、参与资源、参与策略、参与方式以及参与效果等方面，系统比较民间社会组织和官办社会组织在反家暴政策制定中的参与模式，以深入挖掘和凝练社会组织参与反家暴政策制定的关键因素，以及更为微观的一些参与特征。最后在比较研究的基础上，抽象出影响社会组织参与反家暴政策制定的若干变量、参与机制等内在逻辑。在影响社会组织政策参与的变量中，当地政府的认识与态度、社会组织的专业化能力是其核心变量；专家学者、大众媒体以及国际机构是其外围变量。在社会组织反家暴政策制定参与机制中，根据不同类型社会组织的动态参与流程，将反家暴政策制定中的社会组织的参与机制具体分为民间社会组织的“可见—联盟—支持”机制与官办社会组织的“引导—咨询—论证”机制。

# 主要结论与展望

## 一　主要研究结论和理论贡献

### （一）主要研究结论

中共十八届三中全会提出：改进社会治理方式，加强党委领导，发挥政府主导作用，鼓励和支持社会各方面参与，实现政府治理和社会自我调节、居民自治良性互动。社会参与主要是指社会组织参与。我国社会组织众多，主要包括社会团体、基金会、民办非企业单位等，这些社会组织是我国社会治理的重要主体和依托，已成为政策过程中不可忽视的力量和参与者。正如一位学者所言："如果按照服务与倡导两种类型来划分非营利组织，中国的非营利组织部门以协助政府提供社会服务为主体，很少有倡导性的非营利组织；但是如果从组织的行为和政府对话的关系而言，中国的非营利部门正在扮演着越来越多的倡导性角色"。随着改革开放的深入和社会主义市场经济的进一步发展，社会参与公共政策过程的广度和深度必将日益扩展，社会组织在政策过程中将扮演越来越重要的角色。

本研究基于政策网络理论，通过对民间社会组织与官办社会组织在反家暴政策制定中的参与模式进行深入剖析与系统比较，得出以下研究结论：

1. 政府对社会组织开放与回应的态度是影响社会组织参与反家暴政策制定绩效实现的决定性因素

个案研究表明，目前社会组织参与反家暴政策制定仍然在"强政府—弱社会"的框架下展开，政府的力量仍然十分强大，在政策制定的政策网络中政府居于主导地位。社会组织参与政策过程的空间大小与效能高低，更大程度上取决于政府对其参与能力的信任度和认同度。社会组织的政策参与离不开当地政府的理解和支持，离不开政府社会治理理念的建立，以及在此基础上对社会组织开放与回应的态度。首先，政府为社会组织参与政策制定构建开放的政策参与体系，这是政府与社会组织在政策过程中双方博弈的根本前提；其次，社会组织积极的政策参与行为需要步入政府视线、并且得到政府回应才有转化为政策议程的可能。再次，政府对于某一公共议题的认知与态度对社会组织参与效果具有重要的影响。

在以上两个案例中，当地政府在反家暴政策制定阶段对社会组织的行动与努力均给予了积极的开放与回应的态度。政府这种积极的开放与回应的态度确保了社会组织顺利进入反家暴政策网络的准入资格。也只有具备这一前提，才能构建出社会组织政策参与的网络化的特征来。因此，政府对社会组织开放与回应的态度构成了影响社会组织政策参与效果的前提条件，是影响社会组织反家暴政策参与绩效实现的决定性因素。

态度落实在行动上。在制度建构方面，政府应当进一步建立健全包括反家暴政策在内的社会组织政策参与法律法规制度。政府应当通过制定社会组织基本法，进一步明确社会组织与政府、市场的关系，明确其法律地位、社会作用和基本职责；针对不同类型的社会组织制定专项法规体系，确立与各类社会组织相适应的责权范围和运行规范。同时，完成与政策参与相关的法律和制度的增补、调整和修改工作。这不仅可以保证社会组织以合法的身份参与公共政策过程，也进一步提高了其政策参与效能，使其逐步走向制度化、规范化和法治化。

在政策环境方面，政府应当积极营造社会组织政策参与的能促型政策环境。一方面，切实加快社会组织管理体制的改革和创新，最终实现以统一直接登记和培育发展、统一监管为主要特征的管理新体制。同时，依据社会组织的领域、类型、功能或作用的不同进行试点试验，鼓励社会组织间开展结盟活动，促使社会资源能够依据活动能力与对社会贡献的程度进行优化配置，以期带动政策参与的整体水平。另一方面，进一步转变政府职能，不断拓展社会组织制度化的政策参与的渠道和方式，从而提高民间社会组织参政议政能力。

2. 社会组织具备基于本土情境可实践的专业化能力是影响社会组织参与反家暴政策制定绩效实现的基础性因素

社会组织是社会领域“自治”的重要主体，应当具备较强的自我发展能力。根据当前我国当前的政策环境，社会组织要想顺利实现参与绩效，必须具备高度的专业性，这一点相关研究多有提及。本研究案例分析的启示性在于，基于当前我国的实际政策环境，民间社会组织和官办社会组织如欲获得反家暴政策制定过程中实质性的参与效果，均必须具备基于本土情境可实践的专业化能力。

所谓“基于本土情境可实践的专业化能力”，其突出强调的目的在于与“学术性专业化能力”相区别。这种专业化并不主张单纯通过书本知识直接获取，而是推崇基于本土情境、经过一线经验积累逐渐构建出的重在实践的专业化能力。在这种专业化能力中，社会组织领导代替了学者的主导地位，这种专业化能力不强调标准性，而是突出权变性，以灵活的弹性和韧劲来应对各种实践问题。在政策参与中，拥有相关专家学者提供咨询和指导固然重要，但是就参与本身而言，这是一种应当针对本土情境开发的、可实践的具体行为。

基于本土情境可实践专业化能力的提高依赖于扎根中国本土情境、具有实践精神的社会组织专业化人才。但是，仅仅依靠社会成员的志愿参与来招募这种人才因为缺乏应有的人才稳定性显然不现实。因此，社会组织应当重视对专职人员定期进行业务和技能培训，加强相同专业领域组织间的人员交流与学习，鼓励社会实践界、包括学术界专业人才的广泛参与，并特别注意形成稳定的专业队伍。在专职人员的考核中，应当不仅注重专业培训经历和资格证书考试等各种认证，而且更强调该人员的实践操作能力和业务活动实效。只有吸纳更多具有实践精神的社会组织专业化人才，切实提高社会组织基于本土情境可实践的专业化能力，才能真正体现社会组织的社会价值，从而获取政府对社会组织政策参与的信赖，以积极影响政策成效。

3. 构建基于优势资源互补的合作共治关系是影响社会组织参与反家暴政策制定绩效实现的关键性因素

个案研究表明，政府与不同类型的社会组织等政策网络参与者之间形成了一种基于优势资源互补的合作共治关系。公共政策作为一种稀缺资源，政策网络参与者在其间拥有各自不同的权力和地位，每个参与者所依赖的是各自具备的优势资源及其在政策过程中不可替代的作用。在我国，政府因其具有权威、合法性与组织等行动资源处于绝对的政策制定中心。在公共政策制定的过程中，如果政府与代表社会弱势群体的社会组织没有达成合作共治关系，那么根据简单多数模型，其决策最后反映的经常是中间选民的需要，这就使得政府制定公共政策时所代表的公共权威产生动摇。况且，社会组织高度专业化的技术资源、准确丰富的信息资源等恰恰是政府在反家暴政策制定中所倚重的重要资源。因此，基于优势资源优势互补原则，政府乐于同社会组织建立合作共治关系。同时，社会组织的政策参与因其自身不具备立法权和行政权，缺乏权威、合法性等行动资源，因此要想获取公共政策这一稀缺资源，就必须主动寻求与政府积极的沟通与对话，建立优势资源互补的合作共治关系则是社会组织反家暴政策参与的现实选择。

本研究中的两个案例最大程度地整合了体制内外的不同资源，促使民间社会组织和官办社会组织均成功参与了反家暴政策制定。基于构建合作共治的关系，作为政策过程运行的主体，政府应建立一套科学公平的机制来推进社会组织的反家暴政策参与，使其成为一股引导社会组织特别是民间社会组织从“非制度性参与”到“制度性参与”的正向有序的建设性力量，从而推动政府善治与社会和谐的顺利实现；同时，社会组织应当通过依法有序的政策参与以及自身建设来增进政府和社会对其参与能力的认同。无论社会组织参与政策过程的广度和深度如何拓展，社会组织对政策过程影响力的大小或强弱，社会组织的政策参与都不可能也不应该站在政府的对立面。只有与政府形成合作共治的关系，才能充分发挥社会组织在政策过程中的特殊效能，提高反家暴政策的公共性与合理性，进而促使中国的公共政策过程的变革呈现出制度化、透明化、民主化趋势。

可以看出，构建基于优势资源互补的合作共治关系是影响社会组织反家暴政策参与绩效实现的关键性因素。反家暴政策网络中参与者完备的良性互动机制表明：政府与社会组织基于优势资源互补需要建构良好的合作共治关系，能够促进优化资源组合，以期实现社会善治的根本目标。

从国家与社会这一宏观的视野来看，社会组织政策参与对政策过程的支持和监督，能够潜在地改变国家与社会间的权力关系，并将对中国社会产生深远的影响。构建合作共治的良性互动关系将是国家和社会发展的理性追求。可以预见，伴随着政府在社会组织政策参与中的理念转变以及制度创新，社会组织的政策参与有可能会带来国家和社会关系的新变化，即从现阶段的“强政府—弱社会”升级为未来可能出现的“强政府—强社会”。

4. 中国反家暴政策制定过程除了具备西方政策网络理论中的“利益契合”之外，还通过“交叠型公私关系”存在明显的“情感契合”

研究显示，政策网络理论对于中国社会组织参与公共政策制定模式构建的解释具有一定的有效性。但是，对于不同类型的社会组织政策参与过程，政策网络理论也具有不同的解释效力。研究揭示，官办社会组织的反家暴政策参与比较符合政策网络理论的特征，参与者之间形成政策网络的基础是“利益契合”，这与政策网络理论遵循的理性原则是一致的。相比之下，民间社会组织的反家暴政策参与就与西方政策网络理论存在一定差异。在我国，由于自古以来的官民二分的政治体制，国家与社会之间的鸿沟导致合法的利益表达渠道匮乏，因此，仅凭制度化的政策参与渠道，身处“决策参与层”的民间社会组织难以实现与“决策核心层”政策制定者的充分沟通。其次，官民沟通成本较高这一现状也使得民间社会组织在政策参与时不愿与政府进行正式的沟通。因此，与官办社会组织所运用的参与资源不同，民间社会组织利用了非正式制度的关系资源。即本土情境下的反家暴政策网络通过“交叠型公私关系”使得政策网络中参与者之间的关系变得丰富而多元。在这其中，私人关系做先导，发挥其“木楔效应”开启组织间公共关系，用交际型公共关系引发服务型公共关系，从而达到扩展民间社会组织政策参与空间的目的。

研究还发现，民间社会组织政策参与中形成的政策网络除了具有政策网络理论的基本特征之外，同时还具有中国公共政策制定过程中的本土特色，即将社会资本理论运用到政策网络研究中。这一中国政策网络的本土特征难以完全用“理性精神”或者“利益契合”来解释。因而，运用政策网络理论对民间社会组织政策参与进行分析时，在“利益契合”这一概念之外，还需要加入华人社会中“关系”影响的考量因素，即中国本土情境下的民间社会组织政策参与的政策网络结构还存在明显的“情感契合”。“情感契合”是指政策网络中的参与者之间情感交往的契合程度。政策网络中的参与者之间情感交往的契合程度越高，社会组织政策参与的空间就越大。“情感契合”能够直接影响到社会组织政策参与的广度与深度，从而对其政策参与绩效的实现产生重要作用。

5. 社会组织参与政策制定是社会治理创新的有效形式

调整政府与社会关系是社会治理创新的本质，“创新社会治理不仅是政府如何管理社会的问题，而且也包括政府自身如何定位社会力量在社会治理中发挥什么样的作用，政府与社会之间在社会治理中有着什么样的关系的问题”。[①] 同时，传统的全能模式和政府主导模式是制约社会治理创新的主要因素。社会治理最鲜明的特征是参与主体的平等化，然而全能模式和政府主导模式凌驾于社会之上，包揽一切社会事务的模式难以适应社会治理新要求，会导致社会治理创新实践偏离目标要求。

社会治理创新致力于创造权利公平、机会公平、规则公平，使民主、公正、平等、自由的观念深入人心。因而，社会治理创新内在要求政府开放公共政策过程，公民能够平等参与关乎己身利益的社会事务治理过程，参与国家的权力运转和政策制定，以此保证社会组织以及公民个人等参与公共决策、公共管理的权利。凡涉及公共利益的重

① 郑家昊：《政府引导社会管理复杂性条件下的社会治理》，《中国人民大学学报》2014 年第 2 期。

大决策，都需要通过多种渠道和形式广泛地集中民智，通过不同社会群体之间的利益博弈，最后达成共识，从而保证决策的民主化，科学化。[①] 这就要求政府简政放权，创造公平环境、使公民积极参与政策决策等社会治理环节，充分表达自身利益诉求，平等参与协商治理。同时，对公众需求和问责做出积极回应，始终将公民利益置于社会治理的首要位置。[②] 简言之，社会组织参与政策制定是社会治理创新的有效形式。

（二）理论贡献

本文的理论贡献主要有以下几点：

1. 有关公民社会理论的研究

第一，本研究进一步丰富了中国公民社会在政策制定中发挥作用的研究。以往有关公民社会理论的研究缺乏社会组织参与政策制定的深度研究成果。本文论证了在我国强国家—弱社会的非对称权力结构下，精英决策模式仍占据主导地位，作为社会力量重要代表的社会组织通过构建议题网络型的参与方式，充分发挥了其政策倡导与影响的组织功能，成功实现了政策制定中的参与绩效。本研究丰富了社会组织在政策参与功能发挥上的相关研究，同时也在一定程度上回应了国际社会对于中国公民社会是否存在及其发育水平的质疑。

在有限的社会组织参与公共政策过程中的相关研究中，现有研究很大程度上集中于诸如环境保护、扶贫、防治艾滋病领域等，缺乏推进性别平等中公共政策制定的系统性研究。妇女组织对公共政策制定的影响和变革，对性别平等政策话语的塑造，以及它们在政策参与中的策略和智慧并没有被充分的挖掘，因而其重要作用和意义往往被低估。本文通过分析不同类型的妇女组织在反家暴政策制定中的参与模式，凸显这种静悄悄变革背后的能动性，以深化妇女组织影响性别平等政策制定的相关研究。

① 胡仙芝、余茜、俸锡金：《逐步走向国家社会合作共治的公共管理变革》，《中国发展观察》2009 年第 10 期。

② 范逢春、尤佳：《社会治理现代化：理念、制度与过程的三维重构》，《河南社会科学》2015 年第 1 期。

第二，本研究构建了一个系统的反家暴政策制定中社会组织参与模式的分析框架。该分析框架借助于政策网络理论，将宏观结构分析与微观行动分析相结合，全面考察社会组织政策参与背景、参与者及角色、参与者间关系、参与资源、参与策略等维度。政策参与背景表明了政策参与过程的逻辑起点；参与者及角色、参与者间关系暗含了理性的利益相关者之间的网络联系和互动机制，这个分析框架勾勒出了反家暴政策网络中参与者之间所形成的网络联系和互动机制；参与资源与参与策略的不同证实了官办社会组织与民间社会组织参与模式的异质性，并表现出了不同类型的社会组织参与度和影响力的强弱差异。这一分析框架结合了微观行动层次与中观组织层次并呼应了宏观结构层次，有助于我们进行全面的把握与判断。当然，该研究主题也可能存在其他分析路径，但本研究的分析框架至少提供了一个有启发性的视角，有助于推进后续的深度研究。

2. 有关公共政策过程的研究

第一，本研究的反家暴政策制定案例分析强化了公共政策领域与社会性别领域的有机联系。在公共政策领域中，既有研究主要集中于经济政策与科技政策，对社会政策尤其是社会性别政策的研究关注不够。同时，学界倾向于关注中央层级的政策制定过程，而对各级地方的决策过程缺乏应有的关注。因此，分析反家暴这一典型社会政策的制定并重点关注地方政府的相关决策过程，可深化对地方政府在社会性别政策制定中的相关研究。在社会性别领域中，现有相关研究主要集中在探讨妇女发展的具体问题以提出相应政策建议，而对于政策制定中社会性别议题的提出，相关政策的制定过程等给予细致考察的研究还比较有限。比如，在政策制定中有关性别平等议题的倡导者是谁？妇女组织是如何推进性别平等纳入政策领域中的？因此，反家暴政策制定的案例分析可深化社会性别领域中有关公共政策制定的相关研究。

第二，本研究详细论证了政府开放反家暴政策空间以允许社会力量参与，以及社会组织如何抓住有利时机，最终实现参与绩效。这一过程充分体现了中国公共政策过程的封闭性与精英决策模式的传统特性在逐渐转变。因而，本研究从社会组织参与的视角探讨反家暴政策制定，为中国的公共政策模式逐渐演变为开放性与民主决策模式奠定了实证基础。

第三，本研究增强了不同类型的社会组织对政策制定影响的潜在变化及发展趋势的理解。比如，官办的妇联组织凭借着“部门立法”的特殊地位，在有关妇女权益保护的政策制定方面享有天然优势。然而，随着政府对社会领域的逐步放开，越来越多的民间妇女组织迅速产生并发展壮大。民间妇女组织开始主动介入公共政策过程，继而影响政策制定。这样一来，妇联组织在政策制定中替妇女说话的权威性就受到了挑战。与此同时，在我国当前社会发育仍然有限的条件下，案例中民间妇女组织凭借着高度的专业化能力、及时准确的信息获取能力，以及丰富的项目运作经验等独特优势在政策参与中发挥了非常重要的作用。可以看出，民间社会组织在政策参与中并不满足于仅仅扮演守望者的角色，被动接受政府的恩赐，而是灵活运用中国本土化的政策参与智慧与策略，积极有效参与到政策制定中。这一闪光点在民间社会组织的政策参与中不容忽视。可以预见，未来民间社会组织在政策制定过程中的参与深度与广度将会进一步增强。总之，本文基于社会组织反家暴政策参与的案例比较分析，有助于理解不同类型的社会组织对政策制定影响的潜在变化及发展趋势。

3. 有关政策网络理论的研究

本研究吸取社会资本理论并与政策网络理论进行有机结合，尝试对中国本土情境下的公共政策过程进行理论构建。结合实证案例的考察，提出中国本土情境下的反家暴政策网络，除了具备西方政策网络理论中基于理性选择视角强调的“利益契合”之外，还通过“交叠型公私关系”影响政策网络结构，即政策网络中存在明显的“情感契合”。“情感契合”是指政策网络中的参与者之间情感交往的契合程度。在中国本土情境下，这种契合程度更多是通过“交叠型公私关系”体现出来。在中国的“关系社会”中，“交叠型公私关系”的特征在于私人关系中带有公共关系，公共关系中又带有私人关系，正式关系与非正式关系互相嵌套，互相促进。“交叠型公私关系”使得参与者之间的关系变得丰富而多元。政策网络中的参与者之间情感交往的契合程度越高，社会组织政策参与的空间就越大。“情感契合”能够直接影响到社会组织政策参与的广度与深度，从而对其政策参与绩效的实现产生重要作用。

由此，本研究运用政策网络理论对民间社会组织在反家暴政策制定中的参与模式进行分析时，基于社会资本理论对于中国本土情境下的政策网络给出了更加丰富的解释。“交叠型公私关系”与“情感契合”的提出让我们看到了“关系”对中国政策网络内人际互动的影响，以及对政策网络结构转型的影响。更为难得的是，这一概括体现了“关系”是如何影响政策网络内参与者的互动以及如何影响政策绩效。上述两个新构念的提出一定程度上区分了中国政策制定实践过程与西方政策网络理论所描述的政策过程存在差异之处。

## 二　研究不足与研究展望

### （一）研究不足

本研究可能出现的不足主要表现为以下几个方面：

第一，本研究构建的分析框架虽然有利于控制研究中的变量，但也容易简化现实中生动复杂的权力关系，限制了分析的丰富性，从而难以较为深入的把握中国的政策制定过程。这在一定程度上也容易影响分析社会组织的政策参与对于中国公共政策制定过程的现实作用。

第二，本研究主要采用归纳方法对社会组织在反家暴政策制定过程中与其他参与者的网络联系以及互动机制做出分析和解释，并将民间社会组织与官办社会组织在政策制定中的参与模式分别进行了理论归纳与特征总结。但由于无法穷尽反家暴政策制定实践中的所有情形，使得研究结论的普适性可能会受到影响。

第三，质性研究中的探索性个案分析是公共政策研究中收集资料较好的方法之一，结合本研究可以在一定程度上还原政策制定过程。但是，针对案例的代表性和典型性，以及个案研究发现的推论范围等问题必定存在争议。从定量研究的范式来看，本研究的相关发现和结论在推论范围上具有一定的局限性。

第四，本研究在数据收集上主要采用访谈法，包括个别深度访谈和半结构式访谈。为了获得反家暴政策制定中各个参与者之间的结构关系与行动选择，访谈对象应该更加广泛。但是限于技术原因，本研究的大部分受访者来自于社会组织，决策层中官僚精英的访谈数量较少，难以完整地反映决策层在政策制定中的立场与观点。同时，访谈中的某些问题具有一定程度的敏感度，受访者在回答这类问题时可能会使相关的数据收集工作受限。比如，民间社会组织的资金来源一直是个敏感话题。一般而言，受访者在谈及资金的来源及数量时可能会改变立场，这在一定程度上会影响研究发现的深度。

第五，研究者个人的兴趣和立场以及在案例中的个人进入优势可能会影响研究发现。研究者本人是对反家暴立法的积极支持者，并且参与了陕西妇女研究会反家暴的一些相关活动。这在一方面为本人研究提供了进入优势，但同时，在参与过程中对社会组织领导人产生的同理心可能会影响到研究的公正性。

### （二）研究展望

#### 1. 未来选择多案例进行跨政策领域比较研究

本研究得出的相关结论只是基于反家暴政策领域中，民间社会组织与官办社会组织政策参与的两个实证案例的分析以及比较。在案例数量上，以两个系统翔实的实证案例来分别代表民间社会组织与官办社会组织比较有限。同时，反家暴政策制定中具有明确的焦点，不会触及精英阶层的重大利益。因此，这些特殊情境因素可能会限制研究结果的深度推广。受限于研究领域和案例数量，文章结论在更大范围内的适应性仍有待进一步检验。正因为如此，未来研究中可选择多案例进行跨政策领域比较。事实上，我国社会组织类型多样，即便是处于同一类型内其表现形态也存在较大差异。比如，民间社会组织中包括的公益性社会团体、基金会、甚至业主委员会等差异性就很大；官办社会组织中官办的社会团体、官办基金会等公益性组织、官方发起成立的协会、商会、学会等表现的类型更加多元化。同时，不同政策领域中社会组织的参与深度、参与广度以及在政策参与中所表现出的组织个体能动性又是千差万别。针对不同的政策领域，政府部门和相关机构开放的程度可能不同，对于像家暴这样有关社会事务的问题，以及新出现的社会组织类型等，政府部门可能会更开放；而对于利益关系非常清晰，具有明显的利益冲突的政策领域，政府部门对社会组织政策参与的态度可能会变得比较谨慎。因此，未来研究中选择多案例进行跨政策领域比较能够进一步增强相关研究主题的广度与深度，提出更加有价值的研究结论。

2. 基于已经收集的资料，进一步挖掘社会组织政策参与的影响因素和作用路径

由于研究者自身学术功底与社会阅历尚浅，研究能力有限，特别是对于把握中国公共政策制定过程中复杂权力关系的能力欠缺，本研究仅是对社会组织在反家暴政策制定过程中的参与过程进行了归纳与概括，提炼出了不同类型社会组织所体现出的参与模式。但是，在更加微观的层面上，究竟是哪些因素决定了社会组织的有效政策参与？在什么条件下能够引起社会组织政策参与的有效变革？为什么有的社会组织政策参与取得成功，有的社会组织政策参与失败了？本研究未做深入探讨。这也正是下一步的研究方向。因此，在未来研究中，基于已经收集到的资料，积极关注现有研究中的一些学者提出的新观点和方法，进一步深入挖掘影响社会组织政策参与的影响因素和作用路径，不断深化这一主题的研究。

我们有理由相信，随着社会主义民主政治的发展和改革的深化，社会组织参与国家政治生活和社会治理活动与越来越多，政策过程中的社会参与会越来越广泛。政府在社会参与的压力下开放更多的公共空间，广泛地吸纳社会组织政策参与；社会组织增进自身政策参与效能建设，积极寻求与政府的合作，在党和政府的主导下有序地参与政策过程是中国社会组织参与政策过程总的发展趋势。可以预见，在政府开放与广泛地吸纳社会组织政策参与，与社会组织自身建设增进的合力推动之下，未来中国公共政策的民主化、科学化水平将得到切实提高。这些正是本研究的现实意义和目标归宿。

# 参考文献

## 一　中文著作

1. 陈庆云：《公共政策分析》，北京大学出版社 2006 年版。

2. 陈谭：《公共政策学》，湖南师范大学出版社 2003 年版。

3. 陈谭等：《公共政策案例分析——基于理论和实证的视角》，湖南师范大学出版社 2003 年版。

4. 陈向明：《质的研究方法与社会科学研究》，教育科学出版社 2000 年版。

5. 陈振明：《公共政策分析》，中国人民大学出版社 2003 年版。

6. 陈振明：《公共政策学：政策分析的理论、方法和技术》，中国人民大学出版社 2005 年版。

7. 陈振明：《政策科学》，中国社会科学出版社 2005 年版。

8. 陈振明：《政治学》，中国社会科学出版社 1999 年版。

9. 陈明侠：《家庭暴力防止法基础性建构研究》，中国社会科学出版社 2005 年版。

10. 陈敏：《呐喊：中国女性反家庭暴力报告》，人民出版社 2007 年版。

11. 陈金罗、刘培峰：《转型社会中的非营利组织监管》，社会科学文献出版社 2010 年版。

12. 邓国胜：《非营利组织评估》，社会科学文献出版社 2011 年版。

13. 《邓小平文选》（第 3 卷），人民出版社 1993 年版。

14. 邓正来、亚历山大：《国家与市民社会——一种社会理论的研究路径》，中央编译出版社 2005 年版。

15. 邓正来：《市民社会理论的研究》，中国政法大学出版社 2002 年版。

16. 郭慧敏：《家庭暴力与权利控制》，载李慧英主编：《社会性别与公共决策》，当代中国出版社 2002 年版。

17. 何清涟：《现代化的陷阱》，今日中国出版社 1998 年版。

18. 何增科：《公民社会与第三部门》，社会科学文献出版社 2000 年版。

19. 何增科：《公民社会与民主治理》，中央编译出版社 2007 年版。

20. 胡伟：《政府过程》，浙江人民出版社 1998 年版。

21. 黄晓勇等：《中国民间组织报告（2008）》，社会科学文献出版社 2008 年版。

22. 霍海燕：《当代中国政策过程中的社会参与》，人民出版社 2014 年版。

23. 贾西津：《中国公民参与：案例与模式》，社会科学文献出版社 2008 年版。

24. 蒋红：《马克思市民社会理论研究》，人民出版社 2007 年版。

25. 景跃进、张小劲：《政治学原理》，中国人民大学出版社 2006 年版。

26. 康晓光、郑宽、蒋金富、冯利：《NGO 与政府合作策略》，社会科学文献出版社 2010 年版。

27. 康晓光等：《依附式发展的第三部门》，社会科学文献出版社 2011 年版。

28. 陆学艺：《当代中国社会流动》，社会科学文献出版社 2004 年版。

29. 陆学艺等：《邓小平理论与当代中国社会阶层结构变迁》，经济管理出版社 2002 年版。

30. 罗杰：《防治家庭暴力立法与实践研究》，群众出版社 2013 年版。

31. 吕频：《中国反家庭暴力行动报告》，中国社会科学出版社 2011 年版。

32. 马庆钰：《告别西西弗斯——中国政治文化分析与展望》，中国社会科学出版社 2002 年版。

33. 马长山：《国家、市民社会与法治》，商务印书馆 2002 年版。

34. 宁骚：《公共政策》，高等教育出版社 2003 年版。

35. 彭国甫、颜佳华：《县级政府管理模式创新研究》，湖南人民出版社 2005 年版。

36. 桑玉成：《利益分化的政治时代》，学林出版社 2002 年版。

37. 《十六大以来党和国家重要文献选编》（上册一），人民出版社 2005 年版。

38. 石路：《政府公共决策与公民参与》，社会科学文献出版社 2009 年版。

39. 孙光：《政策科学》，浙江教育出版社 1988 年版。

40. 孙立平、晋军等：《动员与参与——第三部门募捐机制个案研究》，浙江人民出版社 1999 年版。

41. 谭琳、姜秀花：《中国妇女组织发展的理论与实践》，社会科学文献出版社 2007 年版。

42. 王沪宁：《当地中国村落家族文化》，上海人民出版社 1991 年版。

43. 王名、刘培峰等：《民间组织通论》，时事出版社 2004 年版。

44. 王名：《中国民间组织 30 年》，社会科学文献出版社 2008 年版。

45. 王名：《中国社团改革》，社会科学出版社 2001 年版。

46. 王绍光、王名：《促进我国民间非营利组织发展的政策建议》，载王名主编：《我国非政府公共部门》，清华大学出版社 2004 年版。

47. 王绍光：《多元与统一——第三部门国际比较研究》，浙江人民出版社 1999 年版。

48. 王晓民：《议会制度及立法理论与实践纵横》，华夏出版社

2002 年版。

49. 王长江：《现代政党执政方式比较研究》，上海人民出版社 2002 年版。

50. 吴东民、董西明：《非营利组织管理》，中国人民大学出版社 2003 年版。

51. 吴忠泽、陈金罗：《社团管理工作》，中国社会出版社 1996 年版。

52. 肖百灵：《预防和制止家庭暴力的探索与实践》，湖南人民出版社 2011 年版。

53. 肖扬：《中国反对针对妇女暴力的研究与行动》，社会科学文献出版社 2012 年版。

54. 杨冠琼：《公共政策学》，北京师范大学出版社 2009 年版。

55. 殷陆军：《人的现代化》，四川人民出版社 1985 年版。

56. 应国瑞：《案例学习研究——设计与方法》，中山大学出版社 2004 年版。

57. 俞可平：《市场经济与公民社会——中国与俄罗斯》，中央编译出版社 2005 年版。

58. 俞可平：《治理与善治》，社会科学文献出版社 2000 年版。

59. 俞可平等：《中国公民社会的兴起与治理的变迁》，社会科学文献出版社 2002 年版。

60. 俞可平等：《中国公民社会的制度环境》，北京大学出版社 2006 年版。

61. 张国庆：《公共政策分析》，复旦大学出版社 1992 年版。

62. 张金马：《政策科学导论》，中国人民大学出版社 2008 年版。

63. 张李玺：《中国家庭暴力研究》，中国社会科学出版社 2004 年版。

64. 赵成根：《民主与公共决策研究》，黑龙江人民出版社 2000 年版。

65. 赵成根：《新公共管理改革：不断塑造新的平衡》，北京大学出版社 2007 年版。

66. 中国社会科学院语言研究所词典编辑室编：《现代汉语词典》（第5版），商务印书馆2005年版。

67. 周旺生：《立法学》，北京大学出版社1988年版。

68. 朱力：《社会问题概论》，社会科学文献出版社2002年版。

69. 朱学勤：《书斋里的革命》，云南人民出版社2006年版。

70. 朱亚鹏：《公共政策过程研究：理论与实践》，中央编译出版社2013年版。

## 二 中文译著

1. [澳] 迈克尔·豪利特·M. 米什拉：《公共政策研究——政策循环与政策子系统》，庞诗等译，上海三联书店2006年版。

2. [德] 艾瑞克·G. 菲吕博顿：《新制度经济学》，孙经伟译，上海财经大学出版社1998年版。

3. [德] 马克思、恩格斯：《马克思恩格斯选集》（第4卷），中共中央编译局编译，人民出版社1995年版。

4. [美] 詹姆斯·E. 安德森：《公共决策》，唐亮译，华夏出版社1990年版。

5. [美] 安德烈·施莱弗、罗伯特·维什尼：《掠夺之手：政府病及其治疗》，赵红军译，中信出版社2006年版。

6. [美] 保罗·A. 萨巴蒂尔：《政策过程理论》，彭宗超译，上海三联书店2004年版。

7. [美] 查尔斯·E. 林德布洛姆：《决策过程》，竺乾威、胡君芳译，上海译文出版社1988年版。

8. [美] 查尔斯·E. 林德布洛姆：《政策制定过程》，朱国斌译，华夏出版社1988年版。

9. [美] 查尔斯·J. 福克斯等：《后现代公共行政：话语指南》，楚艳红等译，中国人民大学出版社2002年版。

10. [美] 丹尼尔·贝尔：《后工业社会的来临》，高铦译，商务印书馆1984年版。

11. [美] 弗兰克·费希尔：《公共政策评估》，吴爱明、李平等译，中国人民大学出版社 2003 年版。

12. ［美］盖伊·彼得斯：《公共政策工具》，顾建光译，中国人民大学出版社 2007 年版。

13. ［美］盖伊·彼得斯：《美国的公共政策——承诺和执行》，顾丽梅、姚建华等译，复旦大学出版社 2008 年版。

14. ［美］哈贝马斯：《公共领域的结构转型》，曹卫东译，学林出版社 1999 年版。

15. ［美］加布里埃尔·A. 阿尔蒙德：《比较政治学：体系、过程和政策》，曹沛霖、郑世平、公婷、陈峰译，上海译文出版社 1987 年版。

16. ［美］加布里埃尔·A. 阿尔蒙德，西德尼·维巴：《公民文化——五个国家的政治态度和民主制》，徐湘林译，东方出版社 2008 年版。

17. ［美］科恩：《论民主》，聂崇信、朱秀贤译，商务印书馆 1988 年版。

18. ［美］克拉马雷、［澳］斯彭德：《国际妇女百科全书》，“国际妇女百科全书”课题组译，高等教育出版社 2007 年版。

19. ［美］拉雷·N. 格斯顿：《公共政策的制定——程序和原理》，朱子文译，重庆出版社 2001 年版。

20. ［美］莱斯特·M. 萨拉蒙：《全球公民社会——非营利部门视界》，贾西津、魏玉等译，社会科学文献出版社 2002 年版。

21. ［美］劳伦斯·纽曼：《社会研究方法——定性和定量的取向》，郝大海译，中国人民大学出版社 2007 年版。

22. ［美］罗伯特·D. 帕特南：《使民主运转起来》，王列赖、海榕译，江西人民出版社 2001 年版。

23. ［美］罗伯特·K. 殷：《案例研究方法的应用》，齐心、周海涛译，重庆大学出版社 2009 年版。

24. ［美］洛克：《政府论》（下篇），叶启芳译，商务印书馆 1964 年版。

25. ［美］诺曼·杰·奥恩斯坦、雪利·埃尔德：《利益集团、院外活动和政策制订》，潘同文等译，世界知识出版社 1981 年版。

26. ［美］塞缪尔·P. 亨廷顿：《变革社会中的政治秩序》，李盛平等译，华夏出版社 1988 年版。

27. ［美］斯蒂芬·戈德史密斯、威廉·D. 埃格斯：《网络化治理：公共部门的新形态》，孙迎春译，北京大学出版社 2008 年版。

28. ［美］托马斯·戴伊：《自上而下的政策制定》，鞠方安、吴忧译，中国人民大学出版社 2002 年版。

29. ［美］托马斯·戴伊：《理解公共政策》，谢明译，中国人民大学出版社 2011 年版。

30. ［美］威廉·邓恩：《公共政策分析导论》（第 2 版），谢明等译，中国人民大学出版社 2002 年版。

31. ［美］小约瑟夫·斯图尔特：《公共政策导论》，韩红译，中国人民大学出版社 2011 年版。

32. ［美］应国瑞：《案例学习研究——设计与方法》，张梦中译，中山大学出版社 2003 年版。

33. ［美］约翰·W. 克雷斯威尔：《研究设计与写作指导》，崔延强译，重庆大学出版社 2007 年版。

34. ［美］约翰·金登：《议程、备选方案与公共政策》，丁煌、方兴译，中国人民大学出版社 2004 年版。

35. ［美］约翰·克莱顿·托马斯：《公共决策中的公民参与》，孙柏瑛等译，中国人民大学出版社 2010 年版。

36. ［美］詹姆斯·E. 安德森：《公共政策制定》，谢明译，中国人民大学出版社 2009 年版。

37. ［美］詹姆斯·N. 罗西瑙：《没有政府的治理》，张胜军、刘小林等译，江西人民出版社 2001 年版。

38. ［美］珍妮特·V. 登哈特、罗伯特·B. 登哈特：《新公共服务——服务，而不是掌舵》，丁煌译，中国人民大学出版社 2004 年版。

39. ［美］周颜玲、凯瑟琳·W. 伯海德：《全球视角：妇女、家庭与公共政策》，王金玲等译，社会科学文献出版社 2004 年版。

40. ［美］朱丽·费希尔：《NGO 与第三世界的政治发展》，邓国胜、赵秀梅译，社会科学文献出版社 2002 年版。

41. ［日］蒲岛郁夫：《政治参与》，解莉莉译，经济日报出版社 1989 年版。

42. ［英］赫尔德：《民主的模式》，燕继荣等译，中央编译出版社 1998 年版。

43. ［英］杰里米·边沁：《政府片论》，沈叔平等译，商务印书馆 1995 年版。

44. ［英］米切尔·黑尧：《现代国家的政策过程》，赵成根译，中国青年出版社 2004 年版。

45. ［英］詹姆斯·布莱斯：《论地方自治的好处》，载王建勋编：《自治二十讲》，天津人民出版社 2008 年版。

## 三 中文期刊

1. 包国宪、霍春龙：《中国政府治理研究的回顾与展望》，《南京社会科学》2011 年第 9 期。

2. 包国宪、郎玫：《治理、政府治理概念的演变与发展》，《兰州大学学报》（社会科学版）2009 年第 2 期。

3. 蔡立辉：《公共管理：公共性本质与功能目标的内在统一》，《中国人民大学学报》2003 年第 2 期。

4. 蔡立辉：《公共管理范式：反思与批判》，《政治学研究》2002 年第 3 期。

5. 曾远英：《西方公民社会理论的历史嬗变述评》，《前沿》2008 年第 11 期。

6. 查尔斯·蓝伯（Charles D. Raab）、郁建兴、徐越倩：《公共政策研究的新进展》，《公共管理学报》2006 年第 2 期。

7. 陈庆云、鄞益奋：《西方公共政策研究的新进展》，《国家行政学院学报》2005 年第 2 期。

8. 陈振明：《政策科学还是政策分析：政策研究领域的两种基本范式》，《政治学研究》1996 年第 4 期。

9. 窦正斌：《公共政策制定中的若干突出问题》，《中国行政管理》2001 年第 4 期。

10. 杜洁：《妇女组织对村民自治政策话语的影响分析》，《山东女子学院学报》2012 年第 5 期。

11. 杜文婴：《虐妻型家庭暴力刍议》，《江西社会科学》2004 年第 6 期。

12. 范逢春、尤佳：《社会治理现代化：理念、制度与过程的三维重构》，《河南社会科学》2015 年第 1 期。

13. 高红、朴贞子：《我国社会组织政策参与及其制度分析》，《中国行政管理》2012 年第 1 期。

14. 高小贤：《扩大社会支持　预防和制止家庭暴力——陕西省妇女理论婚姻家庭研究会反家庭暴力系列行动》，《中国妇运》2000 年第 7 期。

15. 高小贤：《整合资源，建立县、乡级反家庭暴力的支持性社会环境——陕西省妇女理论婚姻家庭研究会合阳项目介绍》，《妇女研究论丛》2003 年第 7 期。

16. 格里·斯托克、华夏风：《作为理论的治理：五个论点》，《国际社会科学》1999 年第 1 期。

17. 郭慧敏：《“反家庭暴力”地方支持模式探寻——来自陕西的经验》，《妇女研究论丛》1999 年第 2 期。

18. 郭小聪、代凯：《近十年国内公民参与研究述评》，《学术研究》2013 年第 6 期。

19. 韩国明、魏丽莉：《 比较与借鉴：国外政府建构与非营利组织的合作模式》，《行政与法》2006 年第 5 期。

20. 何蕾、宋健：《家庭暴力的现状、原因及对策》，《南京人口管理干部学院学报》2008 年第 1 期。

21. 何增科：《深化十大社会管理体制改革的具体构想》，《北京行政学院学报》2010 年第 2 期。

22. 何增科：《市民社会概念的历史演变》，《中国社会科学》1994 年第 5 期。

23. 何增科：《中国公民社会发展的制度环境影响评估》，《江苏行政学院学报》2006 年第 4 期。

24. 侯云：《流动儿童义务教育政策执行的复杂性：基于政策网络视角的分析》，《教育科学研究》2012 年第 7 期。

25. 胡伟、石凯：《理解公共政策："政策网络"的途径》，《上海交通大学学报》（哲学社会科学版）2006 年第 4 期。

26. 胡伟、石凯：《政策网络理论：政策过程的新范式》，《国外社会科学》2006 年第 3 期。

27. 胡伟、石凯：《理解公共政策："政策网络的途径"》，《上海交通大学学报》（哲学社会科学版）2006 年第 4 期。

28. 胡仙芝、余茜、俸锡金：《逐步走向国家社会合作共治的公共管理变革》，《中国发展观察》2009 年第 10 期。

29. 江华、何宾：《行业协会政策参与的比较研究：南京与温州》，《中共浙江省委党校学报》2012 年第 1 期。

30. 江华、张建民、周莹：《利益契合：转型期中国国家与社会关系的一个分析框架——以行业组织政策参与为案例》，《社会学研究》2011 年第 3 期。

31. 姜晓萍：《国家治理现代化进程中的社会治理体系创新》，《中国行政管理》2014 年第 2 期。

32. 金眉：《中国反家庭暴力立法评述》，《江苏警官学院学报》2009 年第 1 期。

33. 雷水贤：《双重角色对妇联履行职能的影响》，《妇女研究论丛》2002 年第 6 期。

34. 李虹、王志章：《地震灾害救助中的地方政府角色定位探究》，《科学决策》2010 年第 10 期。

35. 李明舜：《反家庭暴力法应合理界定家庭暴力的概念》，《妇女研究论丛》2012 年第 3 期。

36. 李培林、徐崇温、李林：《当代西方社会的非营利组织——美国、加拿大非营利组织考察报告》，《河北学刊》2006 年第 2 期。

37. 李中和、陈梦琪：《强化人民调解　遏止家庭暴力》，《安徽警官职业学院学报》2004 年第 3 期。

38. 李景鹏：《研究政治发展的一本有价值的著作——〈政治发展导论〉评介》，《政治学研究》2003 年第 3 期。

39. 刘伯红：《中国妇女非政府组织的发展》，《浙江学刊》2000 年第 4 期。

40. 刘熙瑞：《服务型政府——经济全球化背景下中国政府改革的目标选择》，《中国行政管理》2002 年第 7 期。

41. 刘延东：《我国反对家庭暴力地方法规、政策比较研究》，《时代法学》2011 年第 2 期。

42. 马润凡：《中国公民社会影响政策过程的特点》，《郑州大学学报》（哲学社会科学版）2011 年第 1 期。

43. 马长山：《民间社会组织能力建设与法制秩序》，《华东政法学院学报》2006 年第 1 期。

44. 马长山：《非政府组织中的公民参与》，《求实学刊》2009 年第 1 期。

45. 莫文秀：《我国反家庭暴力工作的实践与思考》，《中华女子学院学报》2006 年第 4 期。

46. 潘祥辉：《合作共赢：社会组织与媒体的互动模式研究》，《杭州师范大学学报》（社会科学版）2011 年第 2 期。

47. 任勇：《政策网络：流派、类型与价值》，《行政论坛》2007 年第 2 期。

48. 任勇：《政策网络的两种分析途径及其影响》，《公共管理学报》2005 年第 3 期。

49. 沙勇忠、解志远：《论公共危机的协同治理》，《中国行政管理》2010 年第 4 期。

50. 沈国琴：《妇女非政府组织参与公共决策的实践及启示——以我国妇女非政府组织参与妇女权益保障法的修改为例》，《理论探索》2009 年第 2 期。

51. 孙发锋：《制度环境：中国公民社会政策参与的制约因素》，《云南行政学院学报》2012 年第 2 期。

52. 孙发锋：《中国公民社会影响政策过程的价值》，《长江论坛》2011 年第 1 期。

53. 唐皇凤：《中国国家治理体系现代化的路径选择》，《福建论坛》（人文社会科学版）2014 年第 2 期。

54. 万其刚等：《全国人民代表大会会议制度研究》，《当代法学》2004 年第 6 期。

55. 王金玲：《配偶暴力：多种权力机制的一种运作》，《中共宁波市委党校学报》2002 年第 3 期。

56. 王丽萍：《政治发展进程中的中国政治文化构建》，《北京大学学报》（哲学社会科学版）2009 年第 1 期。

57. 王名、贾西津：《中国 NGO 的发展分析》，《管理世界》2002 年第 8 期。

58. 王名：《非政府组织的社会功能及其分类》，《学术月刊》2006 年第 9 期。

59. 王名：《走向公民社会——我国社会组织发展的历史及趋势》，《吉林大学社会科学学报》2009 年第 3 期。

60. 王绍光：《从经济政策到社会政策：中国公共政策格局的历史性转变》，《中国公共政策评论》（第 1 卷），上海人民出版社 2007 年版。

61. 王绍光：《政治文化与社会结构对政治参与的影响》，《清华大学学报》（哲学社会科学版）2008 年第 4 期。

62. 王绍光：《中国公共政策议程设置的模式》，《中国社会科学》2006 年第 5 期。

63. 王维平、刘书明：《产业政策创新与县域经济发展》，《南方经济》2011 年第 7 期。

64. 王维平、刘书明：《服务型政府目标下的管理方式转变和管理机制构建》，《中国行政管理》2010 年第 12 期。

65. 王锡锌、章永乐：《我国行政决策模式之转型——从管理主义模式到参与式治理模式》，《法商研究》2010 年第 5 期。

66. 王灵：《中华人民共和国反家庭暴力法（征求意见稿）座谈

会会议综述》，《山东女子学院学报》2015 年第 4 期。

67. 邢孟军：《当地中国政府治理体系模式创新浅议》，《学习论坛》2005 年第 1 期。

68. 徐家良：《公共政策制定过程：利益综合与路径选择》，《北京大学学报》（哲学社会科学版）2004 年第 4 期。

69. 薛澜、陈玲：《中国公共政策过程的研究：西方学者的视角及其启示》，《中国行政管理》2005 年第 7 期。

70. 杨朝聚：《我国非营利组织的行政化及其影响》，《华北水利水电学报》2007 年第 6 期。

71. 杨道田、王友丽：《政策网络：范畴、批判及其适用性》，《甘肃行政学院学报》2008 年第 4 期。

72. 杨肖光、梁鸿、赵德余、钱序：《广西家庭暴力干预政策制定与执行过程分析》，《中国卫生政策研究》2011 年第 2 期。

73. 杨肖光：《社会组织参与卫生政策过程的思考》，《中国卫生政策研究》2011 年第 2 期。

74. 叶劲松：《市民视角下的民间商会及其政治参与》，《浙江社会科学》2005 年第 4 期。

75. 俞可平：《全球治理引论》，《马克思主义与现实》2002 年第 1 期。

76. 俞可平：《中国公民社会概念、分类与制度环境》，《中国社会科学》2006 年第 1 期。

77. 俞可平：《中国公民社会研究的若干问题》，《中共中央党校学报》2007 年第 6 期。

78. 张成福：《公共行政的管理主义：反思与批判》，《中国人民大学学报》2001 年第 1 期。

79. 张成福：《公共利益与公共治理》，《中国人民大学学报》2012 年第 2 期。

80. 张建民：《案例研究概推性的理论逻辑与评价体系》，《公共管理学报》2011 年第 2 期。

81. 张康之：《限制政府规模的理念》，《行政论坛》2000 年第

4 期。

82. 张尚仁：《“社会组织”的含义、功能与类型》，《云南民族大学学报》（哲学社会科学版）2004 年第 2 期。

83. 张远、祁光华：《第三部门兴起与我国公共政策创新》，《探索》2006 年第 1 期。

84. 张洪林：《反家庭暴力法的立法整合与趋势》，《法学》2012 年第 2 期。

85. 竺乾威：《地方政府决策与公众参与——以怒江大坝建设为例》，《江苏行政学院学报》2007 年第 4 期。

86. 竺乾威：《从新公共管理到整体性治理》，《中国行政管理》2008 年第 10 期。

87. 郑方辉、段静：《省级“政府绩效评价”模式及比较》，《中国行政管理》2012 年第 3 期。

88. 郑杭生：《从政治学、社会学视角看公民意识教育的基本内涵》，《学术研究》2008 年第 8 期。

89. 郑家昊：《政府引导社会管理复杂性条件下的社会治理》，《中国人民大学学报》2014 年第 2 期。

90. 郑准镐：《非政府组织的政策参与及影响模式》，《中国行政管理》2004 年第 5 期。

91. 周伟：《全国人大法律委员会统一审议法律草案立法程序之改革》，《法律科学》2004 年第 5 期。

92. 朱正威、吴霞：《论政府危机管理中公共政策的应对框架与程式》，《中国行政管理》2006 年第 12 期。

93. 朱春奎、沈萍：《行动者、资源与行动策略：怒江水电开发的政策网络分析》，《公共行政评论》2010 年第 4 期。

94. 朱亚鹏：《公共政策研究的政策网络分析视角》，《中山大学学报》（社会科学版）2006 年第 3 期。

95. 朱亚鹏：《西方政策网络分析：源流、发展与理论构建》，《公共管理研究》2006 年第 4 卷。

96. 朱亚鹏：《中国住房领域的问题与出路：政策网络的视角》，

《武汉大学学报》（哲学社会科学版）2008 年第 3 期。

## 四 英文文献

1. Adams, G. B. , White, J. D. *Dissertation Research in Public Administration and Cognate Fields: An Assessment of Methods and Quality* , Public Administration Review, 1994, 54 (6): 565 – 576.

2. Andrew Mertha. 2009. *Fragmented Authoritarianism 2. 0: Political Pluralization in the Chinese Policy Process*, The China Quarterly, Vol. 200: 995 – 1012.

3. Atkinson M. , *Coleman W. D. Strong States and Weak States*, British Journal of Political Research, 1989, 19, pp. 49 – 51.

4. Bemd Marin, *Renate Mayntz. Policy Networks: Empirical Evidence and Theoretical Considerations* , Colorado: West – view Press, 1991.

5. Benson J. K. *A framework for policy analysis*, Iowa State University Press, 1982, p. 148.

6. Benson, K. J, "*A Framework for Policy Analysis*" *. In D. L. Rogers & D. Whetten*, *Interorganizational Coordination: Theory Research and Implementation*, Ames, IA: Iowa State University Press, 1982, pp. 137 – 176.

7. Bruce L. *Berg: Qualitative research method for the social science*, Allyn and Bacon press.

8. Carl J. Friedrie. *Man and His Government*, New York: Mc Geaw – Hill, 1990: 4 – 5.

9. D · Easton. *The Political System*, New York: Kropf, 1953: 129.

10. David Marsh, R – A – W – Rhodes. *Policy Networks in British Government*, Oxford: Clarendon Press, 1992, p. 14.

11. David Marsh, R – A – W – Rhodes. *Policy Networks in British Government*, Volker Schneider. *The Structure of Policy Networks: A Comparison of the Chemicals Control and Telecoimnunications Policy Domains in Germany* European Journal of Political Research, 1992, 21 (1/2): 109 –

129. . Oxford: Clarendon Press, 1992: 14.

12. Elaine Enarson, P. G. Dhar Chakrabarti, *Women, Gender and Disaster: Global Issues and Initiatives*, Sage Publications Pvt. Ltd, 2009.

13. Ellen R. Judd, *The Chinese Women's Movement Between State and Market*, Stanford University Press, 2002.

14. Frans A. van Vught, *Negative Incentive Steering in a Policy Network*, Higher Education, Vol. 14, No. 6 (Dec., 1985), p. 601.

15. Gila Menahem. *Policy Paradigms, Policy Networks and Water Policy in Israel*, Journal of Public Policy, Vol. 18, No. 3 (Sep. - Dec., 1998), p. 284.

16. Gila Menahem. *Policy Paradigms, Policy Networks and Water Policy in Israel*, Journal of Public Policy, Vol. 18, No. 3 (Sep. - Dec., 1998), p. 285.

17. J. J. Richardson, A. G. Jordon, *Governing under Pressure: the Policy Process in a Post - parliamentary Democracy*, Oxford, Blackwell, 1985.

18. James A. Dunn, Jr. . Anthony Perl. *Policy Networks and Industrial Revitalization: High Speed Rail Initiatives in France and Germany*, Journal of Public Policy, Vol. 14, No. 3 (Jul. - Dec., 1994), p. 312.

19. Jensen, J. L., Rodgers, R. *Cumulating the Intellectual Gold of Case Study Research*, Public Administration Review, 2001, 61 (2): 235 - 246.

20. Joel S. Migdal, *State in Society: Studying How States and Societies Transform and Constitute One Another*, Cambridge, New York: Cambridge University Press, 1977.

21. Jordan, A. C. *Sub - Government, Policy Communities and Networks Refilling the Old Boots*, Journal of Theoretical Politics, 2, 1990; 320, 321.

22. K. . Dowding. *Model or metaphor? A critical review of the policy network approach*, Political Studies, 1995.

23. Kenis, P. and Schneider, V., "*Policy Networks as an Analytical Tool for Policy Analysis*", Paper for Conference at Max Planck - Institute, Cologne, 1989, p. 14.

24. Klijn, E. - H, "*Analyzing and Managing Policy Processes in Complex Networks: A Theoretical Examination of the Concept Policy Network and Its Problems*", Administration & Society, Vol. 28, No. 1 (1996), pp. 90 - 119.

25. Lar Carlsson. *Policy Networks as Collective Action*, Policy Studies Joural, 2000, 28 (3): 502 - 520.

26. Lester M. Salamon. *The Emerging Sector*, U. S. A: The Johns Hopkins University Maryland, 1994.

27. Marsh D., Smith M. *Understanding Policy Networks: Towards a Dialectical Approach*, Political Studies, 2000, 48, p. 19.

28. McFarland, *A. Interest Groups and Theories of Power in America*, British Journal of Political Science. 17 (1): 1987: 146.

29. Millie Thayer, *Making Transnational Feminism: Rural Women, NGO Activists, and Northern Donors in Brazil*, Routledge, 2009.

30. Murray Scot Tanner, *Politics of lawmaking in post - Mao China: institutions*, processes, and democratic Prospects. Oxford: Clarendon Press, 1999, pp. 233 - 234.

31. N. Yuan. Statement, *Promoting the Rule of Low inChina*, Roundtable before the Congressional Executive Commission on China, May. 24, 2002: 34.

32. Niklas Egels Zanden, *Peter Hyllman. Differences in Organizing Between Unions and NGOs: Conflict and Cooperation Among Swedish Unions and NGOs*, Journal of Business Ethics (2011) 101: 249 - 261.

33. Peterson, J. & *Bomberg*, *E. Decision - making in the European Union*, New York: Palgrave, 1999.

34. R. A. W. Rhodes. *The New Government: Governing without Government*, *Political Studies*, 1996 (4), pp. 652 - 667.

35. R. A. W. *Rhods. Power Dependence*, *Policy Communities and Intergovernmental Networks*, Public Administration Bulletin, 1984 (49), pp. 4 - 31.

36. Ronald Mitchell, *Bradley Agle*, *Donna Wood. Towards a Theory of Stakeholder Identification and Salience. Defining the Principle of Who and What Really Counts*, Academy of Management Review, 1997, 22 (4): 853 - 886.

37. Sarah E. *Mendelson*, *John K. Glen*, *The Power and Limits of NGOs*, Columbia University Press, 2002.

38. Volker Schneider. *The Structure of Policy Networks*: *A Comparison of the Chemicals Control and Telecoimnunications Policy Domains in Germany*, European Journal of Political Research, 1992, 21 (1/2): 109 - 129.

39. Warden F. *van*, *Dimensions and types of policy networks*, European Journal of Political Research, 1992, 21, p. 29.

40. Wilks S., Wright M. *Conclusions*, *in S. Wilks and M. Wright* (*eds.*), *Comparative Government - Industry Relations*: *Western Europe*, *the United States and Japan*, Oxford: Clarendon Press, 1987b, p. 299.

41. William D. *Coleman*, *Grace Skogstad* (*eds.*), *Policy Communities and Public Policy in Canada*: *A Structural Approach*, *Mississauga*, ON: Copp Clark Pitman, 1990.

42. Yin, R. K. *Case Study Research*: *Design and Methods*, Los Angeles, CA: Stage Publications, 2009.

## 五　法律与政策

1.《中华人民共和国婚姻法》，1980 年实施。

2.《中华人民共和国妇女儿童权益保障法》，1992 年实施。

3.《中华人民共和国老年人权益保障法》，2013 年实施。

4.《中华人民共和国未成年人保护法》，2007 年实施。

5.《中国妇女发展纲要》(2001—2010 年)，1980 年实施。

6. 全国妇联、中央宣传部、最高人民检察院、公安部、民政部、司法部、卫生部印发《关于预防和制止家庭暴力的若干意见》的通知，妇字〔2008〕28 号。

7. 全国人民代表大会常务委员会关于修改《中华人民共和国婚姻法》的决定，2001 年实施。

8. 《湖南省人民代表大会常务委员会关于预防和制止家庭暴力的决议》，2000 年。

9. 《陕西省人民代表大会常务委员会关于预防和制止家庭暴力的决议》，2002 年。

10. 《西安市人民代表大会常务委员会关于预防和制止家庭暴力条例》，2005 年。

11. 湖南省高级人民法院《关于加强对家庭暴力受害妇女司法保护的指导意见（试行）》，湘高法发〔2009〕6 号。

12. 湖南省公安厅、湖南省妇女联合会关于贯彻《湖南省人民代表大会常务委员会关于预防和制止家庭暴力的决议》的意见，湘公发〔2000〕8 号。

13. 湖南省实施《中华人民共和国妇女权益保障法》办法，2006 年。

14. 长沙市公安局贯彻市委办公厅、市政府办公厅《关于预防和制止家庭暴力的若干规定》的意见，长公发〔1999〕58 号。

15. 中共长沙市委办公厅、长沙市人民政府办公厅《关于预防和制止家庭暴力的若干规定》，长沙办〔1996〕3 号。

16. 中共长沙市委政法委《关于深入推进预防和制止家庭暴力司法执法工作的若干意见》，长政法〔2010〕21 号。

# 附录 1

## 《陕西省人民代表大会常务委员会关于预防和制止家庭暴力的决议》

（2002 年 11 月 29 日陕西省第九届人民代表大会常务委员会第三十三次会议通过）

预防和制止家庭暴力，对于建立和睦文明的家庭关系，维护社会的安定和谐，实现全面建设小康社会目标，具有十分重要的意义。近年来，我省在预防和制止家庭暴力方面，做了大量的工作，取得了一定的成效。但是家庭暴力行为仍未得到有效遏制，以殴打、捆绑、残害、强行限制人身自由或者其他手段，对其家庭成员的身体、精神等方面进行侵害的行为时有发生，成为一个不容忽视的社会问题。为了保护家庭成员的合法权益，预防和制止家庭暴力，维护家庭和社会的稳定，特作如下决议：

一、预防和制止家庭暴力，保护公民的人身权利，是全社会的共同责任。国家机关、社会团体、企业事业单位和其他组织，应当将预防和制止家庭暴力的工作纳入精神文明建设和社会治安综合治理工作范围。积极开展预防和制止家庭暴力法制宣传教育，加强公民道德建设，大力倡导以尊老爱幼、男女平等、夫妻和睦、勤俭持家、邻里团结为主要内容的家庭美德，不断增强广大群众对家庭暴力的制止和防范意识。

二、机关、企事业单位、社区居民委员会、村民委员会要结合各自的工作职能，运用多种形式开展创建文明家庭活动，及时调解家庭纠纷，化解矛盾，预防和制止家庭暴力行为的发生。

三、公安机关、人民检察院和人民法院应当各司其职，对遭受家庭暴力侵害的投诉应及时受理。对不属于自己管辖的，应当移送主管机关处理；对不属于自己管辖而又必须采取紧急措施的，应当先采取措施制止家庭暴力行为，然后移送主管机关。

四、公安机关对违反治安管理处罚条例规定的家庭暴力施暴者，应当依法给予治安处罚；构成犯罪属于公安机关管辖的，应当依法立案侦查。

五、人民检察院对公安机关报捕或者移送审查起诉的家庭暴力刑事案件，应当及时审查。对符合逮捕或者起诉条件的，应当依法批准逮捕或提起公诉。

人民检察院或者被害人向人民检察院提出，认为公安机关应当立案侦查的家庭暴力犯罪案件而不立案侦查，人民检察院应当要求公安机关说明不立案的理由。人民检察院认为其理由不能成立的，应当通知公安机关立案，公安机关依法应予立案。

六、人民法院对人民检察院起诉的或者受害人自诉的因家庭暴力引起的伤害、干涉婚姻自由、虐待、侮辱、诽谤等刑事案件，应当依法及时审理。自诉人因客观原因不能取得并提供证据而申请人民法院调取证据，人民法院认为必要的，可以依法调取。

对因遭受家庭暴力侵害而起诉的离婚案件，依法判决或者调解离婚的，应根据《中华人民共和国婚姻法》的有关规定，由施暴者给予受害人损害赔偿，在分割财产时应当依法维护受害人的利益。

七、各级司法行政机关、法律援助机构、律师、基层法律工作者应当依据《陕西省法律援助条例》的规定，为遭受家庭暴力侵害、经济困难无力诉讼的妇女、老年人和儿童等受害人提供法律服务和法律援助。

八、对因遭受家庭暴力侵害而投诉的公民，国家机关、社会团体、企业事业单位应当积极接待并协助有关方面调查处理。施暴人所在单位应当对施暴人进行批评教育，责令改正，并视情节轻重给予相应处理。

九、有法定职责制止和处理家庭暴力行为的机关和组织，接到举报、报案和控告后，不及时制止和处理，导致矛盾激化，造成严重后果的，依法追究有关责任人的法律责任。

十、任何组织和个人都有劝阻、制止或者向有关部门控告和举报家庭暴力行为的权利和义务。人民政府及其有关部门应当支持和保护公民行使制止和举报家庭暴力的权利。

十一、各级人民政府要加强对本决议的宣传贯彻工作。妇女、未成年人、老年人、残疾人权益保障机构要发挥职能作用，相互配合，协助做好本决议的贯彻实施工作。

# 附录 2

# 《湖南省人民代表大会常务委员会关于预防和制止家庭暴力的决议》

（2000 年 3 月 21 日湖南省第九届人民代表大会常务委员会第十四次会议通过）

湖南省第九届人民代表大会常务委员会第十四次会议，审议了省人民代表大会常务委员会主任会议决定由省人民代表大会内务司法委员会根据部分委员关于预防和制止家庭暴力的建议而提出的议案。会议认为，建立健康文明的家庭关系是社会主义精神文明建设的重要内容，预防和制止家庭暴力是全社会的共同责任。为保护家庭成员的合法权益，预防和制止家庭暴力，维护家庭和社会稳定，促进我省社会主义精神文明和物质文明建设，特作如下决议：

一、国家机关、社会团体、企业事业单位和其他组织，应当重视家庭精神文明建设，促进男女平等，倡导尊老爱幼、家庭和睦的社会主义新风尚，将预防和制止家庭暴力纳入社会治安综合治理范畴。

二、在全省公民中深入开展法制宣传教育活动，加强对婚姻法、妇女权益保障法、未成年人保护法、老年人权益保障法、残疾人保障法、刑法和治安管理处罚条例等法律法规的宣传，不断增强公民的法制观念，增强家庭成员防范家庭暴力的法律意识和自我保护能力。

三、基层司法行政机构、村（居）民委员会的调解组织和有关单位，应当及时调解家庭纠纷，化解矛盾，预防家庭暴力行为的发生。

四、人民法院、人民检察院和公安机关应当各司其职，尽职尽责，加强配合，对遭受家庭暴力侵害的投诉，应当依法受理；对不属于管辖范围的，应当告知当事人到有管辖权的机关投诉。

五、公安机关对违反治安管理处罚条例的家庭暴力行为，应当视情节轻重对施暴人依法给予治安处罚；对触犯刑律的，应当依法立案查处。

六、人民检察院对由公安机关报捕或者移送审查起诉的家庭暴力案件，应当及时审查。对符合逮捕或者起诉条件的，应当依法批准逮捕或者提起公诉。

人民检察院认为公安机关应当立案侦查的家庭暴力犯罪案件而不立案侦查的，或者被害人认为公安机关应当立案侦查的家庭暴力犯罪案件而不立案侦查，向人民检察院提出的，人民检察院应当要求公安机关说明不立案的理由。人民检察院认为其理由不能成立的，应当通知公安机关立案，公安机关依法应予立案。

家庭暴力被害人起诉的案件，人民法院依法应予受理而不受理的，人民检察院应当实施检察监督。

七、人民法院对人民检察院起诉的家庭暴力案件或者被害人起诉的家庭暴力案件，应当依法及时审理。对造成人身财产损害的被害人提起附带民事诉讼的，应当依法判决施暴人承担相应民事责任。

对因遭受家庭暴力侵害而起诉的离婚案件，依法判决或者调解离婚的，在财产分割中应当依法维护被害人的利益。

八、律师、基层法律服务工作者应当为遭受家庭暴力侵害的受害人提供法律帮助；对符合法律援助条件的，要给予法律援助。

九、国家机关、社会团体、企业事业单位对因受家庭暴力侵害而投诉的公民，应当积极接待并协助有关方面调查处理。施暴人所在单位应当对施暴人给予批评教育，责令改正，并可以视情节轻重给予相应处分。

十、对有法定义务制止和处理家庭暴力行为而不予制止和处理，导致矛盾激化，造成严重后果的直接责任人，应当依法追究其责任。

十一、公民有权劝阻、制止和举报家庭暴力行为。对预防、化解、举报和查处家庭暴力有功的单位和个人，由人民政府或者有关部门予以表彰、奖励。

十二、各级人民政府及其妇女、未成年人、老年人、残疾人权益保障协调机构应当加强对本决议的宣传贯彻和指导协调工作。

十三、本决议所称家庭暴力，是指发生在家庭成员之间的，以殴打、捆绑、禁闭、残害或者其它手段对家庭成员从身体、精神、性等方面进行伤害和摧残的行为。

# 后　记

历经旷日持久的“磨心”，书稿完成之际，掩卷而感，才领悟到这段经历是对自己身心和毅力品质的磨砺，一颗混沌的心也随之变得清亮了许多。在写作过程中离不开老师同学，亲朋好友的无私支持和鼎力相助！在此我要对他们的帮助表示衷心感谢！

本书是在我博士论文的基础上修订完成的。首先要感谢的是我的博士导师王维平教授！2012 年考入兰州大学读博，王老师将我收入门下。王老师为本书写作在思路、结构等方面提出了中肯的意见和建议。在此，谨向王老师表示崇高的敬意和衷心的感谢！此外对本书稿写作及完成提供过帮助的有：兰州大学管理学院包国宪教授、沙勇忠教授、柴国荣教授、吴建祖教授；兰州大学经济学院郭爱君教授；中山大学蔡立辉教授、倪星教授；同济大学朱德米教授；复旦大学竺乾威教授；中国人民大学张成福教授；西安交通大学朱正威教授等老师提出的真知灼见为本书增色不少。感谢您们的无私帮助！

写作中调研资料和统计资料收集工作是最困难的事情。因此，我要特别感谢陕西妇女理论婚姻家庭研究会会长高小贤老师！没有高老师的帮助，我根本无法深入了解反家暴政策形成的过程。除此之外，还要感谢全国妇联妇女研究所副所长杜洁研究员、西北工业大学郭慧敏教授、西北政法大学李军教授、原陕西省妇联权益部赵玉玲部长、原西安市妇联权益部李长英部长、湖南省妇联权益部彭迪部长以及原权益部荣秀琴部长、湖南省人大夏虹等老师对我访谈和调研工作的数据支持和帮助，从而使得访谈工作得以顺利实现。您们的支持值得我去铭记和感谢。

感谢我的工作单位西安邮电大学人文社科学院张学广院长等领导

和同事对我的大力支持与帮助！人文社科学院许许多多的老师们通过不同方式，给我提供了许多的支持，在此一并感谢。感谢兰州大学管理学院行政管理专业2012级博士班同学，与同学们的热烈讨论带给我写作思路的启迪，对本书的完成帮助很大。

感谢我的父母！父母在我书稿完成期间积极帮助我照顾幼儿，使我安心写作，感谢您们给予我一如既往的无私关爱与默默支持！感谢我的先生储春生，写作期间他在各个方面全力帮助我，使我顺利完成书稿。感谢我的儿子储昊杨，书稿写作期间我没有过多的时间陪护孩子，但儿子的理解让我感动。我知道，因为我们有爱。

在付梓成书之际，感慨良多。本书的出版得到了西安邮电大学学术专著出版基金的资助，在此向西安邮电大学和各位同仁表示由衷的感谢！中国社会科学出版社的宫京蕾编辑为本书的出版付出了大量辛勤劳作。宫老师严谨、认真、负责的工作态度和热忱令我非常感动和敬佩，真诚地向宫老师表示深深的谢意！

因为有爱，本书得以顺利完成。无以为报，惟有怀着一颗感恩的心，在学术道路上继续跋涉与求索。

杨　柯

2017年3月于西安